Ao Vicente, com nosso estímulo e votos paz, saúde e bom trabalho.
Fraternalmente,
Cesar Perri
J. Pessoa, 5/9/10.

A Caravana da Fraternidade

(1950)

LEOPOLDO MACHADO

A Caravana da Fraternidade

Federação Espírita Brasileira

ISBN 978-85-7328-661-8

B.N.

1ª edição – Do *1º ao 3º milheiro*

000.3-O; 06/2010

Capa e projeto gráfico: Agadyr Torres Pereira

Edição de
FEDERAÇÃO ESPÍRITABRASILEIRA
(Casa-Máter do Espiritismo)
Av. L-2 Norte – Q. 603 – Conjunto F (SGAN)
70830-030 – Brasília (DF) – Brasil

Edição autorizada por LARde JESUS

Composição e editoração:
Departamento Editorial e Gráfico – Rua Sousa Valente, 17
20941-040 – Rio de Janeiro (RJ) – Brasil
CNPJ nº 33.644.857/0002-84   I.E. nº 81.600.503

Pedidos de livros à FEB – Departamento Editorial
Tel.: (21) 2187-8282, FAX: (21) 2187-8298.

CIP-BRASIL. CATALOGAÇÃO-NA-FONTE
SINDICATO NACIONALDOS EDITORES DE LIVROS, RJ.

M132c

Machado, Leopoldo, 1891-1957
Acaravana da fraternidade / Leopoldo Machado. – Rio de Janeiro: Federação Espírita Brasileira, 2010
372p.; 21 cm

ISBN 978-85-7328-661-8

1. Caravana da Fraternidade. 2. Espíritas – Viagens – Brasil. 3. Espiritismo – Brasil – História. I. Federação Espírita Brasileira. II. Título.

10-1757.   CDD 133.90981
CDU 133.7(81)

10.06.10 14.06.10   019604

LEOPOLDO MACHADO

A Caravana da Fraternidade

É a descrição expressiva da primeira caravana espírita que se realizou no Brasil, tentando aproximar espíritas e confraternizar sociedades espíritas.

Livro que descreve ambientes e sessões, vultos e fatos, impressões e observações, crítica e até polêmica — tudo que houve durante a longa excursão.

Descrição do primeiro grande surto do PACTO ÁUREO, através do Norte do país, de Salvador a Manaus.

Livro constante das partes seguintes:

I **Dedicatória, prefácio e apresentação**

II **Descrições e impressões**
(do autor do livro)

III **Interferência do Alto**
(Mensagens de Espíritos amigos)

IV **Ata das reuniões**
(Excertos a propósito)

V **Repercussão no meio espírita**
(Impressões de irmãos visitados e da imprensa espírita)

VI **Relatório**
(de Carlos Jordão da Silva)

VII **Repercussão fora do meio espírita**
(Artigos e notas de jornais profanos)

VIII **Impressões epistolares. Álbum da Caravana**
(Excertos de cartas amigas)

IX **Por que acreditamos no Pacto Áureo**
(Razões que permanecem)

Livro que valerá pela parte histórica do mais belo e maior movimento que já se fez no Brasil e no mundo.

Sumário

4. Ata das reuniões

5. Repercussão no meio espírita

6. Relatório

7. Repercussão fora do meio Espírita

8. Impressões epistolares

9. Por que acreditamos no Pacto Áureo

A Caravana da Fraternidade
E O SEU AUTOR

Após a instalação do Conselho Federativo Nacional da Federação Espírita Brasileira, na sede da FEB, a 1º de janeiro de 1950 — como desdobramento do "Pacto Áureo" —, havia a necessidade de se contar com o apoio e a participação dos estados que não haviam firmado o histórico documento.

No 2º semestre de 1950, foi planejada uma longa viagem aos estados do Norte e do Nordeste do país. Este movimento de aproximação, conhecido como "*Caravana da Fraternidade*", foi organizado por alguns signatários do "Pacto Áureo". Inclusive, alguns destes garantiram apoio financeiro para o empreendimento.

Os caravaneiros Artur Lins de Vasconcelos (PR), Carlos Jordão da Silva (SP), Francisco Spinelli (RS), Ary Casadio (SP) e Leopoldo Machado (BA) saíram do Rio de Janeiro no dia 31 de outubro de 1950, com destino a Salvador. Na sequência, passaram estado por estado, até o Amazonas, visitando todas as capitais do Nordeste e do Norte, exceção feita aos então quatro territórios, e mais Parnaíba (PI), vivendo, em todas elas, inesquecíveis programas de intensa vibração doutrinária e fraternal. Lins de Vasconcelos regressou de Recife, sendo substituído pelo confrade pernambucano Luiz Burgos Filho. O médium Ary Casadio voltou de Fortaleza. Os demais caravaneiros seguiram até

Belém, e somente Leopoldo Machado e Luiz Burgos Filho foram a Manaus.

A Caravana procurou, assim, colimar vários objetivos, como sejam:

> a) Maior aproximação dos espiritistas, visionando o ideal de unificação social da Doutrina; b) Propaganda cultural do Espiritismo no mundo profano; c) Maior estímulo às obras de assistência social inspiradas pela Doutrina; d) Levar ambientação doutrinária aos lares, de vez que os caravaneiros sempre preferiram hospedagem nos lares de irmãos (In: *A Caravana da Fraternidade*).

Em todas as cidades, a caravana procedeu da maneira seguinte: a) Conferências sobre os princípios do Espiritismo para o grande público, que atraíram verdadeiras multidões a elas, tarefa da responsabilidade de Leopoldo Machado; b) Reuniões tipo mesa-redonda para ajustamento de pontos de vista conflitantes, nas quais o ideal da unificação sempre saiu vitorioso; c) Visitas de estímulo às instituições espíritas de assistência social; d) Eventos sociais, organizados pelos anfitriões.

A *Caravana da Fraternidade* dissolveu-se após visita ao médium Francisco Cândido Xavier e à União Espírita Mineira. Em Pedro Leopoldo, este médium psicografou mensagens de Emmanuel e Amaral Ornellas. No dia seguinte — dia 13 de dezembro de 1950 —, os caravaneiros visitaram a União Espírita Mineira, em Belo Horizonte, onde, em seguida a um programa literodoutrinário, fizeram o primeiro relato de suas impressões sobre a longa e fraterna viagem.

O autor de *A Caravana da Fraternidade* — Leopoldo Machado — nasceu em Arraial de Cepa Forte, hoje Jandaíra (BA), a 30 de setembro de 1891, e desencarnou na cidade de Nova Iguaçu (RJ) a 22 de agosto de 1957. Tornou-se espírita com as orientações de José Petitinga, na Bahia, em 1915. Casado com Marília Ferraz de Almeida, radicaram-se em Nova Iguaçu, onde fundaram o Albergue Noturno Allan Kardec, o Lar de Jesus, para meninas órfãs, e o estabelecimento de ensino Colégio Leopoldo.

Leopoldo Machado destacou-se como jornalista, professor, escritor, poeta, compositor, expositor e polemista, esforçando-se em difundir a Doutrina Espírita por todos os meios. Proferiu palestras em vários estados do Brasil. Foi um grande incentivador para a criação das Mocidades Espíritas e das Escolas Espíritas de Evangelização para Infância.

Impulsionou as Semanas Espíritas, as Tardes Fraternas, os Simpósios, as Mesas-redondas e os Congressos Espíritas. Leopoldo Machado e Lins de Vasconcelos foram estimuladores do 1º Congresso de Mocidades Espíritas do Brasil, realizado na cidade do Rio de Janeiro, entre os dias 17 e 23 de julho de 1948. Meses depois foi um dos ativos participantes do Congresso Brasileiro de Unificação, realizado em São Paulo, de 31 de outubro a 5 de novembro de 1948. Os organizadores deste evento receberam de Francisco Cândido Xavier o texto de Emmanuel intitulado "Em nome do Evangelho", a primeira psicografia sobre o tema união dos espíritas.

As lideranças desse Congresso levaram propostas de unificação à FEB e, durante um Congresso Pan-americano que se realizava no Rio de Janeiro, foi agendada reunião com o então presidente da FEB, Antônio Wantuil de

Freitas. No segundo dia de reuniões na FEB, a 5 de novembro de 1949, foi assinado o "Pacto Áureo". Leopoldo Machado participou do Congresso citado e das reuniões que redundaram nesse "Acordo de União", mas não assinou a Ata, pois precisou se retirar pouco antes do final da reunião. No ano seguinte, atuou na "Caravana da Fraternidade", objeto dos relatos do presente livro.

Escreveu outros livros espíritas, como *Pigmeus contra gigantes*, *Ide e pregai...*, e também crônicas, peças teatrais, biografias, roteiros, teses, além de compor inúmeras melodias para a mocidade e infância. A "Canção da alegria cristã" — tão disseminada no Movimento Espírita Brasileiro — foi composta por Leopoldo Machado (letra) e Oli de Castro (música).

O autor de *A Caravana de Fraternidade* não teve pretensões literárias nesta obra, escreveu-a em estilo semelhante a diário, legando-nos o único registro completo sobre a jornada que representou um significativo e histórico esforço de união e de unificação, com inestimável contribuição para a consolidação do Conselho Federativo Nacional da FEB.[1]

ANTÔNIO CESAR PERRI DE CARVALHO

Secretário-geral do Conselho Federativo Nacional da FEB

Brasília (DF), fevereiro de 2010.

[1] Esta obra foi atualizada de acordo com as novas normas de ortografia. Os nomes de cidades, locais etc. também foram modificados conforme a grafia atual. (**Nota da Editora**)

1

Dedicatória, prefácio e apresentação

a) Dedicatória
b) Prefácio de Lins de Vasconcelos
c) Síntese da excursão

Dedicatória

A *Artur Lins de Vasconcelos Lopes*, que via, extremosamente: O PACTO ÁUREO

A CARAVANA DA FRATERNIDADE

O CONSELHO FEDERATIVO NACIONAL

a homenagem sinceríssima do autor.

*

E aos eminentes confrades visitados, principalmente aos que nos abriram seus lares e seus corações para receberem os Caravaneiros da Fraternidade, cuja *saudade e gratidão ficam perenemente conosco*.

*

De Artur Lins de Vasconcelos dissemos no artigo de saudade, "Uma grande perda", inserto em *Mundo Espírita*:

> Deixamos, para último, o Pacto Áureo, a obra por que mais se batia, ultimamente.
>
> Por sua interferência direta quase, a Liga irmanou-se à Federação. E o Conselho Federativo enviou ao Norte a Caravana da Fraternidade, indo ele até Recife.
>
> E nós interrompemos tudo — em atenção a seu pedido insistente — para tomarmos parte na Caravana, até Manaus, com a passagem paga pelo Conselho, cujo pagamento, em verdade, saíra de sua bolsa.
>
> Depois, nossa enfermidade é grave.
>
> Visitou-nos na "Casa de Luciá", almoçando lá conosco etc.

Ação Unificadora

Este livro seria prefaciado por Artur Lins de Vasconcelos Lopes.

Já não está no plano material o querido companheiro.

Que a parte de um de seus brilhantes artigos sobre a Ação Unificadora — talvez a que mais se ajuste à natureza deste livro — aqui apareça à guisa de prefácio:

*

...o que nos obrigou a fazer uma síntese do trabalho da Caravana nos seus quarenta dias de excursão no terreno da Ação Unificadora.

O que acaba de ocorrer seria espantoso se a Bondade Divina não estivesse à frente da grande Ação Unificadora, que está sendo concluída pelos que desejam ajudar os pobres e cegos habitantes da Terra.

Pouco sabemos todos nós, não obstante a nossa prosápia. Daí a admiração de que ficamos possuídos ao constatar fatos aparentemente impossíveis. É que a razão está tomando o lugar das paixões, dos rancores, do egoísmo, da maldade imperceptível.

Quando se tiver de escrever a história do Espiritismo no Brasil, a já agora célebre Caravana da Fraternidade, que acaba de visitar onze estados do Norte do país, ocupará um capítulo de grande relevo, não só pelo exemplo primeiro de uma excursão coletiva e por conta própria dos caravaneiros, em visita fraternal a irmãos em crença, como pelos resultados práticos alcançados no desenvolvimento da Ação Unificadora do Espiritismo em nossa pátria.

A Caravana, que partira do Rio de Janeiro e chegara a Bahia no dia 31 de outubro findo, teve uma festiva acolhida, e os confrades baianos tudo fizeram para o êxito dos entendimentos, fundando, no dia 2 de novembro, a *União Social Espírita da Bahia*, que substituirá a União Espírita Bahiana no seio da Federação Espírita Brasileira e no Conselho Federativo Nacional, seu órgão orientador e supervisionador do Espiritismo no Brasil.

A 3 de novembro, os caravaneiros chegaram a Aracaju, Sergipe, onde eram esperados por numerosos confrades e pelo autor destas linhas, que os precedera e que seguiria, como seguiu, para Recife, no avião que ali chegara, sendo a sua partida esperada por todos os presentes e aproveitados os poucos momentos para proveitosa permuta de ideias.

De 3 a 5, os caravaneiros estiveram em conferências e sessões públicas, sendo resolvida a fundação da Federação Espírita Sergipana, por entre aplausos entusiastas e com o propósito de estabelecer a unificação.

De Sergipe seguiram para Alagoas, onde tiveram gentil recepção e obtiveram larga messe de comunicações da Caravana Invisível que os acompanhava e que ali se revelou com alguns detalhes de sua ação.

Atingiram Pernambuco, no dia 12, sendo recebidos pelos representantes da quase totalidade das instituições da capital, estando presente quem escreve este relato, que fora ao alto sertão da Paraíba e, no regresso, escalara Campina Grande e João Pessoa no dia 10, e chegara a Recife no dia 11 de novembro.

Foi uma acolhida semelhante às dos três estados anteriores, indo diretamente ao Instituto Espírita João Evangelista, sede temporária da Comissão Espírita Estadual. Dos entendimentos resultou a fundação da União Social Espírita de Pernambuco.

No dia 16, a Caravana visitou a Paraíba, tendo Leopoldo Machado realizado uma conferência no Teatro Santa Rosa, cedido pelo governador do estado.

No dia 18, atingiram os caravaneiros o Rio Grande do Norte, cuja situação ficou normalizada e, em seguida, alcançaram o Ceará, conseguindo que a Confederação se transformasse em União Espírita Cearense, e a Federação em Centro Espírita Cearense, filiado à União. A seguir, visitaram Teresina e Parnaíba, sendo transformado o Centro Espírita Piauiense em Federação. Do Piauí passaram ao Maranhão e fundaram a Federação Espírita Maranhense, rumando para Belém, onde conseguiram que a Confraternização e a Confederação aderissem à União Espírita Paraense.

Do Pará, a convite especial, Leopoldo Machado foi ao Amazonas, realizando uma conferência no famoso teatro de Manaus e obtendo resultados práticos na Federação Espírita Amazonense.

Precedendo a ida da Caravana, houve troca de cartas: Leopoldo entendeu-se com os estados da Bahia, Sergipe, Alagoas, Rio Grande do Norte, Ceará, Maranhão e Pará;

Jordão e Spinelli, com o Paraná, Santa Catarina e Rio Grande do Sul; e Lins, com Pernambuco, Paraíba e Piauí.

A princípio, o pensamento era expedir uma Caravana oficialmente, mas a presidência do Conselho Federativo Nacional ponderou que haveria constrangimento por parte de alguns visitados, que deixariam de se expandir por mero formalismo. O Conselho chegou à conclusão de que o clima da fraternidade, da cordialidade e da liberdade seria o ideal. Que cada um dissesse o que quisesse e examinasse todas as falhas ou dúvidas que lhe parecessem cabíveis indo ao âmago de tudo. E assim se fez. Triunfou o clima da liberdade e o resultado foi o que se viu: em quarenta dias foram visitados onze estados e obtidos excelentes resultados.

É que a obra feita com amor fica e edifica, ao passo que a ditada pelo ódio passa e se esbarronda.

Aproveitemos a lição generosa que acabamos de receber e preparemo-nos para uma compreensão cada vez mais lúcida no plano da vida.

A Caravana dissolveu-se em Belo Horizonte, no dia 13 do corrente. Leopoldo Machado chegou dia 14 a Nova Iguaçu e os demais seguiram para São Paulo.

Aí têm os nossos leitores, em síntese, o que foi obtido e que nos leva a sugerir a expedição de excursionistas, anualmente, em todas as direções, mediante estudo prévio.

Lins de Vasconcelos

Síntese da excursão

UM MOVIMENTO DE ALTA SIGNIFICAÇÃO ESPIRITUAL, OBJETIVANDO APROXIMAR OS ESPÍRITAS DO PAÍS.

Espíritas do Sul do país organizaram um movimento de aproximação a que se deu o nome de "Caravana da Fraternidade", com o propósito de visitar todos os estados do Norte.

Principalmente os estados que ainda não tinham se decidido sobre o Pacto Áureo de 5 de outubro de 1949...

Claro que a Caravana da Fraternidade não procurou senão "imperativos de nossa unificação nos alicerces do serviço", como diz Emmanuel, de vez que "a sintonia absoluta de todas as interpretações doutrinárias num foco único de visão é realização impraticável e, por agora, impossível", como acentua o grande Espírito.

Os caravaneiros — Artur Lins de Vasconcelos, Carlos Jordão da Silva, Francisco Spinelli, Ary Casadio e Leopoldo Machado — levantaram voo em avião da Aerovias Brasil, a 31 de outubro. Primeiro, Salvador. Aí, passaram os caravaneiros quatro dias, que coincidiram com uma grande concentração de espíritas na capital baiana.

De Salvador até o extremo Norte, os caravaneiros visitaram todas as capitais e mais Parnaíba, vivendo, em todas elas, inesquecíveis programas de intensa vibração doutrinária e fraternal. Impossível aos caravaneiros destacar, entre as cidades visitadas, aquelas em que teriam recebido menor acolhida, em que teriam registrado menor vibração e entusiasmo da parte dos irmãos visitados. A prova de tanto é que, por vontade dos espíritas visitados, a demora da Caravana em cada lugar seria de muito mais dias.

Lins de Vasconcelos regressou de Recife, sendo substituído pelo irmão pernambucano, Luiz Burgos Filho. E o médium Ary Casadio voltou de Fortaleza. Só Leopoldo Machado e Luiz Burgos Filho foram a Manaus, de onde voltaram encantados com o ambiente espírita da terra.

Em Maceió, em sessões íntimas, com três médiuns de considerável maleabilidade — D. Adelaide Ferreira, Ary Casadio e Erasmo Porangaba — manifestaram-se caravaneiros da Espiritualidade, de maneira indiscutível — Guillon Ribeiro, Cairbar Schutel, José Petitinga, Humberto de Campos, Fred Figner, Viana de Carvalho, Bezerra de Menezes — que deram expressivas mensagens cheias de justo incentivo para os excursionistas.

Em todas as cidades, a Caravana procedeu da maneira seguinte: (I) Conferências culturais para o grande público, que atraíram verdadeiras multidões a elas, tarefa esta quase que da responsabilidade do prof. Leopoldo Machado; (II) Reuniões de mesa-redonda para reajustamento de pontos de vista em choque, das quais o ideal da unificação sempre saiu vitorioso, por isso que de todas elas foram lavradas as respectivas atas; (III) Visitas de estímulo às instituições espíritas de assistência social; (IV) Programas sociais, organizados pelos irmãos visitados.

A Caravana procurou, assim, colimar vários objetivos, como sejam: a) Maior aproximação dos espiritistas, visionando o ideal de unificação social da Doutrina; b) Propaganda cultural do Espiritismo, no mundo profano; c) Maior estímulo às obras de assistência social inspiradas pela Doutrina; d) Levar ambientação doutrinária aos lares, de vez que os caravaneiros sempre preferiram hospedagem nos lares de irmãos. O natural conhecimento do Brasil e o espairecimento decorrente daí são consequências lógicas de que, entretanto, não se trata aqui.

A *Caravana da Fraternidade* dissolveu-se em Belo Horizonte, a 13 de dezembro, depois de receber, na véspera em Pedro Leopoldo, pelo médium Francisco Cândido Xavier, mensagens de Emmanuel e Amaral Ornellas, e depois de um belo e grande programa literodoutrinário, em que os caravaneiros fizeram o primeiro relato de suas impressões, na sede da União Espírita Mineira.

2

Descrições
e
impressões

a) Crônicas de viagem
b) Do diário de Francisco Spinelli

Crônicas publicadas, na sua maioria, em CORREIO DA LAVOURA, de Nova Iguaçu, e em O CLARIM

Na véspera

O telefone soou.

Era para irmos um pouco mais cedo, a fim de participarmos de uma conversa íntima na Sociedade de Medicina e Espiritismo.

*

Descemos, efetivamente, mais cedo.

Na Central do Brasil, ao desembarque, nossa carteira?

Se não no-la roubaram, ficou em casa.

Ilustre confrade paga-nos o auto até a redação de *Mundo Espírita*.

Soubemos aí, por telefone, que a carteira ficara em casa. Recebê-la-íamos dentro em pouco...

*

Na redação de *Mundo Espírita*, a ilustre confrade de Recife, D. Helena Moreira Valente.

Acertáramos, então, sem ela, a nossa hospedagem em Recife.

Ficáramos no Hotel Itajubá.

O jantar, no Restaurante Alvadia.

Fomos, depois, de pé, Avenida Rio Branco adentro, até a Praça Mauá, conversando com os três companheiros: Carlos Jordão da Silva, Francisco Spinelli, Ary Casadio...

O Lins de Vasconcelos chegou, efetivamente, depois, mas sem as chaves da S.M.E.

E agora?

Reunir-nos-íamos no hotel.

E tomamos um auto de praça.

O motorista, solerte e desonesto, enganou o Lins, cobrando demais, essa coisa tão comum, infelizmente, entre alguns motoristas de praça.

Quem não se irrita ao ver-se enganado estupidamente assim?

*

A reunião, em nosso aposento, no 7º andar.

Proferimos uma prece para a formação de ambiente.

O Ary Casadio recebeu luminoso Espírito, que deu substanciosíssima comunicação, dizendo que "a Caravana da Fraternidade não era obra nossa; era consequência de um movimento de unificação e confraternização em curso, desenvolvido por espíritas do Brasil, inspirados e orientados pelo Alto. Tratava-se do mais sério e promissor movimento no gênero, até então realizado no Brasil e no mundo".

"Nós é que fôramos escolhidos para compô-lo. Fôssemos confiados, que tudo correria bem, porque conosco iam, também, na Espiritualidade: Bezerra de Menezes, Petitinga, Cairbar Schutel, Guillon Ribeiro e outros..."

*

Tudo correu bem, efetivamente.

E aqueles irmãos, entre outros, se manifestaram durante a excursão.

Mais eloquentemente, em Maceió.

*

O Carlos Jordão fez a prece de agradecimento, depois do forte e magnífico tônico de energias que nos veio mediunicamente sem que soubéssemos de que Espírito.

Excelente início de excursão da propaganda de uma grande e formosa Doutrina, que se está impondo, a despeito de tudo e por toda parte!

Em Salvador

Às quatro horas, os cinco caravaneiros — Lins de Vasconcelos, Carlos Jordão da Silva, Ary Casadio, Francisco Spinelli e nós — no aereoporto, a postos para o primeiro voo.

O A. V. W., da Aerovias, decolou às 4h35, dentro de espessa neblina, tempo meio chuvoso. Antes das dez, com ligeira aterrissagem em Vitória, chegávamos a Salvador. Uma vintena de confrades a nossa espera, com o Abílio Silva Lima e o Veriano Raul Pedrão, com Eusínio Lavigne, D. Raquel Ribeira, Raul Guimarães à frente de outros velhos amigos.

Os primeiros abraços e as primeiras fotografias...

E rodamos de *marinetti* especial (ônibus na Bahia é *marinetti*) por Itapoan e Amaralina, Rio Vermelho e Barra, para a cidade. Diante do panorama admirável que se desdobrava aos nossos olhos, e dos lugares cheios de tradição e de poesia, dizíamos, fingindo um bairrismo que não sentimos, aos companheiros sulinos: "Seu Jordão, seu Spinelli, isto aqui é Bahia"...

O Lins de Vasconcelos pouco teve que observar, vencido que estava pela prosa esfuziante de um confrade entusiasta, que não lhe deu folgas...

*

O primeiro almoço, com o Eusínio Lavigne, de quem seríamos hóspedes.

O Carlos Jordão e Ary Casadio ficaram hospedados com o Abílio Silva Lima.

O Francisco Spinelli com o Veriano Raul Pedrão.

E foi um banquete de alegrias e iguarias raras e caras, tudo bem baiano e bem espirítico. Doze confrades à mesa. Os doze apóstolos? Não, que ninguém desempenharia, ali, o papel do pobre Iscariotes.

O Alfredo Miguel, que, em almoço igual, há anos, procurara imitar os apóstolos a beber vinho, *contrariou*, dessa vez, o ensinamento evangélico: muitos primeiros serão os últimos. Foi o primeiro e o último a pegar e largar os talheres...

*

À noite, o primeiro contato com o grande público, na Associação Comercial. Salão repletíssimo. E muito interesse de todos. Dr. Pedro Ribeiro preside a sessão, e Abílio Silva Lima faz a saudação aos caravaneiros. Carlos Jordão agradece, e Lins de Vasconcelos faz uma síntese do movimento espirítico no Sul. Nós, a conferência, focando a situação atual da Humanidade à luz do Espiritismo. O Ary Casadio dá a primeira comunicação mediúnica de público, longa, de meia hora... Coube ao Spinelli a prece de encerramento.

Foi assim a primeira noite da Caravana em Salvador.

*

Pela manhã do dia seguinte, a visita à CEB (Confraternização Espírita Baiana) para uma conversa com as crianças e com os jovens.

Era o início do segundo dia da *Concentração Espírita Baiana*, que iria até o dia 5. Movimento de molde a aproximar e confraternizar mais os espíritas de meu estado. Veriano Pedrão dirige o programa. A parte das crianças e dos jovens, animada com páginas doutrinárias e declamação. Falamos, depois, àquela gente miúda e moça, contando-lhe histórias, fazendo-o, pelo método da escola ativa, tomar parte na conversinha pedagógica e doutrinária. Animação e alegria. E com a "Canção da alegria cristã", encerrou-se o programa...

*

O almoço, com o Veriano Raul Pedrão.

Cozinha à baiana, legítima, a que se atiraram, com apetite, os irmãos sulinos. Principalmente ao vatapá. Comeram-no, dando a impressão que "só de pão vive o homem"...

Nosso primeiro pecado contra a gula, que teria de dispôr-nos fisicamente, e para o fim da existência...

O programa da digestão foram duas visitas: ao *Fórum Ruy Barbosa* e ao confrade Ricardo Machado.

O *Fórum Ruy Barbosa* é uma verdadeira maravilha de arte, de conforto, de suntuosidade, superior aos recursos do estado.

— Será que a Justiça precisa, mesmo, de tudo isto para ser Justiça?

— Sua construção, acima dos recursos e das possibilidades do estado, parece que é prova em contrário. A verdadeira justiça deve ser, por si mesma, simples, modesta, reta. Para tanto, precisa menos de fortins extrassuntuosos do que de juízes íntegros...

Ricardo Machado, um dos grandes nomes do Espiritismo baiano, que fora acidentado, recebe-nos com efusão de júbilos. E enche longos minutos com casos e coisas da Doutrina, dizendo versos e boas piadas como ele os sabe dizer, admiravelmente, a lembrar os dias áureos da mocidade...

*

À tarde, a reunião substancial, com os espíritas de mais responsabilidade, na sede da União Espírita Baiana. Os caravaneiros fizeram aos irmãos baianos a exposição dos fundamentos e planos do movimento unificador, seguindo-se animada discussão fraterna. De tudo saiu, entretanto, a USE baiana, com a cooperação e os aplausos até de irmãos reservados, como o Alfredo Miguel e o Eusínio Lavigne, que chegaram a dizer: "Assim, o caso muda de figura. E todos os espíritas de responsabilidade apoiarão, necessariamente, o movimento".

É que nós apresentamos aos irmãos da Bahia o *Conselho Federativo Nacional* feito o órgão dirigente do Espiritismo no Brasil, cabendo à *Federação Espírita Brasileira* justo e merecido destaque, já por sua posição no meio espírita nacional, já porque ia ser a sede do CFN.

— Não é assim — consertou o Carlos Jordão da Silva. — O Conselho é da Federação. Ela que o convocou, ela o dirigirá...

O engano foi nosso. Informamos em função de nosso pensamento, alimentado, desde a primeira hora, compreendendo as dificuldades que teríamos de defrontar se não fosse assim.

À noite, outra reunião pública na A. Comercial. Posse da Comissão criada para organizar a USE baiana, cujo programa constou de uma palestra do Francisco Spinelli, e palavras nossas sobre *Finados*, estudando o *dia dos mortos* à luz da Doutrina. De início, o poeta Paulo Alberto, com a palavra, profere vibrante saudação aos caravaneiros e entra a comentar, liricamente, versos de nosso pobre ILUMINAÇÃO. Ainda hoje estaria dizendo versos nossos, e comentando-os, generosa e entusiasticamente, se o irmão da presidência, Carlos Jordão, não lhe chamasse a atenção para o tempo...

O jovem Divaldo Franco, médium e missionário, viu, antes da prece que proferiu, a Marília passar as mãos por nossa cabeça, beijar-nos e dizer: — Cuidado, Leopoldo! — nos momentos em que nossa análise era mais viva contra a Igreja. O "Cuidado, Leopoldo!" que ela sempre nos dizia, conselheiral, em vida...

*

Sessão na UEB, consagrada aos moços.

Falou, primeiro, a jovem Maria Luíza, dizendo das dificuldades do empreendimento e dos propósitos da Juventude Espírita da terra. Depois, Alfredo Miguel, com substancioso estudo que dedicou aos moços. O médium Ary Casadio incorpora uma entidade espiritual que profere longa mensagem, fraterna e expressivíssima. E nós, a despeito do adiantado da hora, tivemos que dizer algo. Aliás, por sugestão do confrade Heitor Cardoso...

*

Domingo, cedo, passeio ao Bonfim, que os irmãos sulinos desejavam conhecer a famosa igreja. Pagamento de alguma promessa? Só se o desejo de conhecer casas e coisas tradicionais da terra, que foi o berço da nacionalidade e do Espiritismo entre nós, vale alguma promessa feita ao Senhor do Bonfim...

Percorremos todo o templo, a sala dos milagres, a sacristia. Aí, o reverendo deu-nos o livro de impressões para deixarmos nele nossa assinatura, o que fizemos, respeitosamente, todos nós...

Rodamos, depois, para Itapagipe, de passagem por MontSerrat, ao aeroporto dos hidraviões — uma obra admirável — no Porto dos Tainheiros. Diante, Plataforma, a terra em que vivêramos, como operário modestíssimo, cujo salário maior, semanal, foi Cr$ 6,80, a trabalhar de sol a sol, na fábrica de calçados e tecidos!

— Vamos a Plataforma, que lhes quero mostrar a casinha em que passei os dias mais torturados e mais felizes de minha vida? — convidamos os companheiros.

Fomos. Atravessamos o quilômetro de braço de mar nas mesmas canoas de cinquenta anos passados, que o progresso ainda não chegou, como devia, até ali. Em Plataforma, à rua dos Artistas, 77, batemos uma chapa fotográfica. Exatamente à porta da casinha, pequenina e pobre, em que moramos tantos anos, até a juventude...

*

A volta, rápida, para o almoço com o Silva Lima.

De passagem, ligeira visita à escola "Constança Medeiros", mantida pelo *C. E. Estrela de Jacó*. O Silva Lima, a trechos adiante, chama-nos a atenção, mostrando-nos buraqueiras, a dizer: "Leopoldo, mostre aos companheiros estas coisas, dizendo que isto aqui é Bahia!". Mau bairrista que é o Abílio, pois chamou a atenção dos companheiros para coisas que não dignificam terra nenhuma. E muito menos a terra mais tradicional do Brasil.

*

Despedidas, na sessão da noite.

E muita emoção por parte dos irmãos que partiam, felizes pelo acolhimento e carinho recebidos. Grande demonstração de regozijo da parte dos irmãos que ficavam.

Saudades de parte a parte.

Na manhã seguinte, voávamos para Aracaju, levando a promessa do Eusínio Lavigne de reunir-se, em Recife, à Caravana. E os corações tocados das mais suaves recordações e das melhores emoções fraternas.

O Lavigne não pôde cumprir a promessa, disse-nos, depois, num cartão.

Salvador apresenta, atualmente, aspectos de duas cidades: uma moderna, viva e bela, que surge ou renasce. E outra, que ficou estacionada...

UMA GRANDE MÁGOA:

Não conhecemos, em Salvador, a *Casa do Tio Juca*. Não se nos falou dela. Só depois, em 1952, o Tio Juca — José Soares Gouvêa — nos procurou, por duas vezes, no Lar de Jesus, trazendo a digníssima esposa na segunda vez.

Em Aracaju

O Lins de Vasconcelos fora à frente, de Salvador. Dir-se-ia o precursor da Caravana, caso houvesse caminhos ásperos a aplainar.

O A. X. D., da Aerovias, fizera um verdadeiro voo-família.

No Aeroporto de Aracaju, confrades que encheram um ônibus especial, com diretores da União Espírita Sergipana, do *Irmão Fêgo* e da "Mocidade Espírita Sergipana" à frente. Ônibus? *Sopa*, que é este seu nome em Sergipe. Talvez em consequência da presteza e custo deste alimento. O que é muito barato e rápido na região é *sopa*. Comparado com o custo do trem e dos automóveis, o *ônibus é sopa*...

Fidalga e alegre recepção aos caravaneiros. E hospedagem, como é dos moldes de nosso movimento excursionista, nos lares de confrades. Nós e o Francisco Spinelli, com Elson Fontes; Carlos Jordão, com o Dálio Mendonça; e o Ary Casadio, com o José Gonçalves.

*

À noite, o primeiro contato doutrinário com os irmãos sergipanos, na UES. Sede de aspectos, os mesmos de dez anos passados. E um calor de abafar, em consequência da estação climatérica, do número de assistentes. Francisco Oliva, presidente da União, passa a presidência a Carlos

Jordão. Dálio Mendonça faz, vibrante e expressivo, a recepção aos caravaneiros; Francisco Spinelli agradece, estendendo-se em considerações sobre a finalidade da Caravana em particular e sobre aspectos do Espiritismo em geral. Nós, em seguida, fizemos uma síntese da história e evolução do Espiritismo, concluindo que a hora é da união de todos para a vitória definitiva da Doutrina.

D. Neide Mesquita profere, em nome da mulher espírita sergipana, a prece final. Agrado geral, felizmente, para todos.

*

A *União Espírita Sergipana* não filiava centros. União de confrades que se lhe associavam para o estudo da Doutrina, somente. Mas ficou criada a comissão organizadora do movimento federativo no estado, composta de confrades dos mais dedicados à Causa Sagrada da Unificação, de que teria de sair a *Federação Espírita Sergipana*.

*

Outros programas doutrinários se sucederam, agradando sempre, e cada vez mais, felizmente. Mormente, o do dia seguinte, no Cineteatro Rio Branco, o mais central e mais moderno da cidade, que fora irradiado pela PRG-6, *Rádio Difusora de Sergipe*, para o interior e estados vizinhos. Teatro cheio e sessão presidida pelo Gal. Edgar Cruz Cordeiro. O tema que aí abordamos: *Evolução da verdade religiosa*. Se toda a assistência ouviu com atenção e prazer a conferência, vale salientar dois ex-reverendos, que foram dos que mais aplaudiram. Ambos, homens de bem, hoje professores, deixaram a batina para constituírem família legalmente, coisa que irritara o Sr. bispo, que preferia, naturalmente, continuassem padres, como tantos, pouco se lhes dando desrespeitassem as famílias alheias. Um deles, o prof. Gileno de Jesus, ainda freme de indignação quando lembra que vestira batina. Disse-nos aquele ilustre professor e ex-reverendo:

— Durante meus estudos e minha vida de sacerdote, nunca ouvi se falar assim, como o senhor, de religião...

*

O clero de Aracaju assanhou-se contra a conferência irradiada; indignou-se contra o Espiritismo e o conferencista. Salientou-se, especialmente, o reverendo do bairro de Siqueira Campos, na manhã mesmo em que teríamos de ir ao *Irmão Fêgo*. Entre os argumentos de peso, joga contra o conferencista, nossa gagueira, que se acentua mais quando nos entusiasmamos, quando procuramos, mentalmente, escolher expressões e termos. E o padre berrou ao alto-falante, possantíssimo, para ser ouvido a distância: "Estudamos oito anos para não ga...ga... gaguejar na tribuna...". Saiu-lhe, assim, o feitiço contra o feiticeiro.

Esses irmãos do Alto armam cada uma!...

*

O domingo, 5 de novembro, foi todo do *Irmão Fêgo*, ainda por concluir, que é, até o presente, a obra espírita de maior vulto de Aracaju. Pronto, o salão de conferências, com 29 x 30. A concluir, o albergue noturno e gabinete dentário, o consultório médico, a *Escola de corte e costura Marília Barbosa*, toda enfeitada de moldes de vestidinhos. A criançada na idade escolar encontra no *Irmão Fêgo* sua escola ideal... Fizemos aí quatro programas num dia só.

O primeiro, com os moços e a criançada. Programa animadíssimo, nos moldes da escola ativa, em que tomaram parte, animadamente, grandes e pequenos, crianças, jovens e mais velhos, que terminou com interessante derrame de "livros... livros a mancheias para o espírita estudar"...

Seguiu-se o Almoço da Fraternidade, farto, suculento, alegre, que prostrou os que, como o Spinelli e o Jordão, não dispensam sonecas à sesta...

À tarde, a reunião de "mesa-redonda" para a finalidade maior do programa: a obra de unificação, que foi, mercê de Deus, coroada de pleno êxito. Quem mais falou e discutiu, José Elson Fontes. Recebeu, por isso mesmo, de *línguas perversas*, o cognome de *Malagueta*...

À noite, conferência. O Francisco Spinelli, o conferencista, seguindo-se bela mensagem mediúnica pelo Ary Casadio.

Nós dissemos, mau grado nosso, algo sobre o batismo nos meios espíritas, atendendo, assim, a um pedido de irmãos queridos.

*

A última conferência foi no *tawta A. O. Rodrigues*, sociedade ocultista, à beira-rio.

Seria uma conferência pedagógica, dedicada a professores e alunos estudiosos. Entretanto, tendo aparecido poucos alunos e professores, a despeito da assistência que lotou a grande sede, o conferencista alterou o tema da conferência, passando a focar aspectos apocalípticos dos dias em curso.

Primeiro, a cerimônia do culto da Casa, recepcionando os caravaneiros, entregando a sede do *tawta* aos espíritas. Uma coisa bonita, dirigida pelo irmão Marceonílio Neves da Silva, que teve palavras generosíssimas para os espíritas e para o Espiritismo. O jovem Dálio Mendonça profere palavras de despedida, que foram respondidas pelo Carlos Jordão e pelo Francisco Spinelli.

O programa terminou com um novo derrame de "livros... livros a mancheias"..., tanto agradara o programa da véspera...

Impressões de Aracaju espírita

Permanecemos cinco dias em Aracaju, aumentando os trabalhos e as despesas do Elson e da exma. esposa.

Nas horas de calor intenso, rede no pátio, ao ar livre, a contar histórias, que improvisávamos, às duas filhinhas do casal.

De uma feita, a filhinha mais velha, um anjo de candura e inteligência, pergunta-nos, depois de uma história:

— Por que titio não fica aqui com a gente?

— Porque não tem casa para mim. E casa aqui é tão difícil como em toda parte...

— Fica, titio, com a gente, que o papai compra uma casa para o senhor!...

E pula, rápido, da rede para perguntar ao papai se podia comprar uma casa para o titio...

*

O Elson dá aulas de moral às crianças, no Centro.

Numa dessas aulas, atacou, de rijo, os vícios. Principalmente, os maus costumes, fumar, beber, jogar...

— Mas você fuma, seu safadinho! — diz-lhe, argutamente, a criança, vivendo a lição de cautela que devemos ter perante crianças inteligentes.

*

Sua esposa estava, uma feita, com enxaqueca.

— Quer uns passes, mamãe? Então, feche os olhos, que eu lhe dou os passes...

A senhora fechou os olhos para receber os passes, que demoraram muito.

— Acabou, mamãe. Abra os olhos.

A senhora abriu os olhos e viu que desapareceu um bom pedaço de queijo que estava no prato...

*

A caminho de casa, encontramos, certa manhã, um cego, que andava, entretanto, bem lampeiro e aprumado, todo de branco.

Era o Estêvão Barbosa Silva, com quem fizemos amizade.

Deu-nos seu boletim de apresentação, uma espécie de ficha que guardamos:

ATENÇÃO

> Estêvão Barbosa Silva, conhecido por Cego trajo branco, desejando demonstrar o seu conhecimento na parte elétrica, vai exibir na festa de Natal uma gigante roda em miniatura, que se move automaticamente. Logo que seja colocada uma moeda de 1$000 das maiores, ouve-se vibrar uma buzina, a roda põe-se em movimento com 64 lâmpadas em torno, acendendo um lado e apagando o outro. E assim continuadamente.
>
> De quando em vez, escuta-se o som da buzina. Ao parar, observa-se o som por duas vezes e logo fica a roda à espera de outras moedas centenárias, pois o cruzeiro não tem diâmetro suficiente.

Além de tais curiosidades, o Cego trajo branco faz instalações, transformadores, enrolamentos e, afinal, todo e qualquer trabalho em eletricidade.

Estêvão Barbosa Silva responde aos que se surpreendem com a seguinte frase: CEGO TAMBÉM TRABALHA.

Uma grande e forte lição para muitos industriais da mendicância que há cá pelo Sul, onde a indústria da esmola é das mais rendosas.

E que podia matar de vergonha os mendigos que vimos em Goiana.

*

O poeta João Freire Ribeiro, muito gordo, forte e vivo, procura-nos para dizer maravilhas da mediunidade da esposa, que só recebe Espíritos de indianos.

Fomos vê-la, depois da última sessão.

E não vimos nada de anormal e interessante, a despeito dos hinos indianos que o poeta entoou para atrair os Espíritos. Hinos, aliás, menos expressivos e belos do que os versos do poeta. Do que seus lindos versos, dedicados à Bahia, que, enlevados nós ambos, na praia de Atalaia, coco verde à mão e olhando a majestade do mar, nos declamou:

Toda a tinta deste mundo,
Com que se escreve alegria,
Sai do tinteiro profundo
Do mar azul da Bahia.
Bahia de tez morena
E de pisada gentil;

Paraguassú dengosa e feiticeira,
A terra do Brasil mais brasileira,
Mais brasileira e bela do Brasil!

*

De volta, uma visita e uma ceia com o velho Deusdédit Fontes, irmão do atual chefe de gabinete do Presidente da República.

Antigo poeta e jornalista, um dos pioneiros do Espiritismo em Aracaju, Deusdédit e exma. esposa prendem e cativam a gente de gentilezas.

Já não lê o que aqui escrevemos, o querido confrade. Desencarnou.

E a cidade e os espíritas lhe prestaram significativa homenagem, aliás, merecidíssima...

*

Os dois ex-sacerdotes levam-nos a casa.

Dizendo-nos o prof. Jugurta que poderíamos falar a noite toda, que ele não se cansaria, perguntamos-lhe:

— O colega deixou uma profissão tão rendosa, descansada e cheia de honrarias e venerações para ser professor? Não teria perdido na troca?

— Não. Preferi ser um homem de bem, um bom chefe de família, a ser um mau sacerdote. Foi isso que o bispo não quis compreender. Tanto que lhe enviei esta carta de protesto e indignação.

E passou-nos a carta que havia enviado ao bispo.

*

Leopoldo Paz, do *Instituto Normal R. Barbosa*, procurou-nos novamente. Iria cumprir, agora, o que prometeu, há dez anos, como pusemos no *Ide e pregai...*

— Sua promessa já é uma consolação.

Como professor e, naturalmente, educador, o ilustre confrade e colega só é útil a si próprio e aos seus. Consagrando-se, entretanto, à Doutrina, será mais útil a si, aos seus, à coletividade, à pátria e à Humanidade.

*

De volta da *Paulo Afonso*, soubemos, no dia seguinte, que os padres atacaram o Espiritismo, os espíritas, os caravaneiros, nossas conferências. Principalmente a do Cineteatro, que mais lhe pareceu uma propaganda recomendando o positivismo-materialista, visto o conferencista colocar Augusto Comte e sua religião da humanidade no lugar que, de direito, lhes assiste.

O rádio, a serviço inteligente da Doutrina, é uma coisa, na verdade, respeitável.

*

Wilson Lugon, que nos levou ao aeroporto, ouviu da Dra. Laura Amazonas, a nossa vista:

— Você, seu Wilson, se combatesse mais seus maiores inimigos — a vaidade, o orgulho, o comodismo e a indolência —, seria ótimo obreiro da Seara...

— Amando estes meus inimigos, estou com o Cristo, que aconselha "amai aos vossos inimigos". Não os combato porque os amo, claro.

Gargalhada geral.

*

Duas senhorinhas, da Mocidade Espírita, que foram ao nosso bota-fora, tiveram os olhos em lágrimas à hora da despedida.

— Chorando, meninas?! Saudades de nós, velhos, sem graça e sem beleza?! Conservem suas lágrimas para outras circunstâncias mais sérias, que lhes não faltarão, creiam.

A CACHOEIRA DE PAULO AFONSO

(UM ESPETÁCULO QUE SE VÊ, SE SENTE
E NÃO SE DESCREVE.)

Ouvíramos que "o brasileiro que não conhece a Cidade Maravilhosa, São Paulo, a Cachoeira de Paulo Afonso e o Rio Amazonas não conhece o Brasil".

Exagero?

Visitar o Colosso era nosso maior desejo. Aliás, alimentado desde pequenino, desde quando andávamos trabalhando por nossa formação literária, através das estrofes condoreiras de Castro Alves.

As ressonâncias dos versos do maior poeta da brasilidade deram-nos, por assim dizer, a paixão perfeita dessa outra Paulo Afonso colossal, que o S. Francisco despeja entre os estados da Bahia e Alagoas.

Há quase cinquenta anos, estivemos a pique de conhecer a rival da Niágara.

Passamos por perto, pela povoação de Pedra, viajando em lombo de burro, muito pequenino ainda, do interior de Pernambuco, através dos interiores de Alagoas e Sergipe, para o interior da Bahia.

A Guerra de Canudos, perto, teria sido o motivo mais forte de nosso comboio desviar muito sua rota.

*

Assim chegáramos a Aracaju, à frente da *Caravana da Fraternidade* — um movimento de espiritistas do Sul, ansiosos de conhecer *in loco* seus irmãos do Norte —, o desejo de visitar o Colosso repontou, natural e simultaneamente, em todos nós.

Maior, naturalmente, em nós, claro.

Iríamos de automóvel, na madrugada do terceiro dia, da capital sergipana...

*

Manhã cedo, ao dealbar, partimos...

Aracaju dormia a bom dormir. E, como a velha capital sergipana, as localidades que fomos encontrando a caminho — Socorro, Laranjeiras, Pinheiro, Itabaiana, Areia Branca, Mocambo. Todas em Sergipe. Depois, já no estado da Bahia, Jeremoabo. Só aí, à margem do Vaza-Barris, fizemos a primeira refeição, quase às 8 horas. Café muito à moda nordestina: com leite, pão, batatas, aipim, cuscuz, a escolha do freguês. Veio-nos, então, à lembrança que há perto de cinquenta anos passáramos por Jeremoabo, rumando para Esplanada. E até da casa em que ficáramos alguns dias nos lembramos, de tão viva que é a memória da gente, na infância! A estalagem, à beira da estrada de rodagem, aliás boa, a despeito de chão socado, ainda em construção, que um bonito pouso de viajantes sairá daquilo. Uma tabuleta de preços chama-nos a atenção: gasolina a Cr$2.40 o litro. Água mineral, de Pernambuco, a Cr$6.00 a garrafa! A gasolina vem dos Estados Unidos, passa por fabricação especial, paga transporte e duas alfândegas. E a água mineral, dali da fronteira! Como não somos fortes em assuntos mercantis... E vamos atacar a América, seu pavoroso imperialismo!

A ponte de cimento armado sobre o Vaza-Barris, ou Irapiranga, é bonita e ampla. O companheiro paulista, o farmacêutico Carlos Jordão da Silva, sentiu aí cólicas intestinais.

— Aí está um excelente remédio. É só mastigar a folha, que algumas gotas do suco...

E, demos-lhe folhas de velame, que arde e queima na boca da gente. Foi uma brincadeira perversa, que, entretanto, sarou o companheiro...

*

Chegamos a Forquilha precisamente às 10 horas.

Forquilha é o lado baiano da Paulo Afonso, um lugarejo que se arma para cidade.

*

O calor era feroz. Dir-se-ia que o sol, uma brasa viva, era como chamas queimando de bem perto nossas carnes.

Tivemos permissão para visitar os domínios da *Companhia Hidroelétrica do S. Francisco*, incontestavelmente uma grande empresa, de fins industriais e humanitários. A CHESF está ultimando — pode-se dizer — uma cidade para atacar a industrialização da Paulo Afonso. É uma empresa de caráter semioficial, de vez que o governo dispõe de 51% de seu fabuloso capital. Um funcionário graduado mostra-nos o mapa da empresa, as plantas, os maquinismos em ultimação, as originalidades, os planos de ação, explicando tudo com real interesse. Vimos a turbina que vai fornecer luz a cinco estados do Norte, da Bahia a Paraíba. E será ótimo, porque, a bem dizer, dos estados do Norte, afora Bahia, Pernambuco e... parece que só — as capitais já não têm luz, bonde e força! Depois, manda um funcionário subalterno mostrar-nos as obras lá fora, a cidade recém-construída no lado baiano do Colosso. Setecentas e sessenta casas já estão habitadas. Todas boazinhas, confortáveis, para funcionários, operários, afora os alojamentos de solteiros. Mais de seis mil pessoas ali trabalham, ali vivem, se divertem, ali amam, brigam, se esfaqueiam, que trabalhar com peixeiras à cinta é coisa comum. A polícia tem sempre o que fazer em Forquilha...

O que aí se vê, obra do homem, também espanta.

A CHESF é uma Paulo Afonso industrial, arrojada e humana, ao lado da outra Paulo Afonso. Duas cidades. Uma defronte da outra, cuja ponte, que ligará as duas, só ficará construída em fins de 1951. Enquanto não sai a ponte, quem desejar ir da Paulo Afonso alagoana — que o Colosso é do lado da terra dos Gois Monteiro — terá que andar dezesseis quilômetros no mínimo, e passar, com autos e tudo, em duas enormes canoas ajustadas uma à outra.

Foi o que fizemos...

*

Depois da visita longa e minunciosa às instalações da CHESF, ao almoço, no restaurante da Empresa. O prédio amplo, bonito, bem arrumadinho. Mas a *boia*, horrível! Cara, minguada, indigesta, mal temperada. Atiramo-nos, a despeito de tudo, àquilo. Os companheiros, de melhor estômago, ainda engolem a droga. Mas nós? Não passamos, quase, de bananas mal amaduradas com pão esmirrado e duro, e água mineral.

O calor e a boia foram as duas tristezas do admirável passeio.

Mas a visita à grande cachoeira não compensaria o duplo sacrifício?

Paulo Afonso vista de perto

Depois do "inesquecível almoço" lá nos fomos, suarentos e encalorados, sob a canícula ardentíssima, ao ponto de atravessar o S. Francisco para território alagoano. Foram mais oito quilômetros vencidos. E longa espera até que os canoeiros viessem da outra margem, bem à foz do Moxotó, fazer nossa travessia. Atravessamos com auto e tudo, e andamos mais oito quilômetros até a Paulo Afonso. Um enorme portão vedava a entrada para o Colosso. É que a cachoeira é propriedade particular da empresa fabril, remanescente dos empreendimentos admiráveis de Delmiro Gouvêa. E, agora, de vez que o portão estava fechado a cadeado, sob a guarda de intransigente Cérbero de saias? Será que teríamos de andar mais doze léguas, porque seis para ir e seis para voltar, até o povoado de Pedra, lugar da empresa, a fim de apanhar a ordem de entrar?

O motorista empregou feliz estratagema: alegou éramos, ainda, pessoas do grupo da "ordem" anterior, que ele havia levado. Além do mais, haveria uma "molhadura de mãos", para a terrível vigia. A virago relutou um pouco, mas acabou cedendo, porque, com ela, "ordens são ordens". Entretanto, a história bem engendrada da ordem anterior e a promessa da "molhadura de mãos" com outra água diferente da que corre na cachoeira valeram por duplo "Abre-te, Césamo!".

Entramos.

— Mas onde a cachoeira?

— Espere que o "troly" chegue.

Vem o "trolynho". Trata-se de uma coisa à toa, um estrado já meio danificado, montado em quatro rodas velhas. O estrado não comporta mais de seis pessoas, sem folgas para ninguém. O "troly" corre em trilhos esguios, espichados sobre velhos dormentes pregados em dois enormes lances de pontes construídas sobre abismos profundos, de meter medo. Se o rio está cheio, abismos de águas, talvez menos perigosos. Se vazio, como ainda estava, abismos de pedras pontiagudas, em forma de lanças para cima, à espera de possíveis desastres de corpos que caiam para serem espetados. É de meter medo! Tanto que muita gente não se atreve a passar dali, desistindo, assim, de ver o Colosso de perto. O próprio motorista, acostumado àquilo, não queria atravessar, medroso. E o Ary Casadio, nosso companheiro de São Paulo, embora médium de apreciável faculdade, não se atreveu a voltar no "troly". Preferiu fazer caminhada mais perigosa, a pé, gatinhando sobre os dormentes, talvez desconfiado da proteção de seu "anjo da guarda", de seus Espíritos protetores... Além do mais, tudo, construção de mais de cinquenta anos, enferrujado e meio podre, sem segurança e sem garantias.

— Vai? Não vai? Desiste? Não desiste?

— Ora: tamanho sacrifício de forças, dinheiro e tempo para não ver o Colosso? Ademais, se os desastres, a despeito de tudo, não são constantes... talvez estejamos entre os que têm resistido à prova sem acidente nenhum. Vamos passar, sim!

E passamos. O companheiro Carlos Jordão, talvez por vingança da "perversidade" das folhas de velame, de que falamos na crônica anterior, a meter-nos medo, a pintar quadros dolorosos de uma possível queda, a antecipar impressões macabras de corpos que ali caíssem e fossem atravessados por aquelas terríveis lanças de pedra. Uma voz, perto, acrescentou:

— Aqui estão maravilhosas provas para experimentar a coragem de "maçons" a se iniciarem...

— Ou martírios inquisitoriais, impostos a hereges recalcitrantes!

Respiramos aliviados, assim vencemos a travessia.

E paramos diante do Colosso, só então compreendendo e sentindo que valeu a pena o sacrifício feito e a prova de coragem que demos.

E sentimos, e compreendemos melhormente a impressão do matuto, a descrever, depois, a impressão que lhe deixara a cachoeira:

— Cheguei, vi e fiquei besta!

O RIO E A CACHOEIRA

O Rio São Francisco é o mediterrâneo brasileiro. Dos rios genuinamente nossos, é o mais considerável, por sua bacia, por seu curso, pela fertilidade de seu vale e por sua piscosidade. Desce das montanhas mineiras, atravessa Minas Gerais e Bahia, separa este estado de Pernambuco e Alagoas, Alagoas de Sergipe. Vai despejar-se no Atlântico, depois de mais de 3.100 quilômetros.

Até a fera mais feroz do Brasil, a piranha, é do São Francisco...

Seu vale, de exuberante fertilidade, a despeito de sua incultura por culpa do homem, já teve pretensões a estado, o estado do S. Francisco. O governo atual iniciou melhoramentos nas terras do grande rio, para beneficiamentos da zona.

Prosseguirão? São obras do Plano Salte...

O rio ao transpôr a Serra da Muribeca, passando do planalto à planície, forma o Colosso, precisamente a uns 340 quilômetros da foz. A cachoeira nas suas quedas despenha-se sobre rochas graníticas, talhadas a prumo. O embate das águas, que rolam de noventa metros, sua altura máxima, forma redemoinhos semelhantes às ondas do mar, que produzem, a espaços, desmoronamentos das rochas vizinhas e formação de lapas ou grutas. A Gruta dos Morcegos, que pode comportar duas mil pessoas, fora, naturalmente, formada assim. Consta o Colosso de sete saltos consideráveis e distintos, alguns desviados até do leito, em consequência das chanfraduras das águas nas rochas vizinhas. Os três saltos principais, no leito do rio, devem medir de oitenta a noventa metros.

E são eles, os saltos: Angiquinho, Dois Amores, Furna dos Morcegos. O Véu da Noiva tem o nome da semelhança que as águas, rolando, conservam dessa peça de enxoval. Não tem a altura das outras, mas tem mais beleza. A espuma que, na queda, desprende, dir-se-ia tenuíssima fumaça que toma a forma de esvoaçantes pontas do véu.

Diz-se que na variedade de seus aspectos não há, no mundo, coisa igual. Nem a americana Niágara, nem a africana Vitória, que lhe são inferiores em beleza, vistas de perto.

O rumor de suas águas é ouvido a léguas de distância. E o vapor que sobe de suas quedas dá-nos a impressão de pavoroso incêndio.

A cachoeira de Paulo Afonso devia ser de propriedade do governo. Mormente, agora, que se notam, por toda parte, pruridos de turismos apreciáveis. As obras do homem que ainda se veem ali, de conforto, embelezamento e urbanização (já em estado deplorável tudo), datam de 1897. E são frutos do arrojo de um homem excepcional, que uma bala assassina abateu miseravelmente: Delmiro Gouvêa.

Demos bastante o que fazer às nossas "codaques".

Fotografamos, principalmente, um banho dos caravaneiros, num braço de caudal derivado para um local pitoresco. Banho delicioso para abrandar a fúria do calor verdadeiramente senegalesco!

Por que Paulo Afonso?

Por que Paulo Afonso?

Das tradições que encontramos sobre a famosa cachoeira, no Norte, aceitamos como verídica a seguinte:

A famosa queda jazia desconhecida, desafiando a engenharia brasileira, como diria J. Lins do Rego, até 1859. Dois fazendeiros, um de cada margem do S. Francisco — Paulo e Afonso — vinham insistindo, regularmente, junto ao Imperador, convidando-o a visitar a zona. Pedro II aceitou o convite e lá esteve em 1859, em nome dos dois, exatamente, para evitar despeitos e vanglórias. Paulo Afonso surge, então, do nome dos dois sertanejos.

A queda maior da cachoeira é de noventa metros. Só lhe é maior a queda da Vitória, no Zambeze, na África, 150 metros. A do Niágara, com 44 metros, lhe é inferior.

*

E a E. F. de Piranhas a Pedras foi construída em 1877.

Delmiro Gouvêa, sertanista cearense, visita a zona em 1902, comprando couros e peles. Agrada-se da região. E escolhe Pedras para sua residência. A firma Iona & Cia cria-se em seguida e prospera. Pedem-se máquinas inglesas e energia elétrica ao governo. As máquinas vêm, a energia falha. “O governo continua a recusar-me auxílios, mas eu continuarei com meus próprios recursos e a ajuda de Deus", queixa-se Delmiro. Contrata quatro engenheiros, dois italianos e dois ingleses, e bota-se a *Paulo Afonso*, força d'água de ninguém. Em 1913 inaugura os benefícios todos que ainda se veem na Paulo Afonso, inclusive o bondinho aéreo, que a transpõe, por eletricidade, levando uma pessoa de uma a outra margem da Cachoeira. Trabalho de engenharia, antigo e modesto, que ainda se pode ver, entretanto...

Inaugura, assim, sua fábrica de linhas — as fortes e procuradas linhas de Pedras! — com a presença do governador de Pernambuco, José Bezerra.

E a fábrica de Belmiro Gouvêa chegou a reunir oitocentos operários. Todos, felizes, residindo em bairro operário, sadios, fortes. Fábrica movida por 1.200 cavalos.

Pedras, era, assim, o Oásis de Alagoas...

*

A 9 de outubro de 1917, a mão assassina de um operário abate-o. Por quê? Obra da inveja, do despeito, da má política...

E com a morte de Delmiro Gouvêa todo o seu mundo rui, vem abaixo. Seus sucessores e herdeiros brigam com os herdeiros e sucessores de Leonel Iona. Em 1925, os sucessores de Iona abandonam tudo e, com os últimos vinte contos no bolso, somem.

A *Machine Coltons* apossa-se dos títulos da empresa, vencidos e por vencer, promovendo a liquidação da grande empresa, em virtude do governo do estado, ou do país, não correr em auxílio da fábrica. Então, os cem últimos operários assistiram a um espetáculo tristíssimo, todos com lágrimas nos olhos: as máquinas de linha foram quebradas e atiradas ao rio, de uma altura de 75 metros...

A *Machine Coltons* afastou, assim, barbaramente, um concorrente leal nos estados do Norte.

E venham-nos dizer que "ninguém faz falta no mundo". Pelo menos, temporariamente, faz...

Em Maceió

O A. X. Z. da Aerovias deixa-nos, 45 minutos depois, em Maceió. Fomos hóspedes do Fernando Malta de Campos, velho confrade e amigo, que nos recebe exuberante de alegria e hospitalidade, o amplo coração cheio de generosidade bem nordestina. Ele e a família ilustre. Foi aí que o Carlos Jordão, sempre sedento de água de coco, teve receio de chegar ao fim da excursão. "Talvez desencarne a caminho, por excesso de fraternidade"...

— E de empanzinamento — acrescentamos.

Fazer que se coma demais, de qualquer jeito, é, para os irmãos do Norte, requinte de gentileza. De tal modo que o Jordão, embora sedento de água de coco, teve receio de dizê-lo ao Malta, para que o prezado irmão e amigo não enchesse a banheira de sua casa do precioso líquido vegetal.

*

O *Lar das Velhinhas*, a casa do passado, a primeira obra que vimos. Ao lado direito, a *Escola Zilda Gama*, a casa do presente. E o Laboratório de onde retira o Malta a seiva para nutrir as duas Instituições, à esquerda do conjunto.

O Lar das Velhinhas, ainda em construção, compreende um conjunto de 25 casinhas para casal de velhos ou para duas velhinhas. Frente para a rua Ires Alagoana, nome do primeiro jornal que houve na terra. Refeitório, farmácia, isolamento e banheiros, tudo na frente do bloco de construção.

*

Maceió, à noite, às escuras, pior que Aracaju. Como, de resto, as capitais, quase todas, do Norte, por culpa de maus governos. E é pena! Por isso, e porque não falta luz na sede da Federação Espírita Alagoana, que fica vizinha a um hospital, todos os programas foram na FEA. Fomos encontrar os velhos amigos, com o Felix Bandeira Neto à frente, agitado, ao microfone, irradiando avisos, conceitos doutrinários, gentilezas destinadas aos caravaneiros. Mas o querido Bandeira só teria de proceder assim duas noites seguidas. Ao chegarmos na terceira noite, recebemos a notícia: "O Felix desencarnou, hoje à tarde, de repente". Consagrou-se-lhe a reunião, quase. Depois, fomos ao seu velório. Procuramos confortar-lhe a companheira. E quem, melhor do que nós, podia fazê-lo nos dias que ainda correm? Ao enterro, no dia seguinte, fizemos a prece do saimento, e o Carlos Jordão, no cemitério, proferiu palavras emotivas pela Caravana e pela família espírita da terra. Um médium vidente viu, na sessão da noite, o Espírito desencarnado, feliz por haver deixado a carne assim, num ambiente de confraternização.

Lafaiete Belo, o prezado jornalista alagoano, fez, à primeira noite, a apresentação da Caravana, e Carlos Jordão agradeceu a gentileza. A prece é do Spinelli. Nossa, a conferência: *Evolução religiosa da Humanidade*, que a enorme assistência ouviu com interesse.

— Você continua, ainda, o tal! — brincou, no fim, o Lafaiete Belo, secundado pelo Erasmo Porangaba.

Os programas subsequentes — e foram mais três — afinaram-se pelo mesmo diapasão, sendo abordados os temas: *Forças em choque, Situação angustiosa do mundo moderno, O Brasil na formação da futura Humanidade...*

*

Duas visitas à D. Adelaide Ferreira, o médium mais preciso que já conhecemos. Os irmãos que viu se manifestaram, da primeira vez, pelo Ary Casadio. Da segunda vez, por esse médium e mais pelo Erasmo Porangaba. O que foram as duas reuniões aparecerá em crônicas adiante, pela expressividade de ambas.

*

O meio espírita de Maceió, mesmo do estado, não apresenta nós passíveis de solução, que precisem ser desatados. Assim, sob o ponto de vista da unificação, a Caravana teve ali muito pouco o que fazer, felizmente.

*

Há em Maceió uma Rua da Caridade, que teve, agora, seu nome mudado por pruridos cívicos.

O povo, entretanto, só a conhece assim.

Por que Rua da Caridade?

É que nela residiram os três primeiros espíritas da terra — João Marques, D. Angela e Domingos Moela —, que viviam para o Bem, para a Caridade.

Rua que devia ficar, como o *Gogó da Ema* — um interessante defeito num coqueiro —, para sugestiva beleza da terra.

A OBRA EDUCACIONAL DE MACEIÓ

Maceió espírita é uma cidade diferente.

Pela sua visão larga da Doutrina, pelas obras de assistência que mantém, pelo número de seus centros espíritas e escolas, poderia ser a Meca do Espiritismo no Brasil.

Aliás, já o dissemos alhures.

Já falamos do *Lar das Velhinhas*, obra do grande e bom irmão e amigo, Fernando Malta de Campos.

Obra bem semelhante, por sua denominação e finalidade cristã, ao *Lar de Jesus*!

Depois de ouvir a senhorita Cordélia de Campos, ao piano, cantando "Almas Gêmeas", saímos de auto com o prof. Coelho Neto, em visita a escolas e centros. Primeiro, a Escola Maria de Nazaré, nossa velha conhecida, com quarenta alunos frequentando. Ao C. E. Francisco Fialho, com sua Escola Santo Ambrósia, cujo presidente, José Cícero, o é, também da Maria de Nazaré. Ao "José Eusébio" e a sua Escola Zanele Caldas, ambos dirigidos por Jaime Xavier da Silva. Escola com 107 alunos frequentando, servida por três professores.

De volta à casa do Erasmo Porangaba, para o almoço, vimos, no *Largo da Pajussara*, ao tempo, à toa, a *Estátua da Liberdade*, uma cópia feliz da que a França oferecera aos Estados Unidos. Foi-nos, então, explicado: "Ela estava na praça principal. Foi de lá retirada pelo governo, para, em seu lugar, ser colocada a do Gal. Goes Monteiro". Vimos, realmente, embuçada em saco, já no pedestal, a estátua do General. Não era possível, na verdade, as duas estátuas — a da Liberdade e a do General — permanecerem no mesmo local...

A Federação Espírita mantém a Escola Humberto de Campos e o Albergue Tereza de Jesus, ambos em funcionamento.[2] O Melo Maia, o centro mais antigo da terra, que data do século passado, mantém escola bem organizada.

O C. E. Discípulos de Jesus, direcionado por José Alves Morgado, renasce, agora — porque saído de uma direção periclitante e desidiosa — para altos surtos. Mantêm duas escolas, em turnos diferentes — Bezerra de Menezes e Tereza de Jesus — com cem alunos. Deveria ter funcionado, no ano seguinte, o Grupo Escolar Tereza de Jesus. Mantém, ainda, um grande serviço de assistência, constante de albergue e posto médico — enfermaria e farmácia. Vimos nove

[2] Recebemos, posteriormente, carta do confrade Aurélio Tenório Valença, que nos diz, entre outras coisas e outros protestos:
"Por pertencer às diretorias da Federação local e da Mocidade Espírita 'Humberto de Campos', é que resolvi tomar a liberdade de formular a presente, a fim de evitar que, quando da impressão do seu livro *A Caravana da Fraternidade* permaneçam duas referências não verdadeiras sobre as duas Instituições citadas. Ao contrário do que você registrou em sua reportagem acima, a Federação não mantém nem o Albergue Tereza de Jesus, nem a Escola Humberto de Campos. O Albergue pertence à *Sociedade de Amparo Social*, proprietária do prédio em que funciona a Federação, a Escola, a Mocidade Espírita 'Humberto de Campos'. A Federação é muito pobre. Não dispõe de outra renda senão à da mensalidade dos sócios, em número diminuto (cerca de 80). A nova diretoria foi que, com grande esforço, conseguiu fazer voltar à circulação 'A Luz'. E o programa radiofônico, 'Mensagem Cristã', embora patrocinado oficialmente pela Federação, é mantido materialmente por um grupo de confrades, pois ela não dispõe de recursos".

velhinhos asilados. Fomos aí recepcionados, festivamente, através de excelente programa artístico-doutrinário. O confrade Américo Pereira faz-nos expressiva recepção, e a menina, Zenaide, dá-nos um lindo ramalhete de flores naturais. Agradecemos, falando às crianças. O grande médium, D. Adelaide, chora, emocionada. Quase choramos também. Por quê? É que a médium viu a Marília, emocionadíssima, a chorar, beijando algumas crianças.

Cantou-se a "Canção da alegria cristã", encerrando-se a sessão.

*

Ao *Orfanato S. Domingos*, uma obra monumental, de origem espírita, fundada por espíritas, dirigida agora, entretanto, sem caráter espirítico. Seu ilustre presidente disse-nos:

— Consultei os pais dos alunos. 95% opinaram contra a influência espírita na educação. Abolimos, então, o caráter doutrinário na educação das crianças.

— Que valor tem a opinião de tais pais? Não podem ter nenhuma autoridade moral sobre os filhos que estão se educando, de favor, numa casa espírita. Devem receber, portanto, a educação que se lhes dê, claro. Ademais, que sabe essa gente de Espiritismo? Só teriam de opinar assim, como opinaram.

Fomos recebidos festivamente. Primeiro, pelo grupo de escoteiros, que fez algumas evoluções ginásticas. Depois, todos nós, de mãos dadas, o grupo pede-nos que digamos: "Um por todos". Responderam: "Todos por um". A seguir, para a escola. Todas as crianças acomodadas, falamos-lhes, contando histórias e salientando a posição do Brasil na situação do mundo de amanhã.

O *Diário Oficial de Alagoas* noticiaria depois que "o prof. Leopoldo Machado proferiu magnífica aula de história pátria em linguagem simples e clara, ao alcance de todos".

*

O almoço nosso, com o Jaime Xavier da Silva.

O dos companheiros, com o Fernando Malta. Encontramos, de volta, o Jordão e o Spinelli a cochilar. E o Malta, vitorioso: — Enchi-os de comida!

*

Ao *C. E. William Crookes*, que funciona no sobrado, funcionando no pavimento de baixo o Grupo Escolar Antônio Pombo. Outra bela recepção aí nos aguardava, a flores e palmas. Constrói-se, agora, contíguo ao Centro, a Creche Leopoldo Pereira, outra grande obra, que impressiona superiormente. O programa receptivo transcorre animado. Programa cheio de coisas de nossa autoria, bem ensaiadas e melhor representadas. Inclusive a "Canção do Livro Espírita", muito bem orfeonizada. A menina Edite Leão nos faz expressiva saudação e outra garota, Deupisia Dias — um anjo de simpatia —, oferece-nos lindo ramalhete de flores naturais. O Coelho Neto, além da apresentação, faz-se, ainda, o locutor do programa. Falamos, então, à semelhança do que já fizéramos em Sorocaba, às crianças, aos moços e aos mais velhos.

Outra hora cheia, na verdade, de intensas vibrações.

D. Adelaide viu aí, conosco, a querida companheira e o Viana de Carvalho.

*

Não vimos alguns confrades que, da outra vez, nos cumularam de gentilezas e nos encheram de admiração. Que seria feito deles?

— Ah! meu amigo, os "diabinhos coxos" andaram também por cá, desfalcando fileiras, desarregimentando grupos, desagregando a obra...

Contudo, o restante reagiu bem, pois encontramos mais obras, mais vibração. E sentimos falta daquela Mocidade Espírita que aqui deixamos a vibrar, com a Creusa Chaves à frente...

Primeiro dia em Recife

Saímos de Maceió depois do almoço.

Abraços e emoções fortes com promessa de breve retorno.

O avião, voando baixinho, contornando praias e córregos, plantações e casinhas, permitia-nos que víssemos tudo tão pequenino, tudo tão baixo e tão vil... O homem, principalmente.

Como seria visto o homem de mais alto, de muito mais alto?

Só de muito mais alto é que se pode julgar a insignificância humana...

*

O A. X. D., da Aerovias, aterrissou às 14h40, de 12 de novembro, em Recife. Muita gente no Aeroporto. Mais de cinquenta confrades e muitos automóveis. Abraços de boas-vindas. E nós, com os ouvidos ainda ensurdecidos da zoeira do avião.

Rodamos para o Instituto Espírita João Evangelista.

Nós, no carro de D. Helena Gribari, nossa conhecida, da primeira vez que andamos por lá, ela mesma ao volante.

No Instituto, uma grande obra de assistência que desconhecíamos, à rua Santo Elias, no Espinheiro, foi-nos mostrada toda a instalação, mormente a do Ginásio Espírita em construção.

Tudo, obra que impressiona bem.

Realizou-se aí, a nossa chegada, a primeira sessão de unificação, preparatória, sob a presidência de D. Blandina Filipini Gomes. O Lins de Vasconcelos, que fora a nossa frente e aí nos aguardara, fala primeiro, depois da prece, e orienta a sessão. Fala-se muito. Nós mesmos, que havíamos tido as provas mais concludentes de que o Pacto Áureo era o brado do Alto, lemos, então, as comunicações mediúnicas, apanhadas em Maceió, com D. Adelaide e o Ary, já postas em crônicas.

*

Fomos hóspedes do casal Joaquim Gomes da Silva e D. Maria Estela, sua exma. esposa, à rua Alfredo Medeiros. Residência de arte, gosto e conforto, coroado, tudo isto, com admirável simplicidade, bem nos moldes da Doutrina. Pusemo-nos, logo, à vontade, com a liberdade e o respeito que a Doutrina nos impõe a todos. E de lá saímos escravos do ilustre casal e de seus filhos gentilíssimos...

*

À noite, reunião na *Federação Espírita Pernambucana*, sob a presidência do Lírio da Silva Ferreira, atual presidente da Casa. Francisco Spinelli ora na abertura e no encerramento. E D. Helena Moreira Valente faz a apresentação da Caravana. Carlos Jordão da Silva agradece, e nós proferimos a primeira conferência positivo-espirítica: *Os vivos são sempre, e cada vez mais, governados pelos mortos*. Partimos do paganismo primitivo, da religião greco-romana. Perlustramos as religiões civilizadas, estudando seus fundamentos no propósito, aliás colimado, de demonstrar que todas as revelações, principalmente religiosas, têm sido obra dos Espíritos, de comunicações de Espíritos. E chegamos até a "Caravana da Fraternidade", demonstrando que ela, também, é revelação do Alto. Foi uma hora de conversa inspirada, que interessou a todos...

Ary Casadio, o médium paulista e companheiro de Caravana, completa e endossa nossas palavras com empolgante mensagem atribuída a Bezerra de Menezes. Diz o Espírito que, para se encontrar o ouro, a pérola, o diamante, deve-se descer ao fundo das minas e dos rios, revolver cascalheiras, agitar garimpos, movimentar ostras e pedras, sempre de ânimo sereno e empreendedor.

Era isso que estava fazendo a Caravana.

O Lins de Vasconcelos fala por último, despedindo-se.

E encerra-se a sessão às 22 horas.

*

D. Helena nos pergunta, depois da sessão, se conhecemos um preto velho, chamado Jacó, que está conosco. Falou-lhe, e ela o ouviu bem, dizendo que nos está acompanhando. E para ela nos dizer que, assim como ele interrompe procissões, está disposto a aparar os males que vierem em nossa caminhada.

Conhecemo-lo, sim.

O caso foi o seguinte:

Quando inauguramos o pavimento térreo do C. E. Fé, Esperança e Caridade, uma verdadeira multidão acorreu à festa. E uma procissão, no momento em que uma senhorinha declamava, passou à porta. O sacristão, provocador, insultou: "Cala a boca, burro!". Um espectador, meu cunhado, que não é espírita, interfere. Há bofetões e troca de empurrões, tudo interceptado a *deixem disso! acalmem-se!* E a procissão por um triz que se desfez.

Participantes dela, gente mais sensata, andaram dando razão aos espíritas, que foram os provocados.

Na sessão de estudos seguinte, profligamos o caso, censurando a exaltação dos dois, do sacristão e de meu cunhado...

Jacó, no primeiro dia de trabalhos práticos, voltou meio decepcionado, menos loquaz. Doído por havermos censurado o acontecido, declarou, sem rebuços, tinha sido ele que agitara o braço de meu cunhado para esbofetear o atrevido. Admoestado por nós, logicou assim:

— *Cada um serve a Jesú-Cristo como pode. Ocê, falando e crevendo bem, sustentando polêmicas e dirigindo festas. Eu, que não sei fazer nada disso, levanto o braço de quem recebe minhas influênças, para bater em quem mexê em ocês...*

O SEGUNDO DIA EM RECIFE

Despertamos muito cedo. E pusemo-nos a escrever na ampla e formosa varanda do admirável casal. Depois do café, ao embarque do Lins de Vasconcelos, que voltava ao Rio. De volta, passeio por Boa Viagem, ligeiramente, e visita à *Casa de Saúde Espírita João Evangelista*, à rua Visconde Suassuma. Casa modesta em sede, porque ainda de aluguel. Mas bem aparelhada. E enorme na sua organização e aparelhagem, no seu programa e no espírito de confraternização que aproxima seus cooperadores todos. Às tardes, ao crepúsculo, fala-se ao alto-falante, ora-se uma prece. Honra e suave mister que, uma tarde, nos coube...

*

O almoço, toda a caravana reunida, em casa do admirável casal que nos hospedou.

À sesta, fatos espíritas. E saíram, então, dos mais significativos. Dois entre todos nos prenderam mais a atenção. O Espírito de conhecido e ilustre advogado e professor do Ginásio Pernambucano fora visto na Casa de Saúde, por D. Estela, sua filha e alguns enfermos. Depois de haver prestado alguns serviços a doentes, foi dizer a sua família, em Limoeiro, que se havia materializado na Casa de Saúde...

Um capitão baixara, enfermo, a Casa de Saúde. Armado, febril, irritado. O médium desce a vê-lo e diz-lhe, pedindo a arma, que seu propósito é assassinar, por ciúmes, a esposa e um amigo. Efetivamente, confessa tudo, entregando o revólver, arrependido e sincero, a chorar...

*

À tarde, passeios e visitas fraternas.

Primeiro, ao *Lar de Jesus*, escola de crianças e abrigo de velhinhos, obra inspirada pelo nosso. Em cima, a Escola Bittencourt Sampaio, com sessenta alunos. Embaixo, o abrigo dos velhos. O Carlos Jordão ora uma sentida prece e nós dissemos quatro palavras aos velhinhos.

Uma velhinha incorpora um Espírito que, muito emocionado, agradece a visita. Quem seria?

Daí, um passeio mais demorado à belíssima Boa Viagem. Passeio regado a muita água de coco e enfeitado de muitas fotografias.

*

À noite, na *Liga Espírita Pernambucana*, sessão presidida por D. Helena Valente. Prece do Carlos Jordão. Recepção do Alfredo Ramos. Nosso, o agradecimento, focando o que pretende realizar a "Caravana da Fraternidade". A conferência, do Francisco Spinelli.

Depois nova reunião de "mesa-redonda".

Todos expenderam, longamente, seus pontos de vista, até às 23 horas. Ao suspender-se, pelo adiantado da hora, a sessão, João Bezerra de Vasconcellos, aliás, um valor no meio espírita pernambucano, pede a palavra para expender seus pontos de vista. Protestamos, sugerindo que ele fale na próxima reunião. Ele proferiu a prece final e depois, espirituosamente:

— Ah! autoritário terrível!

— Engano seu, meu amigo. Ninguém é mais liberal do que eu. E só por amor à liberdade, aqui estamos a serviço do Pacto Áureo. Agora, não compreendo que haja ordem e harmonia em outros meios e ambientes, e não o haja na Seara do Cristo. Por quê, se o Cristo é a própria harmonia e a própria ordem?

E saímos, no seu auto, com o Pinheiro Ramos, o Tomaz Ribeiro, o Adauto Costa e senhora, esticando o assunto a comentários lógicos, precisos...

*

No dia seguinte, depois do café, a visita do Pinheiro Ramos. Aliás, provocada por nós. Dr. Pinheiro Ramos é, indiscutivelmente, um temperamento laborioso e agitado. Agitado e laborioso como nós, ou mais do que nós. E tem, como nós, seus pontos de vista, de que, parece, não abre mão. Não aceita, por isso, o Pacto Áureo, que julga obra exclusiva da Federação Espírita, associando-o à célebre questão roustanguista. Apresentou dúvidas tremendas, que nós procuramos destruir com a autoridade de quem trabalha no Pacto Áureo por amor exclusivo da Doutrina, na compreensão de que ele não resolverá, ainda, definitivamente, o problema da unificação, e de que a unificação, como nenhuma obra espirítica, se colima com agressões, insultos, ataques, irreverência.

*

Depois, em sua companhia e de D. Helena Valente, rodamos para a *Escola Jeane d'Arc*, no sítio do Beraldo. Tudo muito simples e muito pobre.

O mestre de canto, o irmão Manuel do Nascimento, pôs sua meninada a postos e pespegou-nos Gounod, Schubert, Carlos Gomes orfeonizados. Depois, números de teatro. Tudo, com muito boa vontade e intensa alegria. Depois, conversamos, nos moldes da escola ativa, com a pirralhada...

*

A visita continuou pela tarde adentro.

Ao Orfanato Cecí Costa — que melhor ficaria *Lar de Cecí Costa* — e à Escola Humberto de Campos, dirigidos por J. Barros Lins, que tem ali, no seu reduto, abrigo de crianças, escola, oficinas de marceneiros, teatro D. Pedro II, o diabo! Tudo muito simples e, por isso mesmo, digno de nota.

Disseram-nos que "diabinhos coxos" andaram querendo alijar dali o companheiro. Para quem dirigir sua obra?

*

Andamos perdidos nos subúrbios, procurando a Instituição Batista de Carvalho, sem achá-la...

*

À noite, a sessão no *Investigadores da Luz*, à rua Augusta. Cheiíssimo! D. Helena Valente preside a sessão e D. Niná

Rodrigues faz a nossa apresentação. Carlos Jordão agradece e o Spinelli profere a prece inicial.

D. Helena Valente diz-nos, então, que a Marília se lhe apresenta, sugerindo o tema seguinte: "O 1º milênio foi da destruição da herança de Jesus. O 2º, da decomposição de sua Doutrina. Cabe ao 3º milênio restaurar a Doutrina do Divino Mestre. O Leopoldo deve falar sobre isso".

Abordamos, então, os fatos culminantes do 1º e 2º milênios, que o tempo fora escasso para a vastidão do tema.

*

Depois, a terceira reunião confraternizante, falando o João Bezerra de Vasconcelos em primeiro lugar. E falaram todos. Muitos, absolutamente fora do espírito evangélico do Pacto, procurando, talvez — sem o saber e o sentir —, colocar pontos de vista pessoais acima da magnitude do ato e da beleza da Doutrina.

Contudo, correu tudo muito bem.

...E continua a vibração em Recife

O 15 de novembro foi um dia cheiíssimo para a *Caravana da Fraternidade*. Primeiro, a visita à *Escola Maria de Nazaré*, no Arruda, a primeira instituição espírita que conhecemos em Recife.

Seu ilustre presidente, Luís Albuquerque Melo, abre a sessão e passa a direção dos trabalhos à D. Helena Valente.

A jovem Eunira Silva profere uma saudação e a prece inicial.

Outro jovem, Djalma Ferreira, profere bela alocução, embora com vislumbres de amargura. Depois, números de declamação e canto. Falamos, salientando que, "a despeito de nossos erros e imperfeições, no fim do ciclo social que vivemos, repleto de desorganizações, é o Espiritismo a coisa mais desorganizadamente organizada que existe".

O menino José Ubaldo de Lima profere, emotivo, sentida prece.

*

Fomos, depois, à sessão da Mocidade Espírita, na sede do Instituto Espírita João Evangelista. Preside-a, ainda, D. Helena. O jovem Wilson Ramalho faz a prece e o jovem Caetano Coimbra profere vibrante discurso de recepção. Conversamos, depois, com os moços, historiando o movimento das mocidades espíritas no Brasil e a parte que nos coube no movimento. Houve debates animados e perguntas curiosas.

A jovem Maria de Lourdes Rosa, excelente oradora, fala por último. Canta-se a "Canção da alegria" e Mara Peres faz a prece final.

*

Depois do almoço, às 14 horas, a visita ao *Abrigo Tereza de Jesus*, também já nosso conhecido, à rua Carlos Gomes. A mesma sede, exígua e velha. Mas seus diretores já obtiveram terreno próprio para nova construção. Cinquenta internadas. Algumas mocinhas. Cantam a "Canção do Visitante". Sessão receptiva, dirigida por Antônio Ramos de Azevedo. Luís Pedrosa profere bela saudação. Conversamos, então, sobre as obras de assistência, sua estruturação e finalidades.

*

Às 16 horas, novamente a sede do Instituto Espírita João Evangelista, para nova sessão íntima, confraternizante. Depois da prece, lemos bela mensagem de Emmannel. O Ary Casadio recebe expressiva comunicação, concitando fraternidade. D. Helena, desprendida e simples, faz expressivo apelo. Contudo, ainda há cautelas e pontos de vista discordantes das mensagens e do apelo feito. No entanto, lavrou-se a ata de unificação, que foi assinada por todos os representantes e pelos caravaneiros.

*

À noite, a sessão na *Casa dos Espíritas*, ao ar livre, no bairro das Graças. Muita gente e possantíssimos alto-falantes, transmitindo para longe as palavras. Diz-se-nos que o padre do bairro martelara, durante a semana, o Espiritismo. Uma boa propaganda, a julgar pela enorme assistência. Abriu a sessão o João Batista Campos, passando a presidência à D. Helena Valente. Depois da prece de Carlos Jordão, a apresentação de João Batista Campos, entusiasta e brilhante. O Spinelli agradece. E o garoto, Luís Wilson, do *Instituto Ismael*, que a instituição mantém, diz uns versos. Falamos sobre a civilização do 3º milênio, demonstrando que ela se deslocaria do Oriente para o Ocidente, para a América e, principalmente, para o Brasil, de vez que, até o presente, nenhum povo e nenhuma terra do hemisfério meridional já mantiveram, hegemonicamente, civilização alguma. E terminamos afirmando o desenvolvimento do Espiritismo no Brasil, a despeito de muitas deturpações; que o Pacto Áureo e a Caravana da Fraternidade, em que pesem a tantas incompreensões, são avisos expressivos de tanto. Uma hora e meia não foram suficientes para a conclusão da tese.

Depois da sessão, visitamos o Instituto, que tem 230 matrículas, a *Policlínica Misael Gomes*, o gabinete dentário, novíssimo, as oficinas gráficas da Editora do Nordeste, que imprime *Luz da Verdade*, fundada, há dez anos, também com nossa cooperação.

E vimos, por último, o terreno já obtido para a nova construção, que será imponente.

Foi um 15 de novembro cheio e vibrante.

Sentindo a ausência de alguns confrades, perguntamos, a exemplo do que fizemos em Maceió, se *diabinhos coxos* haviam, também, encontrado campo no meio espírita recifense...

Havia, sim...

Um dia em João Pessoa

Furamos nossa estadia em Recife e rodamos, na madrugada de 16 de novembro, para João Pessoa. O auto apanhou-nos primeiro. Ainda fomos acordar o Carlos Jordão e o Ary Casadio, hóspedes do *Instituto Espírita*, e Francisco Spinelli, na casa do Aminadalo Melo.

Passamos por Olinda, para apanhar o Luiz Burgos Filho.

Chegamos a João Pessoa, correndo por boa estrada, às 9h50. Ótima viagem.

Recepcionados na Federação Espírita Paraibana, com uma ligeira sessão para os votos de boas-vindas. O Ary Casadio incorpora um irmão da Caravana Invisível, que dá interessante mensagem. Uns trinta confrades no ambiente.

Rodamos, depois, para a Praia do Tambaú, linda e poética, perto do Cabo Branco. Praia bordada de coqueiros, um casario apropriado, barcos a velas açoitados pela brisa fagueira. Lindo painel de brasilidade natural.

Os companheiros caíram à água. Nós preferimos caju e água de coco. Depois, ligeiro descanso à rede de caruá, na varanda da casa de praia do confrade Antônio Galdino. O confrade, tenente Godofredo de Araujo Gois, oferece-nos uma rede igual, que usamos ainda hoje. Um confrade, Feliciano Dias da Silva, dá-nos sua fotografia e outra para o Chico Xavier, dizendo: "Metade de meu desejo está cumprido, pois desejava, antes de morrer, conhecer o Chico Xavier e o senhor...".

Para o *Hotel Cristal*. O almoço saiu tarde. Todos, esganados, se puseram a ele. Depois, sesta. Os companheiros cochilaram logo. Quando íamos adormecendo, chega o jovem Valdo, presidente da Mocidade, e o pai, Durval do Vale, que lera livros espíritas na mocidade. Gostara e ficara quieto, sem levar a sério a Doutrina. O filho, de 16 anos, tem-no arrastado às sessões. A princípio, ia por ir. Agora, vai por prazer, por ver o filho bem encaminhado na vida. A esposa, católica, vinga-se a seu modo: "velho bestalhão, que não tem o que fazer. Por isso, anda acompanhando o filho para as bobagens do Espiritismo".

E conta, o Durval, essas coisas com tal simplicidade e desprendimento que a gente ri com vontade.

*

Saímos, à tarde, a visitar os Centros.

Primeiro, a *Escola Bezerra de Menezes*, cuja professora, Eudésia Pereira de Lima, prepara-nos uma recepção infantil, que sensibiliza. A criançada canta a "Canção da alegria", a seu modo, e outros hinos. Conversamos com a pequenada, contando-lhe histórias.

Depois, ao *C. E. Discípulos de Jesus*, à rua Maximiano Machado, cujo presidente, João Evangelista Menezes, recebeu-nos com alegria.

Agora, à *União Espírita Deus, Cristo e Caridade,* à rua Índio Piragibe. Está construindo um grande albergue em dois pavimentos, um para os homens e outro para as mulheres.

Albergue? E por que não escola? O albergue é caridade pela metade, porque feita, apenas, ao corpo, à hora do sono. A instrução é coisa diferente. É caridade para toda vida. Para a vida espiritual e material.

Seguiu-se a visita ao "Bezerra de Menezes", no bairro de Cruz das Almas. O padre do bairro, tomando conhecimento da conferência, que seria proferida à noite, saiu-se a atacar o Espiritismo e os espíritas. Fez, assim, ótima propaganda gratuita, pois o Teatro Santa Rosa se encheu à noite.

O lanche foi na Pensão Avenida, do confrade Antônio Galdino. Farto e alegre.

Depois do lanche, a Escola Leopoldo Cirne, com cinquenta alunos. Escola metida no mangue. Por isso, chamam-na Escola do Caranguejo. Seu presidente, Severino Lima Freire, recebe-nos com um discurso tirado a V. Exa. E a professora, Maria do Carmo, dirige dois hinos escolares, cantados pelas crianças. Agradecemos, impugnando o V. Exa., que não julgamos trato afetivo, próprio para espíritas, e falamos às crianças.

Ao crepúsculo, o último passeio, com ilustres confrades, o José Augusto Romero sempre conosco, pelos bairros centrais.

João Pessoa é cidade que agrada e impressiona bem. Grande, alegre, graciosa. Tem, ainda, bonde.

O jantar, no Hotel Cristal, com ilustres confrades, que enchem nossa mesa. Apanhamos as assinaturas de todos em nosso álbum de excursão, que levamos desde Salvador...

Sobre a conferência no Teatro Santa Rosa, e as impressões que teria deixado, a página adiante de José Augusto Homero dá conhecimento de tudo.

O ÚLTIMO PROGRAMA EM RECIFE...

Saturados de fagueiras emoções, todos alegres e felizes, voltamos de auto, na madrugada seguinte, para Recife.

A primeira corrida, até Goiana.

Aí, frutas, café, massas, cuscuz, na primeira refeição.

Nunca vimos tantos mendigos juntos, explorando o sentimento de caridade humana.

Mendigos válidos e fortes mais do que inválidos e fracos.

Dir-se-ia um sindicato perfeito de mendicância organizada.

Em Recife, banho e cama, que o almoço seria no *Instituto João Evangelista*.

O almoço, uma sessão mediúnica, vespertina, o programa da noite...

A sessão com a médium D. Helena Valente.

Médium de absoluta inconsciência, que os Espíritos dominam inteiramente, absolutamente.

E de difícil despertar.

Veio por ela uma entidade que elaborou um lindo apólogo da guerra e do homem espiritualista; uma ciganinha, a Floripes, que falou numa linguagem muito dela, expressiva e característica. Depois, a minha Marília.

Damos, adiante, a peça da querida companheira.

Fomos daí à Casa de Saúde João Evangelista, para o espetáculo do crepúsculo.

Às dezoito horas, diariamente, há uma preleção ao alto-falante e uma prece emotiva.

Todos os doentes ouvem-nas ambas, emocionados.

E quanto bem lhes faz aquilo!

Coube-nos, nesse dia, a preleção e a prece.

*

A impressão deixada em todos nós pela sessão vespertina, com D. Helena Valente e o Ary Casadio, magnífica!

Pusemos, até, em estrofe singela, o que sentimos a propósito do que damos e recebemos:

O operário diligente
Da Seara do Senhor,
Que é toda fertilidade,
De paz, de luz e de amor,
Dá pouco e recebe muito;
Recebe mais do que dá.
Quem duvida, experimente,
E verá!

À noite, a última reunião no Instituto João Evangelista. Superlotadíssimo. Gente por toda parte.

D. Helena passa a presidência ao Lírio, que, vibrátil e eloquente, faz o elogio da Caravana e a apresentação dos caravaneiros. A prece inicial é de Carlos Jordão.

Procuramos, então, concluir a tese da civilização do 3º milênio, deixada a meio na *Casa dos Espíritas*. E concitamos toda gente à preparação da grande civilização. Preparação material e espiritual. Os fatos apocalípticos, a desorganização geral de fim de ciclo civilizatório, a confusão observada em todos são as provas materiais. As profecias e os avisos mediúnicos, o passaporte conferido, a essa altura, somente a Espíritos bons e evoluídos para se reencarnarem, preparando, assim, uma Humanidade diferente, o progresso, a despeito de tudo, do Espiritismo, e o esforço espontâneo da própria Caravana da Fraternidade são as provas espirituais mais significativas.

E focamos a situação do Brasil na formação da futura Humanidade, como o primeiro grande povo da América e do hemisfério meridional a dirigir a civilização cristã do futuro.

Depois de nós, com a palavra, para expressões de despedida, D. Blandina, D. Helena, Francisco Spinelli...

D. Helena discorda de um ponto de vista nosso, porque chamamos João Evangelista de um tanto exagerado. Discordou, alicerçada na grandeza de suas mensagens e no fim glorioso de sua existência. E nós alicerçáramos o nosso "um tanto exagerado", pelo propósito, velado ou não, de confundir, em seu Evangelho, o Cristo com o próprio Deus; de pedir fogo do Céu contra uma cidade samaritana que não os quis receber; de afirmar que o mundo inteiro não comportaria os livros que, porventura, se escrevessem sobre o que disse e realizou o Cristo.

Fala, por último, um excelente declamador, que termina sua peça oratória, declamando "Exortação", de Leopoldo Braga.

Às 23h30, terminou a sessão.

E começou — como sói acontecer e é natural em todos os ambientes em que se faz Espiritismo com o coração — a parte consagrada aos comentários.

A terceira parte, como chamamos.

*

Manhã cedo de 18 de novembro.

Saímos, depois do café, com o nosso ilustre hospedeiro, em visita à sua indústria. Visitamos suas três casas comerciais, sentindo em todas elas a prova bastante de que o capital precisa proporcionar conforto e regalias ao trabalho para que tudo corra bem. A maravilha da técnica moderna, em todas as indústrias, impressiona demais. Vimos, por exemplo, o papel entrar na máquina e, minutos depois, sair o saco impresso em duas cores, colado e picotado.

Até à hora do embarque, às 14h20, voltas pela cidade, em companhia do Joaquim Gomes da Silva e dos companheiros de Caravana.

E a última visita ao Instituto, grande obra espírita que tem solucionado problemas seriíssimos, de ordem moral e espiritual, no meio espírita recifense. Não queremos fechar estas linhas sem citar um dos mais expressivos que nos contou o Joaquim. Uma senhora de sociedade, desprezada pelo marido e seduzida por um parente, que a presenteava amiúde para mais depressa conquistá-la, resolveu entregar-se ao sedutor. E foi entender-se com ele em seu escritório. Mas, de passagem, alguma coisa arrastou-a ao Instituto. Saltou do ônibus e entrou. Ouviu a preleção. Aquilo parecia encomendado para ela. E do que ouviu resultou que o Instituto ganhou uma boa cooperadora e a senda do erro perdeu uma vítima que já resvalava para a falta.

São estes “os milagres” do Espiritismo.

Em Natal

Uma hora de voo, de Recife a Natal.

O A.V.M. aterrissou às 14h20.

O aeroporto de Natal é maravilhoso: amplo e completo.

À nossa espera, muitos confrades em jipes e automóveis.

No auto do Severino Viana — e os companheiros no grande jipe do Cap. Joel Alvarenga —, fomos, antes de rodar para casa, aos bairros mais pitorescos da cidade. O bairro de Rocas, antiga Montagem, o primeiro visitado. Aí passou a Marília boa porção de sua mocidade, feita professora de uma escola de *filhos de pescadores*. Aí assistimos ao espetáculo que se vê, que se sente e não se descreve: o pôr de sol na foz do rio Potenji. Espetáculo deslumbrante!

Pela cidade, nas principais ruas, faixas enormes saudando os Caravaneiros da Fraternidade com expressões e frases emotivas e vibráteis, que fotografamos.

Fomos hóspedes do Major Alfredo Lemos da Silva, cuja esposa, D. Floripes, é um dínamo a serviço da educação espirítica da infância. Ele, um velho companheiro dos antigos tempos do *Colégio Nacional*, no Méier.

O Burgos e o Spinelli, do Felipe Soares de Melo; o Jordão e o Ary, do Cap. Joel Alvarenga.

*

À noite, à “Cruzada dos Militares Espíritas”, para um programa de moços. Abre a sessão, o Cap. Joel, e passa a presidência à esposa, D. Zilda, nossa antiga conhecida. Ouvem-se arranjos musicais do Sebastião de Macedo, musicando estrofes significantes. Dentre elas, esta:

> O panorama do mundo, no momento,
> De incerteza, e ganância, e de aflição,
> De guerra e fome, de luto e sofrimento,
> É a falência da fé e da razão.

Estrofe que foi o tema para nossa palestra de meia hora, focando a parte que cabe ao Brasil em labor e sofrimento na formação da nova Humanidade.

Jovens e crianças cantam e declamam.

Falam outros companheiros, dois mediunizados: o Ary Casadio e Alfredo Felix.

Uma bela noitada, aquela!

*

No dia seguinte, outra festa de crianças, na Federação Espírita do estado, dirigida por D. Floripes Lemos.

Uma recepção a flores, emotiva e vibrátil.

Um garoto, Francisco Alves, profere, vibrátil, a prece inicial.

E a festa anima-se por quase duas horas.

*

Segue-se a reunião para a unificação de pontos de vista doutrinários, em que se teve muito o que fazer.

Houve calor e vibração, entusiasmo e agitação, terminado com expressivo abraço, que uniu José Anselmo e Felipe Soares de Melo, os dois combatentes mais ardorosos.

O fato foi, para nós, tão emotivo e singular que sentimos os olhos úmidos. É que ambos souberam renunciar — essa coisa tão difícil! — em benefício da Causa.

*

Depois, o "Almoço da Fraternidade", a mesa do ágape armada na escola Leocádio José Correia, da Federação. Apanhamos aí, a exemplo do ocorrido em outras cidades, a assinatura de todos os presentes, no álbum que adquirimos em Salvador.

Depois, para a Escola Raquel Fígner, no bairro do Carrasco. A escola é um celeiro de trabalho útil e organizado, digno de louvor. O Cap. Joel judiou-nos muito em seu jipão militar, arrancando-nos, às vezes, protestos veementes. O velho Lindolfo Coutinho aguardava-nos radiante. Abraçou-nos, dizendo: "Já podia morrer, porque abracei Leopoldo Machado". Sua escola é originalíssima: escoteiros misturados à mocidade espírita. Vivas a Getúlio Vargas e a Allan Kardec, misturados. Nas paredes, o retrato do Cristo misturado ao do Presidente da República. E, no programa, coisas cristãs-religiosas conjugadas a coisas político-nacionalistas. A festa tinha dupla significação: comemorar a Bandeira e a nossa presença. Originalidade em tudo. Até nos saborosíssimos cajus maduros, nos cajueiros que circundam a casa perdida no enorme areal do Carrasco...

*

Às 18 horas, na *Rádio Potí*, para uma palestra radiofônica. Estúdio e auditório, amplos e bonitos, inaugurados há dez dias. Toca-se a Ave-Maria e fala o Felipe Soares de Melo.

Depois, D. Zilda Alvarenga, em expressiva saudação à mulher potiguar. Nós, depois. Improvisamos uma palestra, justificando a época e as razões do Espiritismo. Respondemos, então, a pedido, as cinco perguntas marcantes, alevantadas contra o Espiritismo em polêmica; perguntas que foram: I) Jesus é Deus? II) Só se morre uma vez? III) A Igreja Cristã é a Romana? IV) Deve-se obedecer à Igreja? Qual? V) Há Inferno?

Havia grande discussão religiosa na imprensa entre católicos e não católicos. O Hilpert Viana era um dos polemistas. Aliás, dos mais comedidos, a despeito de vibrante.

Foi uma hora intensa de vibração radiofônica.

*

Corremos dali, novamente, para a Federação.

Novamente cheiíssima.

José Anselmo preside a sessão. A prece inicial é do Carlos Jordão. Nós, com a palavra, fazemos a síntese histórica do Espiritismo, prognosticando que, se em noventa anos, já é uma força apreciável por toda parte, daqui a dois mil anos será uma força mais considerável do que o "Cristianismo Católico" aí dominante ainda hoje.

E foi assim o nosso 19 de novembro: um dia com cinco programas diferentes e intensivos.

NATAL VIBRA COM A CARAVANA DA FRATERNIDADE

Na manhã de 20 de novembro, para Macaíba, no jipão do Cap. Joel Alvarenga. Jipão que era um touro montês em disparada, a judiar da gente. O Sebastião Macedo falava. Só ele falou o tempo todo. O Ary Casadio sorria sem parar. A uns trancos mais fortes do jipão, o Macedo gemeu: "Glória a Deus nas alturas...", e nós completamos: "E paz na terra, no caminho de Macaíba, aos passageiros do Joel Alvarenga...".

Em Macaíba, foram-nos mostradas as casas em que nasceram a poetisa Auta de Souza e o aeronauta Augusto Severo. Luzida comissão nos aguardava à porta do Centro Espírita Jesus e Caridade, com seu ilustre presidente. Olímpio Maciel à frente. Chamou-se, para logo, a atenção de todos a semelhança do Olímpio conosco. Exatíssima, efetivamente.

Em seu lar, animosa palestra diante do suculento lanche servido com várias iguarias sertanejas. E das mais saborosas...

*

A *Ordem* é o grande jornal católico da terra.

Publicou proibições canônicas contra o Espiritismo, contra a frequência às sessões espíritas, na primeira página, em destaque. Aliás, no seu direito, como jornal sectarista que é. E, no corpo do jornal, notas capciosas e provocativas contra a *Caravana da Fraternidade*, que brilhou, admiravelmente, no respeito às crenças alheias. Na sessão, à noite, no Teatro Carlos Gomes, comentou-se, logicamente, a provocação do jornal. Os outros jornais, o *Diário de Natal*, inclusive, foram, entretanto, generosos. Esta folha chegou a transcrever a entrevista que havíamos dado, no Rio, a *O Mundo*...

Foi aí que compreendemos o erro, que vínhamos cometendo, de não procurarmos a imprensa nas cidades visitadas, a despeito de nossa caderneta de jornalista da ABI.

*

A conferência da noite foi no Teatro Carlos Gomes, com a presença do prefeito da cidade, que se impressionou, grandemente, com o que ouvira. A conferência sobre os dias apocalípticos da véspera do terceiro milênio fora gravada para posterior irradiação. E empossou-se aí a comissão reorganizadora do Espiritismo no Rio Grande, falando, ainda, o Felipe Soares de Melo e Sebastião Macedo, que encerrou, com uma prece, a belíssima reunião. O José Anselmo,[3] presidente da Federação estadual, achou que a conferência do Teatro foi um *record* para Natal...

*

[3] Este ilustre confrade acaba de falecer envenenado, despertando, sua morte, suspeita de assassínio.

Na manhã seguinte, o jovem Hilpert Viana, polemista animoso, presidente da *Mocidade Espírita de Natal*, procura-nos, levando originalidades de sua passagem pela Itália, ex-expedicionário que fora. E dá-nos aquilo. E leva-nos ao albergue noturno que a Mocidade está construindo.

— Albergue noturno? Por que albergue e não escola primária e profissional bem aparelhada? — perguntamos.

*

O Hilpert é um temperamento vibrátil. Conseguiu que fossem irradiados, na "Hora Radiofônica Católica", todos os ensinamentos da *Agenda Cristã*.

Sugeriu-nos uma longa excursão em avião lotado, que se conseguiria com grande abatimento, se não gratuitamente, para 1951, ao estrangeiro: Dakar, Lisboa, Paris, Genebra, Roma, Atenas, Alexandria, Damasco, Terra Santa... Excursão para refinamento de nossas impressões gerais da terra, do povo e de seu espírito religioso-cristão.

Nossa enfermidade, entretanto...

*

Às dez horas, visita ao governador da cidade, Dr. José Varela, ilustre médico. Gentil e democrata, recebeu-nos cordialmente. E contou-nos fenômenos espíritas admiráveis, que já registrou em sua vida. Mas continua católico... Estudante, em Salvador, teve uma gripe tão rebelde que zombou da terapêutica dos médicos. Sarou com a medicação de um médium, que lhe aconselhou: "Sempre que estiver em dificuldade, apele para o Dr. Xavier".

Dr. Varela tem feito isto até hoje, sem se decepcionar, uma só vez, em sua clínica...

Ouviu nossa conferência pelo rádio e gostou. Mas para ir até lá...

O Olavo Lamartine — um médium desenhista, interessantíssimo, que, sem saber desenho, traça coisas admiráveis, todas semelhantes aos sinais dactiloscópicos, mas sem se encontrar dois iguais, entre os cinquenta que nos ofereceu, e mais o Luiz Burgos, de Recife, a quererem catequisar o governador...

*

Rodamos, depois, para a Praia do Meio.

Aí, à beira-mar, em casa do confrade João Batista Vitú, elaboramos a letra do "Hino do Caravaneiro", que o Avelino Macedo musicou imediatamente.

*

O último almoço em Natal, em casa do confrade Antenor Silva Melo. Apanhamos aí a assinatura de todos, todos são fotografados e, no final, fala o Sebastião Macedo, comparando os caravaneiros com um despertador, pois "sua função foi ir no Norte, despertar os irmãos para a fraternidade cristã".

*

Dali rodamos para o aeroporto de Parnamirim.

Uma luzida comitiva ao bota-fora. Despedidas comoventes.

O A.N.N., da Aerovias, levanta voo às 15h15.

A bordo, atendendo a um pedido de Hilpert Viana, elaboramos, “currente calamo”:

Senhor:

Eu tenho, ainda, de voltar à Terra,
Pois devo progredir, que é condição,
Para quem tanto erra,
"Nascer e renascer, progredir sempre".

Pois, que eu possa, Senhor,
Dentro da Grande Lei da Evolução,
Renascer, muitas vazes, brasileiro!
Este é, pois, meu desejo verdadeiro!

Em Fortaleza, a chegada

Chegamos às 18 horas a Fortaleza.

A Caravana foi recebida a palmas estrepitosas, numa intensa recepção fraterna. Depois, os abraços de conhecimento e de amizade...

Por duas vezes era para termos ido a Fortaleza. Viagem sempre adiada. Tanto que os confrades já não acreditavam muito em nossa ida...

Uma surpresa, portanto, grata para todos nós!

Levaram-nos para o Excelsior Hotel, grande e moderno, construído no centro comercial. Cada caravaneiro hóspede em um quarto. A primeira hospedagem em hotel, contrariando, assim, o traçado da Caravana.

Dissemo-lo, aliás, ao José Borges dos Santos, a figura central do movimento espirítico local. Respondeu-nos, amavelmente, o confrade ilustre, era ele quem mandava ali, alegando, a seu modo, com que discordamos, a conveniência de ficarem os caravaneiros todos juntos...

*

Jantar às pressas, que éramos aguardados na Confraternização E. Cearense.

Estava superlotadíssima, a despeito de grande o salão.

Mais expansão intensa de regozijo.

O José Borges preside a sessão. A prece é do Teodorico Barroso, ilustre poeta, autor do hino da "Escola Leopoldo Machado", que ali funciona, com algumas centenas de alunos. Manoel Anselmo, que nos levara no seu automóvel, lê uma página do Evangelho, e Francisco Spinelli faz uma síntese do movimento espírita da Caravana. Secunda-o o Carlos Jordão. A conferência, uma síntese da "Origem e evolução do Espiritismo no mundo e no Brasil". Ary Casadio incorpora o grande Espírito Bezerra de Menezes, que dá magnífica mensagem, salientando que o principal papel do Espiritismo no momento não é o de combater as outras igrejas, mas o de afirmar, a atos e fatos, a lógica indiscutível do Cristianismo do Cristo.

Foi uma grande noite para a Doutrina, em Fortaleza, coroada de agrado geral de todos...

Depois, a visita minuciosa à grande sede, inclusive a escola, até meia-noite, hora em que, cansadíssimos e felizes, nos recolhemos...

*

Fortaleza é chamada a "Princesa do Nordeste Brasileiro". Mas, segundo o Cap. Antônio Leite de Araujo Filho, tudo retiraram à bela princesa: sua graça colonial, seus jardins públicos, os bondes, quase toda luz elétrica. Só a viração constante, que sopra do mar, a velhíssima Igreja do Rosário, que obstrui a fachada do velho, feio e acachapado Palácio do Governo, e o amor do cearense à terra é que não tiram.

Do terraço do 8º andar do hotel, descortinamos a grande cidade, seus bairros mais conhecidos. Com o Borges dos Santos, português de origem, mas brasileiro pelo entusiasmo e pelo amor à Terra de Santa Cruz. Não cabe em si mesmo na alegria íntima e transbordante de nos ver.

*

O Manoel Anselmo, sempre gentilíssimo, leva-nos, no seu auto, ao primeiro passeio, que começa por sua casa, à Praia de Iracema, servindo-nos aí água de coco e frutas. A Praia de Iracema já não tem, sem o coqueiral bizarro e as jangadas poéticas, a mesma poesia do passado. Daí fomos à Ponta de Mucuripe, onde se pretende construir a Copacabana Cearense.

*

A sessão da noite, na sede da Federação Espírita Cearense — parece que recém-limpa por causa da Caravana — Marsulo Melo, seu presidente, dirige os trabalhos. Falamos aí, o Francisco Spinelli, o Ary Casadio, com novo recado do Bezerra de Menezes, e nós, focando o papel da América e do Brasil na formação da Humanidade futura. Maximé do Ceará, em que se teria fundado, segundo Leopoldo Cirne, o primeiro centro espírita do Brasil.

Depois da sessão, a mesa-redonda, para estudo do plano de reorganização da Doutrina, ali.

Tudo transcorreu, felizmente, a contento.

Vibrando em Fortaleza

O companheiro Ary Casadio regressou, de avião, a 24, que foi um dia, como os outros, agitadíssimo para nós.

Veio o poeta e jornalista Teodorico Barroso apanhar-nos para algumas voltas. Enquanto nos esperava, contou-nos coisas admiráveis de sua vidência mediúnica. Dentre os fatos mediúnicos, o que mais o impressionou foi o aparecimento do Espírito de Paulo Brasil, assassinado pelas costas, no jardim, por questões políticas. Aparecia-lhe o espírito cheio de revoltas, apavorando, a pedir vingança contra o mandante de seu assassínio. À força de muitas preces e muitos pedidos a Deus, lhe foi tirada a vidência. Mas ele ficou na Doutrina...

*

Recebemos, no hotel, uma luzida comissão de confrades, a que fazia parte o desenhista Benedito Fonseca Morais, que nos ofereceu excelente desenho de Allan Kardec e que nos enviou, posteriormente, bela ilustração da Caravana da Fraternidade, que é o desenho da capa deste livro.[4]

*

[4] O autor não incluiu a citada ilustração no livro. (**Nota da Editora**)

O almoço, no lar hospitaleiro do Cap. Antônio Leite de Araujo Filho, o José Borges dos Santos conosco, à mesa. Todos nós, articulando razões para a definitiva unificação da Doutrina em Fortaleza, achando que, se há um confrade que se impõe pelo trabalho e pela direção e outro pela doutrinação, ficando cada um no seu posto, a solução está fácil. Mormente, ficando um neutro à frente do movimento confraternizador. Ficou o Cel. Celso de Freitas.

*

O programa da noite, do C. E. Francisco de Assis, mas realizado sob a presidência do Sr. Anibal da Justa, na sede da Confraternização. Transbordante e vibrátil. Carlos Jordão ora e D. Evanice Nóbrega profere bela saudação, ofertando-nos lindo ramalhete de flores. Passamo-lo às mãos do Borges, para sua esposa. Falam, ainda, Francisco Spinelli e o médium Olívio. Nós, por último, numa expressiva homenagem a Francisco de Assis, salientando que o inexclusivismo do Espiritismo é tão grande que o arrasta a louvores e homenagens aos vultos marcantes da Humanidade, seja de onde forem, venham de onde vierem. Falta, então, luz. "Silêncio, que o conferencista não se interromperá." E assim sucedeu efetivamente. Volta a luz em meio a sessão. Mas, por singular coincidência, no momento mesmo em que o conferencista concluía, foi-se, novamente, a luz. Um confrade espirituoso deplora: "Faltaram as duas luzes na mesma ocasião, que pena!".

De volta, com o Marsulo Melo, presidente da FEC, ao nosso lado, no carro. Diz-nos o ilustre confrade: "O de que se deve fazer questão, primeiramente, é da pureza da Doutrina". Concordamos. Por isso é que não confundimos, por exemplo, práticas exóticas do umbandismo, tendas e terreiros, com Espiritismo, com centros espíritas. Mas não levamos ao exagero farisaico de pensar que somente a pureza da Doutrina — pureza tão exagerada que exclui flores, cânticos espiritualistas e aplausos merecidos, como somenos e prejudiciais a ela — seja o bastante.

A terra de José de Alencar

PASSEIO A MESSEJANA — A CONFERÊNCIA NO TEATRO — SESSÃO NO CENTRO DE ESTUDOS PSÍQUICOS

Fomos, a 23 de novembro, a Messejana, terra de José de Alencar, em companhia de Teodorico Barroso.

O calor era intensivo. Mas nem por isso o passeio deixou de ser agradabilíssimo. O prefeito de Messejana, com o mesmo nome e descendente do grande romancista, recebe-nos gentilmente, refrescando-nos a garganta seca com excelente guaraná gelado. Aí, conhecemos um escritor, Eduardo Castelo Branco, que nos passa um livro em que mostra fora nosso Caxias muitas vezes superior a Napoleão. Levou 33 anos reunindo documentos para escrevê-lo...

O Sítio Alagadiço Novo, em cuja casa de engenho nascera nosso maior romancista, fica, ainda, a dois quilômetros de Messejana. Botamo-nos para lá. O auto quase não rompe a estrada carroçável, obstruída por grande areal. Um manicômio suntuoso, obra do governo, ultima-se a caminho. Adiante, à sombra de mangueira enorme, uma cearense tece um labirinto, à porta de seu mocambo. Trabalho de perícia, arte e bom gosto em que consumirá três semanas, por que receberá, apenas, cem cruzeiros... O auto atola na areia macia e fofa. Fomos de pé até a casa em que nascera o autor de *Iracema*.

É próprio nacional. Casa feia e velhíssima, em ruínas, a cair. Moram nela uns caboclos, cara de poucos amigos. Conserva duas placas de bronze, recordando o escritor e o ato do governo que a transformou em relíquia nacional. A visita matou-nos um grande desejo e maior curiosidade. De volta, mais refrigerante no "Hotel Messejana" e a rumagem para Fortaleza. Abafava. O sol, cáustico, queimava e amolecia. Tanto que o Burgos chegara a fazer, cochilando e dormindo, do ombro do motorista, cômodo travesseiro. E já não encontramos, na volta, a mesma poesia, o mesmo encanto alencarino na paisagem. Não seria isso uma prova de que a poesia e a beleza dependem, particularmente, do nosso estado de alma, de nossas condições físicas?

Passamos a tarde no hotel, cansados, reparando forças, elaborando crônicas. Às 19 horas, com Teodorico, para o Teatro José de Alencar, grande e histórico, mas sem água e quase sem mobiliário, pois seu mobiliário, um governador retirou para o palácio e não o restituiu. Cheio o teatro. Preside a sessão o Cel. Celso de Freitas. Falaram, primeiro, o Francisco Spinelli e o Carlos Jordão. O tema da conferência, "Conflito entre a razão e a fé". A "Canção da alegria cristã" é o número final. De saída, paramos a conversar à porta do teatro. Aliás, o terceiro ato de tais festas espirituais, em que falam todos, em que todos têm o que dizer. Sugere-se, então, a fundação da "Cruzada de Militares Espíritas" do Ceará. D. Juracy Carvalho de Sena convida para uma sessão mediúnica, no Centro de Estudos Psíquicos. Preocupação pelo mediunismo no Espiritismo. Presidimos a sessão. Pelo médium Ary

Casadio, manifesta-se Viana de Carvalho, militar e cearense ilustre, que pregou a Doutrina no Brasil inteiro... Depois, sem outras comunicações de importância, encerrada a sessão e terminadas as fainas intensivas desse grande dia.

Um médium excepcional

VISITA A IMPRENSA E AO MERCADO

Fomos visitar a sede do "Francisco de Assis", ainda em construção. Sede enorme. Um mundo de casa, talvez, para abrigar toda Fortaleza espiritista. Olívio Silva, médium e pregador espírita, é o principal animador da obra. Cursou seis anos de seminário e já esteve à morte, desenganado por médicos, mais de vinte vezes. Os fenômenos e sua cura fizeram-no espírita e médium. Hoje, também receita. É o médium receitista mais procurado na zona. Distribui umas 100.000 receitas anuais...

Entre os vários fenômenos mediúnicos de que foi figura central, salienta-se o seguinte:

Dormia, cansadíssimo, na madrugada de 26 de outubro de 1950. Sente que lhe batem à porta, chamando-o: "Irmão Olívio! Irmão Olívio!". Era uma pobre mulher de uns 45 anos, que lhe foi dizendo: "Peço-lhe, por amor de seu filhinho, que me acompanhe para evitar que minha filha se suicide". Mudou de roupa, por cima do pijama, e lá se foram, conversando, intimamente, pelas ruas Joaquim Távora, João Brígido e outras até a igreja de S. João do Tauape. Aí perto, diz-lhe a mulher: "A casa é aquela. Pode bater". Uma voz feminina, angustiada, pergunta de dentro: "Quem é?". Respondeu: "Um irmão, chamado por sua mãe para vir vê-la às pressas". Abre-se a porta. Uma rapariga de 19 anos, rota, miserável, desgrenhada, ar apavorado, que lhe diz: "Não pode ser, senhor, que minha mãe morreu há mais de cinco anos". Agora, o pavor foi dele, que procurou, inutilmente, a mulher. Havia desaparecido. Ele entrou, registrando o aspecto miserável do ambiente. A um canto, uma rede imunda, uma criança esquálida a dormir e, por baixo, estopa embebida em querosene. Diz-lhe a rapariga, desesperada: "Este diabo, que aí está, vai morrer queimado, já". E entra a envolver todos os homens na teia das maiores descomposturas, dos mais feios desencantamentos. E simplificou muito, a infeliz, sua história: "Confiei demais no meu noivo, cedendo-lhe tudo. Nasceu, então, esta criança. Ele, o noivo maldito, casou-se, entretanto, hoje, com outra. Que me resta fazer? O que premeditei: ia salpicar querosene na rede do menino, em mim toda e, depois, fogo. O senhor chegou, entretanto, no momento azado...".

"E foi sua mãe, o Espírito de sua mãe quem me trouxe aqui." E entrou a descrever a mulher: estatura, voz, corpo e cor, tudo. Tudo, exatamente, como a velha fotografia que ela tinha da mãe. Meio convencida, disse mais a jovem mãe, era só e miserável em Fortaleza. Chamava-se Albertina. Era de S. Francisco de Urubaretama, onde ainda viviam sua avó e madrinha. Ele providenciou sua volta, no dia seguinte, amparada e confortada, levando o filhinho para a casa da avó...

*

Aproveitamos a tarde de 23 para, em companhia do velho poeta e jornalista, Teodorico Barroso, visitar a imprensa de Fortaleza. Aliás, bem recebido por toda a parte, noticiando, toda imprensa, nossa visita.

*

No mercado de Fortaleza, abastecemo-nos de prendas, novidades, lembranças, lindas rendas e cortes de vestidos do Norte. Aliás, o mercado mais bem aparelhado que vimos. Na véspera, ilustre confrade nos apresentara certa mercadora, que não estava quando chegamos. Compramos, então, à sua vizinha, que nos disse:

— Mas essa mulher daí é espírita? Não pode ser. Ela é tão ruim, tão intrigante, que não pode ser espírita.

— E a senhora é?

— Não sou. Sou católica. Mas sei que só gente boa pode ser espírita.

Mais coisas de Fortaleza

VISITA AO QUARTEL GENERAL — A MÃE DE HUMBERTO DE CAMPOS — DESPEDIDA DE FORTALEZA

O Cap. António Leite de Araujo Filho leva-nos a visitar o quartel general da 10ª Região Militar, sediado na velha fortaleza de N. S. da Assunção. Fortaleza construída, naturalmente, ali por 1610, depois de outras tentativas de colonização do Ceará. Fortaleza que teria de emprestar o nome à graciosa capital do estado.

O Gal. Ciro do Espírito Santo Cardoso, que seria, posteriormente, chefe da Casa Militar da Presidência da República e Ministro da Guerra, recebeu-nos amistoso e liberal. Levou-nos ao seu gabinete e, lhano e loquaz, encheu-nos uma hora de agradável palestra. Diz-se espírita convicto e estudioso, citando as obras que já leu. Já leu tudo e, pelo que leu, sentiu e compreendeu, entende que já lhe não resta dúvida alguma sobre as verdades indiscutíveis da Doutrina.

— Entretanto, não vi o general nas conferências, emprestando-lhes o brilho de sua presença.

Vieram as desculpas.

Aliás, há muita gente que entrou, pelo estudo, na Doutrina, sem que a Doutrina lhe tenha entrado, pelo sentimento, na sua compreensão...

*

Fomos, depois, surpreender o Cel. Celso de Freitas em sua mesa de trabalho. Esse fora a todas as conferências. E levara, ainda, colegas. Um oficial nos diz:

— O Celso é que devia ser o capelão daqui, de vez que é mais jeitoso, mais tolerante, mais cristão. E mais querido de todos nós.

— É a espada levando ensinamentos à cruz — respondemos.

Fomos dali ao túmulo de Bárbara de Alencar, a heroína cearense, existente no terreno da fortaleza, dentro do quartel-general. Túmulo ou lugar em que fora assassinada e enterrada. Agora, restaurado para o culto cívico do povo.

*

De saída, fomos ao *C. E. Paulo e Estêvão*. Tudo, muito simples, muito pobre. Mas, na sua pobreza e simplicidade, uma escola em três turnos com 130 alunos: a *Escola Humberto de Campos*. Aqui está, para nós, a mais alta finalidade do Espiritismo, pois um centro espírita deve ser, antes de mais nada, uma escola, uma casa de instrução e educação. "Menos centro espírita e mais escolas" é o refrão que devia estar na consciência de todos os espíritas.

Em projetos: biblioteca, ambulatório médico, serviço de empréstimo de camas a parturientes miseráveis. Palestramos aí com as crianças, contando-lhes histórias. Vimos aí uma estatística interessante: o mapa de Fortaleza, assinalados os seus 47 centros espíritas organizados, para seus 30.000 espíritas.

*

A *Confraternização Espírita Cearense* cheiíssima. Principalmente de crianças. Das crianças da Escola Leopoldo Machado. Mais de trezentas, gárrulas, irrequietas, alegres, que nos receberam a palmas e vivas.

*

Sessão de encerramento que presidimos. Primeiro os adolescentes da "Aula de Moral Marília Barbosa", dirigida pelo Cap. Leite de Araujo. O Milton Borges, presidente da *Mocidade Espírita Cearense*, saúda-nos, oferecendo interessante desenho do pintor Benedito Morais: Jesus e Kardec, os vultos maiores das *Duas Revelações*, em linda moldura. Uma relíquia para nós! E distribui o cartão das Três Revelações: Moisés, Jesus e Kardec, do mesmo artista do lápis. Magnífico desenho!

*

À tarde, antes do jantar, uma visita ligeira, com o Cap. Leite de Araujo, senhora e o Marsulo Melo, à mãe do Humberto de Campos. A velhinha Anica Veras recebe-nos com alegria, loquaz e viva. Seus 88 anos não lhe tiraram a vivacidade de espírito. Quem admira o ilustre filho, incontestavelmente, nosso maior escritor dos últimos tempos, tem a sua admiração. Insiste para que bebamos um licor especial que ela fez. "Perdão! Mas não bebemos álcool". Só se conversa sobre o filho: sua glória, seus livros, suas mensagens. Não gostava dos livros de Cons. XX, que o filho lhos enviava com esta dedicatória: "Para a mamãe ler quando estiver dormindo". Quando cegou de uma vista, escreveu à mãe: "Melhor, porque assim vejo menos as misérias do mundo e da vida". Foi contra a campanha que a nora e os netos moveram à Federação Espírita, a respeito de direitos autorais da obra psicografada do filho. E pede-nos: "O senhor vai passar por Parnaíba? Pois fica, então, com o compromisso de abraçar e beijar por mim, em meu nome, o cajueiro de meu filho...".

À noite, a última sessão na Confederação Espírita Cearense, a sala a mais não poder de cheia. Presidia o Cel. Celso de Freitas. Depois da prece do Jordão, o Spinelli lê a ata da fundação da *União Espírita Cearense*, recém-fundada, em função do Pacto Áureo. Falamos, depois, sobre as esperanças do 3º milênio. As despedidas, fazem-nas José Elias Correia e a jovem Maria de Lourdes Carvalho, respectivamente, em nome do "Ceará Espírita" e da "Mocidade Espírita Cearense", ofertando-nos lindo ramalhete de flores.

Humberto Cruz, da *Gazeta de Notícias*, profere a prece final, encerrando-se, assim, nossa passagem em Fortaleza.

*

Uma grande mágoa que o esquecimento de confrades de Fortaleza nos causaram sem propósito: ninguém nos falou, senão na véspera do embarque, da Casa de Saúde e ambulatório António de Pádua.

Obra espírita?

Naturalmente, se não, não se nos falava nela, com pesar, na véspera de nossa partida, à noite.

E não a visitamos!

Rumo a Parnaíba

Às 3h30, madrugada alta, de pé para a viagem. Mas onde a luz elétrica, a energia para conduzir o elevador do sétimo andar, em que ficamos hospedados?

Às escuras, fizemos a última arrumação.

E toca a descer pela escada longa.

Mas, na hora H, veio a luz. Graças a Deus!

Café, e para o aeroporto.

O avião A. V. R. levantou voo às 5 horas.

A bordo, a visão exterior ainda vedada aos passageiros. Nós, lendo, só por curiosidade de saber, *Do Socialismo utópico ao Socialismo científico*, de Engels.

Uma hora exata de voo; o aparelho a voo baixo.

*

Em Parnaíba, a nossa espera, os confrades Alarico da Cunha, Benedito Freire, Raimundo Belém e José Mourão.

O Luiz Burgos botou-se, "pelo faro", até eles, sem os conhecer, saudando os "Ilustres Confrades".

Rumamos para a cidade.

Primeiro, ao cajueiro de Humberto de Campos.

É, hoje, um logradouro público, obra e trato da Prefeitura. No fundo, o busto do grande jornalista em bronze, alto-relevo. Tudo fechado a cadeado. O encarregado, ausente.

Mas era mister cumprir a promessa feita, em Fortaleza, à D. Anica. Como, porém? Saltamos o gradil. E demos, nós e o Jordão, o abraço e o beijo pedidos e compromissados. O Burgos bate a fotografia da cena, que foi emotiva e exótica. O cajueiro é uma grande árvore, esgalhada e frondosa. A urbanização dele data de 1940, feita na gestão do prefeito Mirocles Veras, médico e primo do Humberto, que nos confessara, mais tarde, não comprou a casinha da mãe do Humberto para transformá-la no Museu Municipal da cidade, com receio, por ser parente do grande escritor, do que se dissesse dele. Discordamos de suas cautelas, dizendo que a justiça do futuro compensaria as injúrias do presente.

*

Fomos para o Parnaíba Hotel, que já foi grande e bem aparelhado. Hoje, parece ruinaria. Mas boa comida. Mais uma vez, fora de nosso plano de viagem.

Depois do café, ao telégrafo, ao mercado. Quantos pobres, santo Deus, pelas calçadas! Superior a Goiana. Muitos cantadores, a improvisar, ao som da viola ou do chocalho. Um, que nos chamou mais a atenção, viola às mãos e chocalho entre os pés, cantou, significativamente:

> Atende, meu cidadão,
> Olhe lá, repare bem:
> A Mãe do Senhor do Amparo
> Não desampara ninguém.
>
> Deus lhe pague a boa esmola,
> Dada de bom coração.

Que no céu se encontre, um dia,
Na mesa da comunhão.

Às 10 horas, para a Loja Maçônica, onde funciona, também, o C. E. Perseverança no Bem, de que é presidente o Alarico da Cunha, intelectual piauiense, membro da Academia Maranhense de Letras, médium de excepcionais qualidades. Preside a reunião o Alarico, que lê uma substanciosa página literodoutrinária. O Francisco Spinelli profere a prece inicial. A palestra que proferimos, ajustada ao materialismo ateu, como o pior inimigo. Salão repleto.

*

Daí, à Maternidade Marques Bastos, a convite de seu diretor, o ex-prefeito Mirocles Veras, primo do Humberto de Campos. Percorremo-la toda. Obra da iniciativa particular que honraria qualquer governo. Depois de excelente café piauiense, fomo-nos.

*

Depois do ajantarado, às 14 horas, sesta à rede, à boa moda nortista. À tarde, depois do banho, visita ao *Educandário Padre Damião*, amparo a filhos de leprosos, dirigido por D. Iracema Pires de Castro, esposa do diretor da Alfândega. Um casal sem filhos, de abnegados. Sem o querermos, pensamos aí no caso meu e de minha companheira, com os olhos úmidos, cônscio de que há, ainda, muita gente boa e diferente no mundo... O educandário é construído em pleno areal, entre cajueiros, muito retirado da cidade. Dir-se-ia enorme oásis plantado no meio do Saara. Estava preparando o enxoval de uma de suas filhas, que vai casar no fim do ano. Exatamente a que foi a "Rainha dos Estudantes". Um episódio, até, digno de registro. Quando ela apareceu, execraram-na. "Ora, uma abrigada, filha de leprosos!" Aquilo doeu na alma de D. Iracema. Muito mais do que se fosse ela sua filha, pela dose de humilhação no bojo da afronta. De propósito, preparou a filha, comprou-lhe no Rio o traje de rainha e esperou. Na véspera da apuração, soube que a mais votada tinha sete ou oito mil votos. Comprou dez mil para a filha de sua ternura maternal. Apuração processada, e a vitória da filha.

— Acha que fiz mal?

— Acho que a senhora fez muito bem.

Adeus, Parnaíba!

Voltamos do Educandário Padre Damião pelo traçado da Parnaíba nova. É, ainda, uma cidade de mocambos. Mas traçado moderno, como Curitiba, Aracaju, Belo Horizonte.

À tardinha, no Grupo "Vida e progresso", sob a presidência de Francisco de Abreu, para uma conversa em família, de que saiu confraternizada a família espírita da terra. Confraternizada, como elemento apreciável da família espírita piauiense. Aí, o Alarico da Cunha, médium notável, poeta e escritor, recebe comunicações. Mensagens escritas da direita para a esquerda, que se lê no espelho. E, o que é mais interessante: na caligrafia que o Espírito comunicante usou na carne. Cinco mensagens e cinco caligrafias e ortografias absolutamente desiguais! A primeira psicografada, de Humberto de Campos. O escritor, comovidíssimo, na sua letra e língua, agradece-nos a visita feita a sua mãe, em Fortaleza, o abraço que demos no seu cajueiro. Mas quebra-se a ponta do lápis, ficando a meio a mensagem...

Foi aí, à noite, a última conferência.

O Francisco Spinelli põe a casa ao corrente, na sessão da tarde, de nosso plano de doutrinação. Nós focamos, na sessão da noite, o que presumimos ser a obra da América e do Brasil na futura civilização da Humanidade. A assistência, muito grande, fremiu entusiasta.

*

Gostamos de Parnaíba. E ficamos sem saber, depois que conhecemos Teresina, porque é esta cidade, e não Parnaíba, a capital piauiense.

Contou-se-nos que o Espiritismo apareceu muito cedo na cidade. Ainda no fim do Império. Fora levado para aí por uma poetisa — Luisa Amélia de Queiroz. Mas um Espiritismo misturado, à maneira da umbanda, a altares, velas acesas, rosários e ladainhas. São da poetisa espírita de Parnaíba os seguintes versos sobre o segundo monarca:

> Quem diz que Pedro II
> Era verdugo do povo
> Dirá que o governo novo
> Faz bem em ser opressor.
> Porque o grande monarca
> Tinha por nobre cobiça,
> Só por bondade e justiça,
> Se mostrar Imperador.

Na manhã seguinte, viagem para Teresina, às 5 horas.

O jipe contratado não apareceu.

Que dificuldade para arranjar-se outra condução!

Arranjou-se, contudo. E tivemos, ainda, que esperar muito o avião.

Diante do aeroporto, o trenzinho — de Parnaíba a Piripiri — em manobras. São 180 quilômetros que o trenzinho faz em nove ou dez horas no mínimo.

Na isolada Teresina

Hora e meia de voo para Teresina.

Voo sobre o rio Parnaíba, que, em vez de "velho monge, as barbas brancas estendendo ao longe", como no belo soneto de Da Costa e Silva, mais nos pareceu uma enorme serpente de águas barrentas, espreguiçando-se sobre terras incultas, selváticas, inaproveitadas. É preciso salientar que, em perto de cem horas de viagem por ar e por terra, não vimos, em nosso Brasil, que "é um país essencialmente agrícola", nem durante meia hora, terra cultivada, plantação cuidada, cultura agrícola. Por isso que, podendo ser "o Brasil o celeiro do mundo", como lhe profetizaram Humbolt, Agassi e Jaime Bruce, é um país que não se basta, que até macela e batata importa da Espanha e da Holanda.

Às 7h30, o A.V.Y. nos deixava em Teresina.

Festiva recepção, promovida pelo prof. João Rodrigues Vieira, nos aguardava no aeroporto. Integravam-na, também, o desembargador Odorico Rosa e o Juiz de Direito Pedro de Morais Brito Conde.

Nossa primeira visita, à sede do C. E. Piauiense. Amplo e novo, com bom salão de estudo e conferência contíguo à Escola Treze de Maio, em dois turnos, com cem alunos, e a Escola Supletiva Guillon Ribeiro, para adultos, com 45 alunos.

Deixamos, no Centro, dois livros e as passagens do avião.

Aliás, somos um mau viajante pelo esquecimento das coisas: em Aracaju, deixamos roupa; chinelos em Natal; uma linda moldura e a máquina fotográfica em Fortaleza. E teríamos de deixar em Teresina os originais de *Uma grande vida*, a biografia de Cairbal Schutel, que levamos para ultimá-la na viagem e enviá-la, do lugar onde a terminássemos, à empresa de *O Clarim*.

Almoço. Sesta à rede, à moda nordestina. E uff! que calor! Igual, só em Corumbá. Não sentimos, ainda, calor tão forte como nessas duas cidades. Calor sem viração nenhuma.

Hospedagem franca. Mas o banho? A coisa mais primitiva que já vimos. Com água barrenta do Parnaíba, coletada num tanque.

O jantar, no Restaurante Glória, oferta do confrade Francisco de Paula e Silva. Jantar animado de boas iguarias e melhores anedotas, de que guardamos uma, atribuída ao juiz de Amarante, Dr. Eduardo Ferreira. Seu barbeiro se fez protestante e passou a doutrinar o juiz. Queria convertê-lo. Perguntou-lhe o magistrado: "Por suas palavras, eu deduzo que sem batismo ninguém se salva. Pois bem: se eu me converter num lugar qualquer em que não haja córrego, fonte, riacho para batizar-me, e aí morrer, não irei para o Céu? Não? Então, sua religião não me serve, que é religião de beira de rio...".

*

À noite, sessão no C. E. Piauiense. Cheiíssimo. Salão, portas, janelas, corredores. Tudo cheio. Na presidência, o prof. João Rodrigues Vieira. Feita a prece pelo Jordão, seguiu-se a apresentação nossa pelo Dr. Pedro de Morais Brito Conde, juiz da terra. Aliás, um belo testemunho do íntegro juiz, considerando-se que a esposa não é espírita, os preconceitos de certas classes e os disse que disse de cidade pequena. O Spinelli agradece a recepção e nós procuramos demonstrar, durante hora e meia, que o mediunismo tem sido a fonte de todo o progresso religioso, desde o paganismo ao Espiritismo.

Depois, a mesa-redonda, de que saiu a "Federação Espírita Piauiense", transformada do próprio Centro, apoiada pelo movimento espírita de Parnaíba. Alegria geral de toda gente pelos três acontecimentos marcantes: a presença da Caravana, a sessão da noite e a fundação da entidade federativa.

Alegria que transbordou até a ceia, em casa de nosso generoso hospedeiro, de sua generosíssima esposa e filha.

Fica, assim, muito bem aproveitado o primeiro dia de nossa visita à longínqua, pobre e feia capital de Piauí!

O segundo dia de Teresina

Manhã cedo, sob um sol cáustico, passeio à margem do Parnaíba. No cais, aliás de boa construção, muitas barcaças, verdadeiros mocambos flutuantes. Diante, Timom, povoação ou vila maranhense. Daí ao mercado. Aliás, deficiente. O Jordão compra redes, que envia para São Paulo. O calor abafa. Tomamos, no bar adiante, café e água tônica. A água tônica, um quarto de litro, importado do Maranhão, oito cruzeiros. E o litro da gasolina? Dois cruzeiros. Sem comentário, pois não?

Demos aí com o desembargador Odorico Rosa, que nos conta sua conversão à Doutrina e os fatos espantosos que já presenciou. Sua esposa, muito enferma, era confortada por ele, que lhe dizia sempre: "Você não morrerá". Morta a esposa, à primeira sessão a que ele comparece, manifesta-se e lhe pergunta: "Você não disse que eu não morreria?". Sua filha leva, no Dia de Finados, flores a seu túmulo. Com surpresa, encontra o Espírito da mãe sentado, comodamente, na laje do sepulcro. A essa altura, toma-lhe a palavra outro confrade, que conta fora vista, por ele e outros espíritas, numa sessão em Parnaíba, a senhora de um amigo, deitada com a cabeça para baixo. Depois da sessão, vão todos à casa do velho Veras. Pediram-lhe para falar à mulher: "Já estava recolhida. Não valia a pena incomodá-la".

Insistiram. Bateram à porta. Silêncio profundo. Puseram a porta adentro. Lá estava a pobre senhora, suicida, vítima de intrigas, a cabeça caída, tal como fora vista.

O caso do prof. Joca Vieira é o mais expressivo. Num lugarejo chamado Mulato, de Amarante, processavam-se fenômenos espíritas interessantes. Tudo aparece cortado, rasgado. Uma garotinha via, antes, um preto corpulento, cara de poucos amigos. É o rasgador? À vista do Joca, põe-se um enxovalzinho numa arca e fecham-na. A menina vê o preto a rir, amarelo. Aberta a arca, o enxovalzinho em tiras. O Joca fez sentida prece e súplicas cristãs ao preto, cessando, a partir dali, a rasgação das coisas.

O lanche seria às 14 horas, com o Joaquim Câmara da Cunha. Brincamos com o Joca: "Vocês se dizem espíritas e nos arrastam a torturas dessas, sob sol tão ardente". Visitamos o Dr. Demóstenes, acidentado, que está estudando o Espiritismo. Depois, a Escola Bezerra de Menezes, no Matadouro. Tem 340 alunos em dois turnos, mal acomodados, mobiliário primitivíssimo. Sua nova sede está, agora, nos alicerces. E construir-se-á, bonita, higiênica, ampla, que são estes "os milagres do Espiritismo".

A volta, de ônibus. Um jornal chama "o Rio, cidade de calhambeques". Porque o repórter não visitou Teresina; não voltou, em Teresina, de ônibus, do bairro de Matadouro...

Às 18 horas, na P. R. S. 3. Proferimos aí, em vinte minutos, uma síntese da Doutrina, que agradou, felizmente, até o diretor da rádio. Um colega de magistério, católico, se botara contra nós.

De volta da rádio, à porta do cinema, a coisa mais fenomenal do mundo: um bolo de carne humana, disforme e horrível, a cabeça segura pelos dedos dos pés. Tudo, disformidade! Quasímodo seria, perto dele, um prêmio de beleza. É, contudo, alegre, conformado, feliz. Quem teria sido aquele espírito na última encarnação?

A última sessão, no Centro Piauiense. Cheiíssimo. Mais gente e muito mais calor. O Spinelli procede a leitura da ata de fundação da FEP e posse de sua primeira diretoria. Depois, a conferência de hora e vinte minutos. Falamos sobre a evolução religiosa das raças, dos continentes, das nações, dos povos. Depois, as despedidas pelo Carlos Jordão. Muita vibração e maior interesse do público. Fomos daí à ceia com o Hely Rocha. Em casa, os companheiros ainda ficaram no bate-papo, terceiro ato das reuniões. Fomos diretamente para a rede. Parece que nos deitamos a dormir.

O último dia de Teresina

O China — José de Almeida Freitas Filho — vem, gentilíssimo, apanhar-nos com seu auto. D. Helena, a dedicada esposa do nosso hospedeiro, prognosticou, profética:

— Vocês não vão hoje, que o avião vai atrasar.

— Não diga isto, D. Helena. Nem pelo excesso de suas gentilezas e cuidados, nós poderíamos ficar aqui mais um dia.

— Veremos. Vocês não vão hoje.

E entrou, enquanto tomávamos o carro.

Chega, então, um funcionário da Aerovias, que nos entrega o aviso de que o avião sofreria um atraso de 48 horas...

*

E foi bom o atraso.

É que um ilustre colega, católico — prof. Claudio Ferreira — anunciou iria refutar, pelo rádio, nossa conferência. E o fez, efetivamente, como professor educado, culto e crente, reconhecendo no seu colega alguns valimentos, certos méritos. A seguir, a P. R. Q. 3 anunciava que o prof. Leopoldo Machado não viajara. E refutaria, por sua vez, a refutação de seu colega, na sede do C. E. Piauiense.

O Hely Rocha Nunes e o Carlos Macedo, dois confrades destemidos, saem de auto de propaganda, a anunciar, pela cidade, nossa resposta. Mas, adiante, estoura um pneu, que não serviu para ambos deixarem a meio do caminho sua tarefa.

*

Visitamos o C. E. Irmão Adriano, no bairro de Piçarra. Bairro que é uma espécie de "*bas-fond*" da cidade. O Irmão Adriano tem afastado muitas infelizes do lodo, coitadinhas! Nele, funciona, ainda, o Instituto Antônio Flores, com setenta alunos. Tudo muito desorganizadamente organizado.

*

Telegrama de S. Luís, pondo a nossa disposição a automotriz da E. F. Teresina—S. Luís. Carro em que viajam políticos, altos funcionários do governo e clérigos ilustres. Por isso, e pelo incômodo da viagem, não quisemos aceitar. Mas aceitamos, em face da lógica dos companheiros e do afã dos confrades de S. Luís por nossa chegada.

*

À noite, a refutação nossa. O amplo salão do Centro não comportou a assistência. Houve mister que se instalasse possante alto-falante. Respondemos, então, ponto por ponto, ao colega ilustre, desse modo:

I) Agradecemos os três enormes obséquios que nos fez: assistir às nossas conferências, à propaganda de nós e da

Doutrina pelo rádio e ao cômputo de nossos enganos. Salientamos que, falando de improviso, sob dois calores — o atmosférico e o da Doutrina —, era justo cometêssemos maiores enganos. Entretanto, só aceitamos a correção de um: a troca que fizemos de Zacarias com Joaquim. II) Argumentamos que a autoridade para pregar é conferida pela própria fé, pelo conhecimento, de vez que o Cristo não a teve de ninguém. Nem Paulo nem Francisco de Assis. Todos, hostilizados pelas igrejas e sacerdotes do seu tempo. III) Dissemos, glosando Flammarion, que a Religião não morrerá, mas morrerão as religiões. Máxime, as dogmáticas e intolerantes. IV) Negamos-lhe autoridade para julgar da sinceridade de nossos propósitos, em deixarmos nossa terra — como "novo Agostinho de Nova Iguaçu", na sua classificação — para sairmos a pregar. V) Demonstramos que, se o Espiritismo, embora ficção como o julgou, não tivesse apoio no Evangelho, não sobre-existiria, acrescentando que é ele o Consolador da promessa do Cristo. VI) Invalidamos, manuseando o Evangelho, que o Cristo não é Deus, embora seja um deus maior que nós — "vós sois deuses" (*João*, 10:34). E citamos (*Hebreus*, 2:9: "Aquele Jesus, que foi feito um pouco menor que os anjos dos Céus".) — pois não é possível que Deus seja menor do que seus anjos. VII) Afirmamos que de reencarnação está cheio o Evangelho, as Escrituras, desde *Malaquias*, a dizer (cap. 4:5) "Eu vos enviarei o profeta Elias, antes que venha o dia grande e horrível do Senhor", até o Cristo, a confirmar (*Mateus*, 11:14) "Se quereis dar fé, ele (João Batista) é o Elias que tinha de vir". VIII) Citamos Matos Pimenta para a confirmação histórica de que o 25 de dezembro foi data tomada de empréstimo ao Paganismo (Natal de Mitra) para ser o Natal do Cristo. IX) Esclarecemos, exaustivamente, a significação de Céu, inferno e purgatório à luz das Escrituras. X) Testemunhamos que o Espiritismo antes retira, em vez de levar loucos ao manicômio. Arrematamos, agradecendo sua atitude e dizendo que, um dia, nos encontraremos, de novo, menos a professarmos a velha crença de onde viemos, mas sentindo-o, com a sua inteligência e seu bom senso, ao nosso lado.

Por aqui se veem os pontos abordados pelo colega ilustre.

Posteriormente, um articulista — Nicanor Barreto — sai-se, pelo jornal católico *O Dominical*, a provocar-nos.

A VIAGEM ATÉ SÃO LUÍS

O embarque na automotriz, às 22 horas.

Mais de vinte confrades ao nosso bota-fora. A automotriz é uma caranguejola velha e feia, sem lugar para nada. Tiramos o paletó, dispostos a cochilar. Mas onde? O monstrengo parte, arrancando como um potro. Tanto que o moringue e o copo emprestados por D. Helena se quebram aos primeiros arrancos. O Burgos atira uma graça. O motorista, um moço alegre e bom, brinca conosco:

— Os senhores viajam de onde e como?

— Do Rio, e de avião — respondemos.

— Então, não faz mal que passem uma noite em claro na automotriz para não ficarem pensando que tudo na vida é avião e Rio de Janeiro...

Ao alvorecer, em Coroatá, à espera que chegue o cargueiro à estação próxima. Aí vimos, sob umas árvores, quitandas: mingau de tapioca, pão e manteiga. Lavamos, na estação, o rosto, e almoçamos sob as mangueiras, à moda nordestina. O telefone da estação chama-nos. É o Antônio Martins, de S. Luís, dizendo vai marcar conferência para logo mais à noite.

Uma senhora, velha, feia e fumante, embarcada em Codó, cai nas garras do Burgos, que a doutrina. A viagem segue morosamente. Em Rosário, nova demora. Fomos aos gelados num arremedo de bar. Um guaraná, oito cruzeiros! Já não se encontra água de coco. Adiante, Perdizes. São campos que se perdem de vista. Terras planas, sem plantação nenhuma. Mais de vinte quilômetros assim. Em Piçarra, nova espera por um *troly* que vem, molemente, carregando trilhos. Depois, babaçual sem conta, e molocas, e mocambos de caboclos, malfeitos, esburacados, largando os pedaços. Perguntamos à vizinha, que havia se livrado do Burgos:

— O babaçu é nativo aqui?

— É, sim. Nem essa gente iria ter o trabalho de plantá-lo. Basta ver suas palhoças miseráveis. Caem aos pedaços e tanto barro por aí, à toa. Nem o trabalho de consertar as buraqueiras! O quilo do babaçu custa Cr$3,00 e o da farinha, um cruzeiro. Essa gente vai, então, plantar mandioca, se a palmeira babaçu lhe dá, sem trabalho nenhum, seus frutos a Cr$ 3,00? Miséria e preguiça. Mais preguiça do que miséria, creia.

A automotriz transpõe, felizmente, a ponte, galgando a ilha. A chegada, às 13 horas. Quatorze horas de sacrifício, santo Deus!

À estação, a nossa espera, muita gente.

Anotamos, ligeiramente, os confrades: Antônio Martins, J. Paula Bezerra e respectivas senhoras; Juvenal Araujo e Waldemiro Reis, Plácido e Luzitano Camões, Laide Catanhede e Margarida Rocha; Edison Santos e António Vinhais, José Mansueto e Francisco Guimarães, além de nosso eminente hospedeiro, Anibal de Oliveira.

Só aí vimos que nosso paletó de tropical fora banhado de óleo até a cintura. E nosso chapéu? Ficara em Teresina no auto. O chapéu, um maço de jornais do Rio e os originais da biografia de Cairbar Schutel, o maior espírita do Brasil.

Fomos hóspedes de Anibal de Oliveira, ilustre confrade, enviuvado há três anos, com duas filhinhas, que são dois encantos de graça e peraltice. Casa solarenga, ampla e confortável, à rua 28 de Julho, legítimo estilo e construção portuguesa. Ficamos todos num quarto só, preparado para nós com redes e camas. Ora, depois de uma atribulada noite em claro, todos cansados e sonolentos, após o almoço e dentro de um respeitável calor tropical, quem, qual o nortista, principalmente, que deixa a rede pela cama?

Boa sesta à rede!

Impressões do meio

À noitinha, veio o António Martins apanhar-nos em seu carro.

Levou-nos a sua casa.

Os jovens espíritas das duas mocidades locais — a Maranhense e a Aloísio de Faria — nos aguardavam festivamente. Receberam-nos a palmas, cânticos e flores. Dir-se-ia que uma chuva de pétalas perfumosas nos molhara a alma. Depois, falação congratulatória, hinos e canções espiritualistas. Muita alegria em tudo, por toda parte. Ganháramos dois lindos ramalhetes de flores naturais. E rumamos, a seguir, para o "Tatwa S. José de Ribamar". Amplo salão, cheiíssimo. O esoterismo é ali muito ligado ao Espiritismo. O jovem António Martins preside a sessão. Faz, por escrito, a nossa apresentação. O Carlos Jordão profere a prece inicial. O confrade Waldemiro Reis — que nos visitaria, depois, com sua esposa, em Nova Iguaçu — recepciona-nos em nome da Instituição. Apresentamos aí, como o grande inimigo de tudo, o materialismo: "O materialismo é o grande inimigo". Foi uma palestra de hora e meia. Depois, a primeira mesa-redonda.

— Para que, se já temos aqui a "Confraternização Espiritualista do Maranhão"?

Realmente, os ocultistas e os espíritas formam ali uma confraternização espiritualista. Mas espiritualismo é toda doutrina que admite o Espírito. Catolicismo, Protestantismo, Anglicanismo, Maometanismo são, também, espiritualismos. Deviam, então, todas estas doutrinas estar inclusas na confraternização, a exemplo do que se fez no Rio: a "Legião da Boa Vontade", com sede na ABR, para as reuniões hebdomadárias. As mensais, no primeiro sábado, na ABI. Na primeira reunião, reuniram-se religiosos de todos os credos, falando, então, um católico livre, um pastor protestante, um judeu rabino, um rosacrucianista, um positivista e um espírita, que fomos nós. Resultado surpreendente e uma perfeita harmonia das religiões representadas. Entretanto, nós ali estávamos a serviço do Espiritismo, a pregar Espiritismo. E sugerimos que a "Confraternização Espiritualista" continuasse, procurando englobar outras crenças, a exemplo da LBV, sem prejuízo de um entendimento mais restrito, somente da família espírita, em função dos postulados do Pacto Áureo. A ideia foi aceita. E dos confrades presentes, foram os irmãos Waldemiro Reis, Juvenal Araujo e Plácido Camões os que tiveram mais o que dizer.

Nada ficou, todavia, firmado em definitivo nesta reunião.

*

São Luís é muito semelhante à cidade de Salvador. Só lhe notamos uma grande diferença: Salvador se moderniza, nos seus principais bairros. S. Luís é ladeirosa, suas ruas antigas, calçadas a pedras lavradas, importadas de Lisboa, nos tempos coloniais, ou de pedras de rua, deslavradas. As casas, puro estilo colonial, barroco. Portas e janelas protegidas, por fora, a gradil. Nas janelas, rótulas. Algumas janelas baixas, quase no nível da rua. Dentro, longos corredores, cômodos espaçosos. Ruas tortuosas, dando a impressão de que, nos velhos e bons tempos em que foi construída, cada um edificava sua casa no lugar em que bem quisesse, sem dar confiança às leis da Prefeitura.

Estar em S. Luís é sentir a sensação de Salvador. Mormente dos bairros da Baixa dos Sapateiros e Ladeira do Taboão, do Pelourinho e Portas do Carmo, de S. Antônio Além do Carmo e Terreiro de S. Francisco...

O segundo dia em São Luís

Na manhã seguinte, com os confrades J. Paula Bezerra e Margarida Rocha, para o primeiro passeio demorado na cidade. Começou com a visita a sede era construção do C. E. Deus, Cristo e Caridade, de que o Bezerra é presidente, à av. Magalhães de Almeida, terreno central, numa esquina.

Será uma grande obra, com ampla finalidade doutrinário-educacional.

O passeio estendeu-se até o almoço, que foi em casa do António Martins. Almoço alegre e farto. Aí, ficou definitivamente assentado que se criaria a Federação Espírita Maranhense, entre os caravaneiros e mais os confrades presentes.

Depois, visita à tipografia de "A Luz", que foi recém-adquirida pelo Martins, para a publicação de trabalhos doutrinários. De saída, passou alguém, parente próximo de uma infeliz recém-suicida. Então, a irmã Laide Catanhede contou-nos a história da suicida:

— Era uma jovem rica, bela, culta, recatada. Confessou-se e comungou antes de matar-se. Escreveu no verso de um "santinho" os motivos de seu suicídio: os desregramentos de vida da própria mãe...

*

À tarde, visita ao C. E. Jardim da Alma, obra de D. Elgita Nina Rodrigues, intelectual maranhense, no bairro do Anil, na av. Casimiro de Abreu. D. Elgita, que tem mais de 60 anos, ali trabalha, naquela casa solarenga, velha e triste, há 19 anos. Entramos. Muita gente. Nas paredes, gravuras religiosas, retratos de vultos do Espiritismo, do Cristianismo e da política. Os retratos de Getúlio Vargas e Salgado Filho misturados aos do Cristo e de Kardec. Lembramo-nos, então, da Escola Raquel Fígner, em Natal...

D. Elgita publica um periódico, *Maranhão Espírita*, e mantém um programa radiofônico na Rádio Ribamar.

A sessão começou com uma prece, por D. Elgita, o hino "Avante", de que gostamos, e práticas de "magia branca", como classifica a presidente. Os Espíritos obsessores são, mau grado seu, atraídos e doutrinados. Vêm coletivamente. Primeiro, a corrente indiana, a bater com os pés, ritmicamente, os olhos desmesuradamente arregalados. A doutrinação, pela presidente, por outros médiuns e Espíritos manifestados. Vêm outras correntes: de africanos, de sacerdotes, de suicidas. A última, uma coisa dolorosa! Que tortura a daqueles infelizes que, com as suas próprias mãos, cortaram o fio da existência! Tortura que só para quando um Espírito, Maria da Consolação, incorporado, canta umas coisas bonitas, suavíssimas, consoladoras. Agora, a corrente dos obsessores das pessoas presentes. Dir-se-á que temos algum? "É fácil de ver. Basta dar as mãos a um médium." Demo-las a D. Edite Fernandes. Manifestou-se, barulhentamente, cheio de ódio e de desejos tétricos, um velho inimigo nosso, que confessou seu ódio desde os velhíssimos tempos em que fôramos legionários romanos, implacáveis perseguidores dos cristãos. Escravizamo-lo implacavelmente. Ainda não soubera nos perdoar. Contudo, saiu abalado...

Dissemos, depois, quatro palavras, focando que, "se os vivos governam os mortos", se "o espírito sopra onde quer", se "o espírito pode tudo, até penetrar o obra oculta de Deus", já era tempo de preparar-nos — no limiar do 3º milênio — com muita oração e vigilância, trabalhando e aperfeiçoando-nos, a fim de evitarmos, de futuro, aquilo que acabamos de ver...

Francisco Spinelli fala, depois, em nome da Caravana. Segue-se uma farta mesa de frios, salgadinhos, refrescos.

Contou-nos D. Elgita que poderia provocar a manifestação de Espíritos terríveis, provocadores de moléstias perigosas, como tuberculose, lepra, câncer. Mas, pelo adiantado da hora, de vez que éramos aguardados em outro lugar...

*

O jantar, em casa do J. Paula Bezerra.

E foi mais uma investida para matar os "caravaneiros" de empanzinamento. O que vale dizer: farto, alegre, suculento. A senhora do Bezerra fazia anos. Abrimos, nós e o Burgos, um "parabéns a você", esfuziante e solene.

*

Dali saímos para o C. E. Olhar de Maria, no bairro do Céu, ao programa da noite.

Pilheriamos: "O dia, hoje, nos corre celestialmente. Já visitamos a Luz pela manhã. Fomos, iluminados, ao Jardim da Alma. Agora, estamos no Céu, sob o Olhar de Maria...

A sessão, ao ar livre, presidida por José Mansueto, que faz a nossa apresentação. A prece, do Carlos Jordão. O Francisco Spinelli profere palavras saudatórias. O tema da conferência: "o adversário mais sério do materialismo é o espiritualismo espirítico".

— Um tema desses não é para ambiente assim, ao ar livre, mas para conferência no rádio ou em ambientes culturais — diz-nos alguém.

— Assim será quando o Espiritismo for suficientemente estudado e houver interessado, por isso mesmo, a toda gente — respondemos.

A mocidade espírita canta dois números espiritualistas, sonoros e bem ensaiados. E o Bezerra, ao alto-falante, faz avisos urgentes.

Segue-se a segunda sessão para fundar-se a Federação. E ela se funda, efetivamente, no Céu, sob o Olhar de Maria, por confrades que voltam do Jardim da Alma.

Que mais para seu completo desenvolvimento?

Sessão terminada às 23 horas.

Em casa do Anibal, mais comezainas.

Não passamos, porém, de um copázio de cupuaçu.

O terceiro dia em São Luís

Saímos, manhã cedo, de carro — os caravaneiros e mais o Bezerra e o Martins —, em visita a velha S. Luís. Mais se nos radicou a impressão de que visitávamos a velha Salvador... O mercado, velho, sujo e pobre, e sem a abastança que vimos na cidade de Salvador e em Fortaleza.

Rodamos para a praia de *Olhos d'Água*, a dezoito quilômetros.

Uma Copacabana bonita e selvagem, como fora a nossa, de que, há anos, recusamos um terreno por Cr$ 5.000,00 à prestação.

*

Chegamos atrasados ao *C. E. Maranhense*, onde seríamos recepcionados pela *Escola Maria O'Nill*. Fomos recebidos aí a palmas estrepitosas, a hinos sonoros. A profa. Raimunda Nogueira dirige o programa. Aliás, bom e vibrátil. Conversamos com as crianças, contando-lhes histórias e fazendo-lhes perguntas, cujas respostas vêm prestes e certas. Canta-se, depois, a "Canção da alegria cristã" e encerra-se a sessão.

A Escola Maria O'Nill tem 113 matrículas e aula de moral espírita às quintas-feiras.

Saímos. D. Raimunda apresenta-nos duas garotas insuportáveis, dizendo: "elas têm feito tais e tantas que já não podem continuar na escola. Mas vieram à recepção e em homenagem ao senhor e à Caravana...".

— A direção da escola esquecerá tudo, e elas saberão compreender esta atitude, pois

> No mundo não há
> Quem suporte e aguente
> Uma criança má
> E desobediente...

E saímos numa disparada louca para a P. R. J. 9, *Rádio Timbira*. A Timbira já anunciara, desde a manhã, a nossa presença a seu microfone. Chegamos fora da hora. Mas o dono do programa cede-nos a sua vez. Improvisamos, então, durante vinte minutos, os fundamentos indiscutíveis do Espiritismo.

*

O almoço, no amplo salão do Hotel Central, generoso oferecimento do C. E. Maranhense. Tudo muito bem ordenado, como raramente se come num hotel. A mesa, em forma de *U*, a inicial da palavra *União*, que a Caravana desejava levar por toda parte. E treze pessoas à mesa.

— Somos treze. Mas, se não há nenhum Cristo entre nós, daqui não sairá nenhum Iscariotes, que desejamos ser cristãos modernos de verdade.

Oramos, antes, com D. Raimunda.

E muita alegria e cordialidade pontilhou toda a refeição.

*

À tarde, o programa no *Lar de José*, no bairro da Liberdade, ainda em construção, obra superintendida pelo António Martins. Foi uma festa da Mocidade Espírita. A Laide Catanhede dirige o programa. Páginas, declamações, canto, alegoria, tudo animado pelo *Jazz Alcino Bílio*. E integração de dois jovens. Duas palavras nossas e, depois, derrame de "livros... livros a mancheias para o espírita estudar".

O *Lar de José* é obra que se constrói em terreno de 40 x 50, com bonde à porta, em situação excelente. Construção segura sob planta inteligentemente riscada, amplo e confortável. Com teatro-auditório, onde nos encontrávamos. Será mais um lar, inspirado pelo *Lar de Jesus*, e escola do bairro. A escola já está funcionando, a despeito de obra inacabada.

*

O jantar, em casa da Laide Catanhede, com o Anibal e a Margarida Rocha presentes, que transcorreu com a mesma alegria dos anteriores.

Saímos, depois, às pressas para o C. E. Maranhense.

Cheiíssimo. O movimento exigia um ambiente maior, embora profano, que comportasse toda gente.

Plácido Camões preside a sessão. Segue-se com a palavra o Francisco Spinelli, que procede a leitura da ata da fundação da *Federação Espírita Maranhense*. E empossa-se a comissão fundadora da Federação, assinando os sete empossados o termo de posse. A seguir, a parte artística, que começa com uns versos ditados por Catulo da Paixão Cearense. O Espírito, ao manifestar-se, dá o sinal de sua presença, pontilhando o violão. Lê os versos a senhorinha Lazi Miranda. O estilo e a toada dos versos são, absolutamente, catulianos.

Falamos por último, glosando um asserto do Plácido Camões, a focar que a Seara só tem um dono, que é o Cristo. "O dono da Seara" deveria ser o tema da palestra que ali proferimos sem tema.

As palavras finais foram do Carlos Jordão, e a prece do Luiz Burgos.

Segue-se a última parte, ou a *última sessão,* que, por ser de despedida, constou de sanduíches, doces, salgadinhos, guaraná.

Em casa, às 24 horas, cansadíssimo.

Estaria terminada nossa atuação na Atenas Brasileira?

Rumo ao Pará

Soou o despertador.

Mas já estávamos de pé, a acordar os companheiros, dorminhocos.

À hora da partida, vão chegando os confrades para o bota-fora. O Waldemiro Reis traz-nos um mimo precioso: um bloco em branco, com capa artística em couro de jacaré, figura em alto relevo. Uma prenda para o nosso museu de preciosidades...

Rodamos, depois do café, em três autos, para o aeroporto.

Enquanto aguardávamos o avião, bate-papo, fotografias, despedidas. Ao nosso embarque, os confrades Anibal e Waldemiro, António Martins e senhora, Margarida Rocha e a irmã, Laide Catanhede e Mansueto Silva, Edson Rodrigues, Almir Ferreira e Plácido Camões. Por último, D. Elgita Nina Rodrigues. Velha e cansada — segredou-nos D. Elgita —, só nosso embarque poderia arrastá-la àquilo. Comoção para nós.

O "Minas Gerais", da Aerovias, alevantou voo às 8h35.

Viagem magnífica de uma hora e dez minutos.

*

Muita gente no aeroporto à nossa chegada.

Mas nenhuma cara conhecida. Ninguém ao nosso encontro. O Luiz Burgos Filho, bonacheirão, perguntou à malta:

— Quem é espírita aí?

Ninguém respondeu. *Bluff* para nós. O único porto em que não fôramos aguardados. É que estávamos sendo esperados a 9 de dezembro e não a 3.

Rodamos para a agência da Aerovias. De lá, telefonamos.

Foram a senhorita Maria Antunes e o Orlando Sobreira — este, do Rio — quem nos apareceram primeiro. Verificamos, depois, que o telégrafo alterou a data de nossa chegada. Entretanto, já estava tudo arranjado para a nossa recepção...

*

Dali mesmo, para a *União Espírita Paraense*.

Visitamo-la toda. Prédio antigo, mas em praça bela, salão amplo, o maior que vimos em toda a excursão, secretaria e biblioteca a jeito, confortáveis e amplas.

Aí, reuniram-se outros confrades. Principalmente, Oswaldo Dilon, José Francisco Pereira, Ricardo Gil Peres e parentes da Lúcia Ramos Pinto, que estava, com outros elementos da mocidade espírita, na "campanha do quilo". E era com sua família que íamos, nós somente, hospedar. Ao chegarmos à casa da família da Lúcia, sua mãe, D. Josefina — que fora nossa hóspede no Congresso de Mocidades — abraça-nos a chorar nervosamente, lembrando-se da querida Marília. Quase em transe. Foi preciso que lhe déssemos um passe...

Foram anunciados, a prospectos e pelo rádio, que estávamos na cidade, que a Caravana da Fraternidade havia chegado. Que logo mais, à noite, estaríamos na União Espírita Paraense.

Depois do banho e do almoço, uma sesta reparadora, lá em cima, na rede, armada no quarto que nos fora reservado.

Notamos, para logo, que duas coisas de suma importância faltam em Belém: luz e água. Luz, que se observa quase faltando em todas as capitais do Norte, remanescente do Estado Novo e da Segunda República. E água, a despeito de cidade à foz do rio Amazonas, banhada pelo Capim e Guamá, sobre a bacia do Guarajá, perto do Tocantins. Mas os encanamentos todos velhos e enferrujados opõem-se à penetração livre da água. Bondes não há também. Só ônibus. Mas um serviço de ônibus compensador, pronto e eficaz. Um paraense, decepcionado, nos diz: "Hoje, dados os maus governos que se têm sucedido, não se diz mais: 'Quem vem ao Pará, para'. Mas 'quem vem ao Pará, passa'. E passa ligeiro...".

*

À noite, na União.

Meia casa, que, para encher aquele salão... Muitos jovens e senhoras principalmente. Pacheco Dilon, presidente da Instituição, preside a reunião. O prof. Álvaro do Nascimento — um tribuno como pouquíssimos — faz a nossa apresentação. Falamos sobre a "Civilização do 3º milênio", concitando os espíritas a se aproximarem e se tolerarem mais, como legítimos operários da nova civilização...

Uma senhora recebe um Espírito perturbador a meio da conferência. Meio celeuma na assistência. Adverte o conferencista: "Afastem dali a atenção, que o conferencista não se perturbará. Se for Espírito atrasado e perturbador, será afastado. Se defeito do médium, uma lição que lhe fica, para ela se controlar, de futuro, melhor...".

Depois, programa artístico: piano, declamação, canto, "Canção da alegria cristã".

A prece final, do Carlos Jordão da Silva.

*

O confrade Francisco Pereira leva-nos, com outros irmãos da terra, ao sorvete de açaí, em duas sorveterias. Quase escuridão completa.

Passamos pelas obras em construção do *Lar de Maria*, outra instituição inspirada pelo Lar de Jesus. Visita, à noite, insuficiente para bem apreciarmo-la.

Em casa, bate-papo até madrugada, trocando impressões com os gentilíssimos hospedeiros.

*

Decepções?

O erro do telegrama, que motivou a falta de confrades a nossa espera, não chegou a decepcionar.

Dr. Álvaro Maia, eleito governador do Amazonas, a quem escrevêramos, disse, até, ao Orlando Sobreira, à porta da União, iria ouvir-nos, mas lá não apareceu, também não chegou a decepcionar.

Um "doutor", que conhecêramos, em setembro, em S. Lourenço, a dizer-se quase dono da FAB, prometeu-nos que nos levaria, em avião militar, a Manaus. Prometeu que mandaria trazer dos Estados Unidos um gravador da voz humana. Garantiu que mandaria cem camas para o Lar de Maria — camas deixadas pelas forças americanas — quando estiveram, na última guerra, no Norte. Sua mulher pediu-nos, até, que levássemos da Bahia uma garrafa de azeite de dendê, para um vatapá em alto estilo. E nós cumprimos a promessa, satisfazendo seu pedido...

Entretanto, nem o "Doutor Promessa", nem sua mulher, nem avião para Manaus, nem gravador, nem camas...

Há por aí tanta gente assim!

Mas decepções não devem abater o ânimo de ninguém. Principalmente daqueles que mourejam dentro de lutas redentoras.

Devemos, aliás, distinguir os homens, que nos decepcionam, da Doutrina, que não decepciona ninguém.

É o que fazemos, glosando aqui este fato, mais por seu cunho humorístico.

Em Belém do Pará

Visitamos, na manhã de 5 de dezembro, a imprensa. O jornalista e deputado estadual Libero Luxardo conta-nos, na redação de *O Estado*, fenômenos espíritas que se passaram com ele, sem o fazerem, entretanto, espírita. A história de um preto velho, feridento, que ele consegue curar, como instrumento dos Espíritos, ficando, depois, com as feridas do velho, foi a mais interessante.

Na *Folha do Norte*, o mais importante jornal da terra, tiraram-nos fotografia, que sai publicada com galharda nota.

*

Fomos, de surpresa, à sede do "Caminheiros do Bem". Fechada. Visitamo-la, apenas. Casa enorme. Salão maior do que o da União. Prédio grande, porém mal conservado. No salão, escola primária. Magnífico, que a melhor propaganda do Espiritismo é, ainda, pela educação.

— E quando a escola em Centro Espírita é dirigida por professora sem crença ou de outra religião?

— Seria isso o fracasso da escola e da instituição. Numa cidade grande, em que não faltam escolas primárias, manter uma somente para ensinar a, b, c; para ensinar que Adão e Eva foram nossos primeiros pais, para quê? Não será isto desservir a Doutrina?

Depois, ao Desembargador Nogueira de Faria.

Recebeu-nos cavalheirescamente. E conversamos intimamente, na varanda, sobre coisas do Espiritismo. Principalmente sobre casos de materialização de Espíritos. Contou-nos, o ilustre magistrado, episódios marcantes com a médium Ana Prado, que não era espírita. O Nogueira chegara a afirmar, uma feita, ao Maestro Ettore, que muitas materializações revelavam até características do médium. Não seria aquilo produto inconsciente da própria mente da médium?

Manifesta-se, depois, a uma reunião, um Espírito em tudo dessemelhante a médium, que lhe pergunta:

— Nogueira, veja se me pareço com a médium?

Eram, absolutamente, diferentes!

D. Ana Prado, sobre não ser espírita, não sentia nenhum prazer com os trabalhos mediúnicos. A ponto de, uma feita, numa sessão, quando o fenômeno começava a desenvolver-se, pedir que a soltassem. Não queria mais continuar...

Dá-nos Dr. Nogueira de Faria duas de suas obras, *Renascença da alma* e *Ritmos da nova fé*, que não conhecíamos; uma em prosa e outra em verso. E, de saída, vimos gravada a sua porta: "Escola Monte Alverne", de corte e costura, gratuita, dirigida por sua senhora.

*

Encontramos um espírita milionário, contrário à obra do *Lar de Maria*. Que se devia fazer escolas — isto, sim: escolas! — e não obra impressionante e faustosa.

Concordamos que, a obras faustosas e impressionantes, devemos fazer escolas. Principalmente escola, que "o

Espiritismo é obra de educação". Mas quantas escolas espíritas existiam em Belém do Pará?

O jantar foi com Pacheco Dilon.

Gente muito boa e hospitaleira. E ágape farto e bom, que transcorreu na maior intimidade.

À noite, a sessão seria, ainda, presidida por Oswaldo Pacheco Dilon. "A evolução religiosa da vida": o tema da conferência. Assinalamos que, se o fato espírita bastasse por si mesmo, Belém seria, pelos fatos que nela se registraram, a Belém do Espiritismo no Brasil, em face dos fenômenos mediúnicos de Ana Prado.

Luiz Burgos profere a prece de encerramento.

Segue-se a inauguração, na secretaria, do retrato de Euzébio de Matos Cardoso. Falam o prof. Álvaro do Nascimento e Guilherme Martins, pondo em relevo fatos da vida do homenageado, dignos e raros, que atestam a pureza de sua vida.

Canta-se a "Canção da alegria cristã" e passa-se à sessão para a confraternização dos espíritas.

Mesmo a cair de sono, e com a resolução de acordar muito cedo, para a viagem, no dia seguinte, à cabeceira, para presidi-la.

Prof. Álvaro Nascimento explica por que pediu sua adiação e põe-se de acordo com o plano dos caravaneiros.

Surgem, depois, alegações e ataques a tais e quais instituições. A um confrade mais recalcitrante, foi mister dizer-lhe: "Ou meu irmão não compreendeu nada do plano, ou eu não me soube explicar direitinho. Não estamos aqui a serviço de nenhuma instituição, mas da Doutrina. Por isso, estamos à vontade, por nossa conta, arrostando, portanto, com a vitória ou os percalços da causa. Assim, se o ilustre confrade tem mágoas incontidas de tais ou quais instituições, e não sabe se colocar a cavaleiro de seus sentimentos recalcados, prova, com isto, que não está preparado para o programa que nos trouxe até aqui. E passemos adiante".

Todos os outros concordam.

O Francisco Spinelli lavra a ata — como se vinha fazendo desde Salvador — que foi assinada por todos.

E terminou, harmonicamente, a sessão.

O segundo dia em Belém do Pará

Depois do almoço, sesta, a ler a grande obra de Eduardo Carlos Pereira, *Problema religioso na América Latina*.

Visita ao *Lar de Maria*, em construção numa das principais avenidas de Belém. Obra inspirada pelo Lar de Jesus, que Oli de Castro levou à capital paraense. A primeira planta, segundo os prospectos de propaganda, exatamente igual ao nosso *Lar de Jesus*. Depois, mudou-se a planta. É um avião perfeito a sua construção — não fosse seu idealizador da Escola de Aviação! O corpo do avião já quase construído. As duas enormes asas por terminar. Obra vultosa, que teve, de início, o grave inconveniente de ser atacada de uma só vez. Se fosse inaugurada, a exemplo do Lar de Jesus, a parte central, o corpo do avião, recebendo logo crianças, seria mais fácil. E maior sua eficiência. Depois, vieram mágoas e decepções, que têm prejudicado, grandemente, a grande obra. Prejuízo, porém, maior, a ausência de seu idealizador, que fora, mais tarde, transferido de lá. E somos dos que entendem que cada um tem que se colocar à frente da obra que lhe foi confiada, enquanto viver, ou enquanto não aparece outro que faça tanto, ou mais...

*

À noite, o segundo programa na UEP.

Mais gente que não chegou, entretanto, a encher a casa.

Presidência do Oswaldo Dilon e prece do Francisco Spinelli.

A conferência — *Materialismo versus Espiritualismo* — proferimo-la durante uma hora. Foi o prof. Álvaro do Nascimento quem fez a prece final. Depois, na secretaria — com os representantes das entidades sociais, a reunião íntima, presidida por nós, em função do "Pacto Áureo". Pontos controvertidos, ideias preconcebidas e propósitos recalcados prejudicaram, grandemente, a reunião. O Carlos Jordão da Silva esfalfou-se na explicação das finalidades do Pacto, e o prof. Álvaro do Nascimento propôs, oportunamente, que a sessão fosse adiada por mais 24 horas e com tempo para que todos estudem, melhormente, o plano...

*

O Pacto Áureo não contrariou, por si mesmo, a ninguém, pois a unificação é uma necessidade premente. E dificílima, que a união ou unificação entre criaturas independentes, que se conduzem pelos imperativos da própria consciência, sem obediências fanáticas e chefes visíveis, a doutores e sacerdotes, não é coisa fácil. Todos, portanto, recebiam o plano com satisfação e na consciência de que a Caravana da Fraternidade se conduzia abnegadamente, cristãmente, superiormente. Mas quantos combatiam, faziam-no por sua procedência, desconfiados dos homens da direção do Conselho Federativo Nacional que se propuseram a dirigir o movimento no Rio de Janeiro. Foi mister que salientássemos de nossa parte, nosso exemplo pessoal, apresentado em vários lugares, que não somos espíritas para servir a homens isolados, a instituições sociais. Mas à Doutrina, em si mesma, grande e bela, consoladora e justa. Contudo, conseguíramos algo. Menos, repetimos, pelo volume que o plano, em si mesmo, apresenta, do que por nós próprios, pelo pouco que somos e pelo pouquíssimo que valemos. E foi na consciência disto que fomos prometendo voltaríamos ao Norte, no ano seguinte, ainda que fôssemos sozinhos, para a consolidação definitiva da obra; que tudo faríamos a fim de que, de futuro, caravanas de espíritas cultos e capazes do Sul visitassem o Norte; que espiritistas do Norte, capazes e cultos — e os há tantos! — visitassem o Sul.

Ressentimentos

Há quem se insurja contra certas incompreensões e desarmonias existentes, por pesar nosso, no meio espírita.

Nós, não. Achamos até justíssimo que assim seja.

Uma coisa é crer, ou fingir crenças, conforme a autoridade do sacerdote e do pastor...

Outra coisa, e muito diferente, é crer livremente, com a liberdade glorificada no Evangelho: "Onde há liberdade, aí está o espírito do Senhor"...

Ora, os espíritas creem livremente, sem obediência cega a pastores e sacerdotes, que não os há no Espiritismo, glorificando, assim, seu amor à liberdade de crer.

Acontece mais que viemos, todos nós, de crenças sectaristas, que nos impunham obediência cega, ou quase cega, a um chefe visível. Libertos dessas crenças, parece que temos, então, maior direito de ter opinião, mais lugar para manifestar o peso de nossa vontade.

Assim, passamos a ter a opinião e a vontade que não lográramos nas crenças pretéritas.

E sentimos que somos alguém, que já pensamos e cremos livremente.

A despeito disso, entretanto, os "diabinhos coxos", da clássica historieta de todos conhecida, vão, igualmente, tirando partido das incompreensões e desarmonias...

*

Ficamos hospedados com a família Ramos Pinto, afastada, por melindres justificáveis, dos espíritas da União.

E fizemos bem, porque nos desobrigamos, assim, de um velho compromisso. E fomos, ademais, elemento de ligação entre as duas correntes.

Todos foram, mercê de Deus, às conferências.

Talvez não fossem se agíssemos em contrário.

*

A Lúcia Ramos Pinto, dentro da sua pureza e sinceridade de quem quer servir à Doutrina por amor à Doutrina, procurou desabafar. Ouvimo-la um bom pedaço. E concluímos logicamente:

— Procurando servir à Doutrina e não aos homens, aqui estou com vocês. Mas não quero tomar partido, porque não quero ficar com os homens cheios de caprichos e vontades. Este não é o meu caso. Nem o deles, de vez que todos estão trabalhando eficientemente. Vamos ver se afastamos o muro que se ergueu entre vocês. E eu não poderei derrubá-lo se tomar partido. Ademais, deixando-a falar assim, você vai se azedando, as mágoas do passado vão ressurgindo; eu posso me contagiar, e acabaremos, todos nós, pecando mais, não é fato? Assim, é melhor ficarmos por aqui, perdoando e fazendo jus a que, se os homens não nos perdoarem, Deus nos perdoe. Não acha mais interessante?

Ela achou, felizmente.

*

Tomamos conhecimento das atividades humanitárias da "Mocidade Espírita Legião do Bem", que se formou com a cisão da outra. Os moços trabalham efetivamente. Fundaram uma aula de trabalhos de agulha, a que deram o nome da querida companheira. Deram-nos fotografias de sua exposição para os pobres, e vimos, ainda, alguns desses trabalhos. Fazem, todos os domingos, a campanha do quilo, para os pobrezinhos...

*

O confrade José Francisco Pereira abre-nos seu coração. Lamenta aquilo a que assiste em Belém, no meio espírita, salientando, entretanto, que todos trabalham, todos desejam produzir mais. Contudo...

— Entretanto, Belém do Pará era para ser o maior centro espirítico do Brasil. Foi aqui onde se realizaram os fenômenos espíritas mais objetivos mais retumbantes. De tal retumbância e objetivação que M. Quintão e Fred Fígner vieram do Rio, especialmente, para assistir a eles. E o *Trabalhos dos mortos*, de Nogueira de Faria, é prova disso. Ouvimos, uma feita, de Fred Fígner, na Federação Espírita, a afirmativa de que das quatrocentas e tantas pessoas que assistiram aos fenômenos provocados por Ana Prado, apenas duas ficaram espíritas. Mas espíritas a seu modo, de vez que uma passou, depois, para a Teosofia. Nem a médium que os produziu se fez espírita! Logo, o fenômeno espírita, por si mesmo, não é o bastante — di-lo Allan Kardec, e muito bem! — para converter ninguém. Foi preciso que viesse até vocês uma criatura nossa, imbuída de nosso programa de espiritismo de vivos, para agitar vocês, para provocar aqui a construção do *Lar de Maria*, para fundar mocidades espíritas! Como, entretanto, o primeiro chamamento — os fenômenos de D. Ana Prado — resultou deficiente, o segundo chamado não podia produzir cento por cento de êxito absoluto... Saibamos, então, agir, que a incompreensão e desarmonia passarão também. Importa é que não haja ódios. E não haverá, certamente, porque não pode haver no coração espiritístico lugar para mágoas e ressentimentos.

Do diário de Francisco Spinelli

Sobre os dias em que estivemos, com Luiz Burgos Filho, em Manaus

5/12/1950

Burgos aparece. Vamos para a Panair. Está resolvido que para Manaus só irão Leopoldo e Burgos. É muito distante: mais de 3.000 quilômetros, dizem. Nós, eu e Jordão, ficaremos por aqui, onde há muito o que fazer para a almejada unificação.

*

Vem José Antunes, com senhora e Burgos, buscar-nos, rumo à União. Levamos máquina de escrever. A sessão começa tarde. Pouca gente: 110 pessoas, diz o Jordão. Fala Leopoldo: um brilhante trabalho de hora e meia. Burgos despede-se muito emotivo. O confrade Pereira encerra com uma prece.

*

Mesa-redonda presidida pelo Leopoldo, extenuado.

Incompreensão, a despeito de uma magnífica exposição feita pelo prof. Álvaro, que hipoteca sua integral solidariedade ao movimento. Há alegações e pretensas justificativas alheias ao assunto. Leopoldo insiste na solução. Está cansado.

Organiza-se a *Comissão de Organização*, incumbida de ajustar as coisas, para consolidar o movimento, ficando a União como único órgão federativo. Tudo, porém, está sem firmeza, por agora...

Visitamos o *Lar de Maria*, grande empreendimento para abrigar crianças e velhos. Edifício enorme. Um pavilhão central e duas grandes alas laterais. Construção adiantada; meios obtidos, em maior parte, pela Campanha do Quilo, instituição em que jovens de ambos os sexos, de sacola às costas, percorrem a cidade inteira, todos os sábados, pedindo um quilo de qualquer gênero alimentício. E tem dado bons resultados, desde Recife.

6/12/1950

Leopoldo e Burgos viajaram para Manaus. Que Jesus os acompanhe nesse empreendimento. Leopoldo estava extenuado ontem.

*

Jantamos. Para a União.

Prof. Álvaro conta-nos uma série de anedotas como só ele o sabe.

Para o prof. Álvaro convergem todas as atenções, onde quer que ele esteja. Uma criatura boníssima, culta e esquisitamente simpática.

Agora, a sessão presidida pelo Dilon. Abre-a e dá a palavra ao prof. Álvaro. Este discorre brilhantemente durante meia hora, dizendo de sua angústia pela reduzida assistência, quando o salão deveria regurgitar com a presença da "Caravana". Expende oportunas considerações em torno da unificação e tece comentários elogiosos ao esforço dos caravaneiros. Falo eu, dizendo do espírito federativo que se deve criar em toda parte para consolidar a unificação. Refiro-me às discordâncias e falhas na prática que podem desaparecer, quando o estudo é procedido em conjunto. Ressalto os valores da Doutrina e sua predestinação. Fala o Jordão, ligeiramente, confirmando as considerações expendidas. Leio a ata da unificação que os presentes assinam e, cerca da meia-noite, regressamos a casa.

7/12/1950

Rumamos para a casa de D. Elmira Lima, espírita de projeção, veterana na Doutrina, diretora, proprietária e redatora do *Alma e coração*, elemento de influência nos *Caminheiros* e que vinha resistindo a qualquer aproximação.

Recebeu-nos alegremente, embora com reservas. É franca e logo diz que não se acomoda à orientação do Leopoldo, a quem denomina de "Papa do Espiritismo do Oli". Fizemos, especialmente, eu e o Jordão, a exposição dos fatos, dentro da realidade, dizendo dos objetivos da Caravana...

D. Elmira, extraordinariamente loquaz, desconversa, narra fatos de sua conversão, da mediunidade de seu esposo desencarnado, de suas lutas; historia acontecimentos e relata atividades, tudo para, de certo modo, justificar sua posição e atitude. Em nada adiantou a conversa, deixamo-la fraternalmente, certo de que seria inútil qualquer insistência a mais.

"Situação difícil de contornar", disse eu ao sair ao Dilon e Jordão, também como eu *abichornados* naquela tentativa de obra fraterna.

Os Espíritos do Senhor tomaram a si o encargo, e eis que uma bela surpresa nos aguardava à noite, quando chegamos à União.

D. Elmira, tendo telefonado ao Dilon, dizendo de seu arrependimento pela forma como se portara ante nosso apelo, aparece à reunião e dela participa, tomando assento à mesa. Faz uso da palavra e diz de público sua solidariedade, verdadeira profissão de fé na obra da unificação para a qual irá trabalhar com todas as forças de sua alma. Grande coração! Consciência alertada! Não conseguimos conter as lágrimas diante de tantas graças do Céu. Eu agradeço e saúdo todos os de boa vontade.

A sessão foi presidida pelo Dilon, que disse do seu contentamento ante o ocorrido. Jordão fez belíssimo trabalho sobre mediunidade. A noitada foi encerrada num ambiente da mais pura fraternidade, graças a Deus. E a ata da confraternização recebe a assinatura da querida irmã D. Elmira Lima!

8/12/1950

O Sr. Jaime deixa-nos defronte à casa de nosso Dilon, onde uma farta mesa de peixes vários nos espera, bem como a alegria de participar do ágape a nossa querida irmã

Elmira Lima, sedenta de confraternização, tanto como nós outros.

E o almoço correu dentro do espírito cristão, pela graça de Deus.

Vamos à Uniao, às 16 horas, para a primeira reunião da Comissão Organizadora. Presido a sessão e se encaminham as primeiras providências. Há dificuldade de assimilar o espírito federativo. Cap. Rui é escolhido para secretário-geral. São nomeadas comissões e subcomissões de estatutos, de unificação e de propaganda.

Janta-se e volta-se para a União. A sessão presidida, agora, pelo confrade Rafael Oliveira Gomes, do *G. E. Roustaing*.

A Mocidade Legião do Bem presta homenagem à Caravana, distribui livros espíritas e doces às crianças. A diretora, nossa irmã Lúcia, faz uma bela saudação. Jordão agradece emocionado. Eu faço a palestra da noite, sob o tema: *Realizações Espíritas*. Fala, em seguida, D. Elmira Lima, com muito entusiasmo e eloquência. O irmão Rafael encerra a sessão. Tudo muito cordial...

9/12/1950

Belém é uma cidade antiga, em condições de ser transformada em moderníssima. Plana. A população contribui para o embelezamento com edificações lindas, inclusive com arranha-céus os mais finos de estilo, os mais modernos. O poder público é que se incumbe de estragar a cidade. O serviço de transporte é feito por ônibus, pois não há bondes, apesar de existirem trilhos e linhas. É que há falta de força, de energia. A maioria da cidade vive às escuras, usando lampião a querosene, candeeiros, ou luz elétrica própria, quando o proprietário pode. Quase não se ouve rádio, nem há geladeiras, o que representa uma grande falta num meio onde o calor predomina. Chove quase todas as tardes. Não se conhece frio. A principal alimentação é o peixe. Os ônibus andam enfeitados internamente com flores artificiais; sempre cheios de imagens ou estatuetas de santos, com lâmpadas pequeninas derredor. O carolismo é uma instituição.

Há uma estação de rádio e há irradiações ambulantes em automóveis equipados com microfones, eletrolas, amplificadores e alto-falantes. Povo muito bom, comunicativo, hospitaleiro... Território, cinco vezes maior do que o Rio Grande do Sul, com 1.200.000 habitantes, dos quais 300.000 estão na capital...

*

Repousamos ligeiramente e vamos aos *Caminheiros do Bem*. Está chovendo. Chegamos na hora exata em que D. Elmira fazia a prece de abertura. Tomamos assento à mesa, presidida pelo confrade Cavalcante, achando-se presentes sua esposa e filha. É uma festa de entrega de boletins a alunos da escola que a Sociedade mantém gratuitamente, do 1º ao 4º anos primários. Participamos da entrega de boletins e prêmios. Um calor infernal!

Dentro em pouco, regressava do aeroporto a comitiva que fora receber Leopoldo, que chega exausto. Nove horas de viagem de Manaus a Belém! Leopoldo está cansadíssimo, mas está alegre. Tudo foi bem em Manaus, onde foi estruturado um novo estado na Federação Espírita Amazonense, convergindo para o âmbito federativo todas as sociedades em funcionamento na capital.

O nosso Leopoldo não se demora. Tem que regularizar a passagem na Aerovias. Abraçamo-nos, cumprimentos aos demais. Pede desculpas e retira-se.

No fim da bela festa, doces e guaranás...

Para Manaus

Nada sabíamos do movimento espirítico em Manaus. Ir ao Norte, até Belém, sem ir a Manaus, estaria certo?

Pensávamos que não. E como, de Manaus, só conhecíamos, superficialmente, o senador Álvaro Maia, companheiro no "Congresso de Mocidades Espíritas", escrevemos-lhe uma carta. Não respondeu. Mas recebeu-a, pois dela falara, em Belém, a um jovem confrade.

A falta de sua resposta em nada diminuiu, na verdade, nossa atuação na bela capital amazonense. Nem chegou, mesmo, a diminuir nossas relações, pois durante nossa grave enfermidade telegrafou-nos, dizendo: "visito ilustre amigo, rogando Deus completo restabelecimento. Abraço cordial. Álvaro Maia".

*

A 6 de dezembro, despertamos de madrugada, às escuras. A falta de luz...

Mas D. Josefa, nossa hospedeira, preparou-nos, a despeito de tudo, o café.

E, com o Sr. Germano R. Pinto, para a agência da Panair. Daí, no auto da empresa, para Val de Cães, aeroporto da cidade. Já lá estava o Burgos Filho, pois o Carlos Jordão e o Francisco Spinelli ficaram em Belém. Desistiram de Manaus...

O hidroavião Catalina P. C. N. levantou voo às 6h35. Avião pequeno. Tudo muito apertado. E cheio de passageiros e cargas. O vidro da claraboia não deixava ver bem o panorama. Assim, vimos mal a massa líquida do rio Amazonas, que se nos afigurou um campo sem fim, asfaltado, com sua rede de afluentes, seus igarapés, suas matas...

E foi um voo direto de cinco horas e dez minutos.

Chegamos a Manaus à hora do almoço.

Ninguém conhecido nosso.

Mas um grupo de confrades esperava-nos.

E o conhecimento se fez rapidamente. Eram eles: Marcelino Queiroz, presidente da F. E. Amazonense; Raimundo Mendes, médium curador, presidente da Câmara Municipal; Artur Marques Gouvêa, representante do C. E. Allan Kardec, entre outros.

Rodamos para o Hotel Central, o mais central da cidade, que já teria sido granfino, pois conserva traços acentuados de sua antiga nobreza, do fausto que manteve nos áureos tempos da borracha.

Deram-nos o apartamento nº 1.

Depois do almoço, à agência da Panair, prevenir a volta para sábado.

— Impossível, que o avião de sábado está lotado. Só pode ser no domingo — foi-nos dito.

Estávamos na quarta-feira. Em três dias, pode-se dar qualquer jeito.

E deu-se, efetivamente, pois voltamos no sábado...

*

Almoço etiquetado e mau.

Havia peixe para o vizinho, mas não houve para nós.

Almoçamos tartaruga, iguaria até então desconhecida para nós. E subimos à sesta.

À tarde, antes de sair, ao banho.

Mas água? O caudaloso rio Negro banha a cidade. Entretanto, encanamentos velhos, enferrujados, estendidos para vinte mil pessoas, não podem abastecer oitenta mil, claro.

*

Visita à imprensa, com o Marcelino Queiroz e o Luiz Burgos, dedicado companheiro de excursão.

Na redação de *A Tarde*, seu redator, o deputado estadual Aristófano Antony, conta-nos maravilhas do que tem visto, do que tem provocado, como médium. Está convicto que o Espiritismo é uma verdade indiscutível. Mas não quer complicações...

*

Ao jantar, orquestra má e pior luz. Um piano desafinado, um violoncelo chiando, desmelodiosamente, a grandeza morta do hotel...

*

A primeira reunião, na *Federação Espírita Amazonense*. Salão cheiíssimo.

O Marcelino, na presidência, o confrade José de Sales Cavalcante apresenta os caravaneiros. O calor era intensíssimo. Falamos, então, sobre o "Problema religioso, como o mais sério dos problemas". O Luiz Burgos profere a prece de encerramento.

Segue-se a sessão íntima, só de espíritas, em função do Pacto Áureo, sob nossa presidência. Muitos irmãos dos dois sexos, interessados. Houve pontos de vista díspares, que não tiveram, entretanto, o poder de contrariar o espírito do plano. Nós mesmos justificamos as razões de nossa presença ali, numa prova, modesta embora, de que já é tempo de colocar-se a Doutrina acima de tudo, até das instituições e de nossos pontos de vista, se quisermos realizar alguma coisa de importante.

E foi o nosso exemplo que mais calou, a exemplo do que já havíamos observado antes, para o êxito completo da missão delicadíssima.

Da sessão saiu o movimento de unificação do Espiritismo em Manaus.

— Mas e o representante do Amazonas no *Conselho Federativo Nacional*?

Apresentamos nomes, que se nos afiguraram capazes, como já havíamos feito nos outros estados, desde Sergipe...

Tivemos de prometer, com segurança, como vínhamos fazendo desde Maceió, que, uma vez por ano, uma caravana semelhante do Sul visitaria o Norte, e outra caravana de nortistas visitaria o Sul; que iríamos pugnar por este plano — o único de molde a aproximar os espiritistas intensamente — no Conselho Federativo, hipotecando o compromisso de que voltaríamos, ainda, com mais tempo, na segunda caravana.

Mas sabíamos que doenças desagradáveis e longas, por abuso excessivo de energias vitais, se oporiam a tanto. "O homem põe e Deus dispõe."

O segundo dia em Manaus

Fomos, pela manhã, com o Marcelino e o Alberico, à sede da Federação. Hora de consulta. Os médiuns, Raimundo Coqueiro Mendes e D. Olga Negreiros, a atender uma enorme multidão. Uns 150 diariamente.

— Gente que acredita nos Espíritos e no Espiritismo. Entretanto...

— Não falta às procissões, às missas.

— Deus é Pai de todos e fala a todos por vários modos, de várias maneiras...

Na sede da FEA funciona a escola Leonardo Melcher, com 62 alunos.

— E Mocidade Espírita?

— Esta virá depois, o senhor saberá!

*

Demos, na Avenida, com o desembargador André Araujo, o homem que levou a assistência social para Manaus, eleito deputado federal.

Fomos apresentados um ao outro.

Ele havia assistido a nossa conferência da véspera e convidou-nos para, no dia seguinte, visitarmos sua obra.

E foi dando, espontaneamente, suas impressões:

— Gostei muito de seu trabalho de ontem. Bom professor, bom expositor e ótima cultura geral.

— Muito bem. Estas, as virtudes que notou. E, agora, as nugas, as sombras?

— Se houve isto, não o notei. E estarei, logo mais, à noite, no Teatro Amazonas, ansioso de ouvir nova aula sua, que suas conferências são aulas...

*

Tomamos, depois, um carro.

— Agora, para onde? — perguntamos ao Marcelino.

— Vamos ao Palácio Rio Negro, visitar o governador.

— Por quê? Não podíamos dispensar esta visita? Estou viajando como espírita, e o Espiritismo ainda não faz jus a essas galas oficiais.

Concordou, alegre, conosco. E, a despeito do governador estar prevenido de nossa visita, foi esta cancelada.

*

— Entretanto, não podemos dispensar a visita à Prefeitura, o prefeito nos espera. Além de ceder o Teatro Amazonas, quer conhecê-lo pessoalmente; tem fatos interessantes para contar-lhe.

Rodamos para a Prefeitura, cujo prefeito — Dr. Raimundo Chaves Ribeiro — recebeu-nos fidalgamente. Cavalheiro de linha, simpático e tratável, a cabeça toda branca e a fisionomia moça, parece que se esqueceu das partes que lhe queriam falar e passou a contar-nos uma série de casos sobre casos, interessantíssimos. Casos de uma intimidade de cativar, pela confiança espontânea depositada em nós. E fomos nós que demos fim a conversa, para não continuar prejudicando os outros.

No ato da despedida, disse-nos ainda:

— Aqui, procuro agir com a maior democracia. Hoje, o Teatro é dos espíritas. Amanhã, dos protestantes, e depois de amanhã, dos católicos. Só há uma diferença: é que aos outros cobra-se a luz...

*

O almoço, com o confrade João Facundo do Vale, delegado fiscal na cidade. Trata-se de um espírita que vive à margem do movimento, mais preocupado com os fatos espíritas. Depois do almoço, leu-nos uma série de comunicações do Espírito de um historiador árabe — Kalib Nazan — recebidas pelo juiz, Dr. Jonatas Fernandes, recém-falecido em São Paulo. Como não foi possível ouvir tudo, que se trata, evidentemente, de coisas interessantes, ficamos de voltar a novo almoço para ouvirmos o restante.

*

Um centro espírita, num bairro distante, insiste para que vamos lá à noite. Mas, todas as noites já programadas, não era possível. E insistimos, colocando nossa renúncia em ponto saliente, em tais circunstâncias, considerando que as instituições menores deveriam interromper seus trabalhos para que seus frequentadores possam ouvir gente estranha, aprendendo mais ou observando mais...

*

Fomos ao cais do Rio Negro. *Cais Radwey*, flutuante, de madeira, enorme. Incontestavelmente, uma das maravilhas, para nós, da terra. Cheio ou vazio o rio, as embarcações sempre estão no mesmo nível. E quantas embarcações do Amazonas, atracadas, desde as gaiolas aos navios do Loide Brasileiro!

*

À noite, a conferência no suntuoso Teatro Amazonas. Noite chuvosa, e o teatro, sobre ser suntuoso, fica retirado. É enorme.

— Virá gente mesmo, tratando-se de uma conferência doutrinária?

— Não creio. A noite está chuvosa e a conferência vai ser irradiada pela Rádio Baré, a mais ouvida da zona. E muita gente já o viu e ouviu ontem.

Contudo, ainda se pode contar uns 150 espectadores.

A conferência foi presidida pelo Marcelino. Dr. Ligier Gouvêa faz nossa apresentação.

O tema da conferência: "Terrível divórcio da razão com a fé".

Falamos durante hora e meia.

O Burgos profere a prece final.

Mal sabíamos nós que teríamos, depois, de refutar o ilustre sacerdote, Pe. Macario Pinheiro, contra seu escrito, *Hieroglifo Divino*, com que se saiu, delicadamente, refutando-nos!

Último dia de Manaus

Com o Marcelino Queiroz e o Luiz Burgos, rodamos, manhã cedo e já fora da hora marcada, para o *Instituto Montessoriano Álvaro Maia*, a grande fundação do Dr. André Araujo. Instituto fundado em 1946, para crianças especiais: cegos, surdos, mudos, deficientes mentais. Um enorme edifício velho, de aparelhamentos pedagógicos modernos, e o outro, novo, em construção, de dois andares. Denomina-se este, *Laboratório Pedagógico de Conduta Infantil Araujo Filho*. Justa gratidão de um filho reconhecido a seu pai.

Percorremos tudo. Principalmente seus museus...

*

Passamos, de volta, por um grande terreno, cuja obra, de alicerces construídos, parada! Trata-se de uma Casa de Misericórdia, cuja construção fora abandonada. Os espíritas quebraram lanças para conseguir o terreno, a fim de construir seu hospital. A Prefeitura preferiu cedê-lo a um clube de futebol que, parece, não ligou muito à cessão. Adiante, outro enorme campo, que já fora cemitério, cedido a outro clube de futebol...

— Quer dizer que o futebol manda, de fato, aqui?

— E onde ele não manda, atualmente, de fato?

*

Passamos, todavia, por outro, de 108 x 200, que os espíritas conseguiram e em que vão construir seu hospital-escola, cuja pedra fundamental não fora lançada com a presença da Caravana, dada a incerteza se ela ia ou não a Manaus...

*

Ligeira visita ao Centro "Estrela do Bem", cujo presidente, Artur Trindade, nosso velho conhecido, não estava. Entretanto, jantamos juntos, em casa de Rodrigo Gomes de Araujo, na rua 7 de Setembro.

*

O confrade Eduardo Costa Lima, esoterista-espírita, nosso companheiro nessas visitas, leva-nos ao *tatwa Antonio Olívio Rodrigues*, e ao Centro Espírita Fé, Esperança e Caridade, na av. Valpés. Centro espírita de ambiente igual ao que já víramos em Natal e S. Luís: fotografia de Cristiano Machado abaixo do retrato do Cristo, conceitos políticos misturados a frases evangélicas.

À Rádio Difusora do Amazonas, Z. Y. S. 8, para uma conversa de vinte minutos. Depois, com o Burgos, à casa do João Facundo, a novo almoço. Mostrou-nos, o confrade ilustre, versos mediúnicos de Artur Azevedo, psicografados pelo juiz, Dr. Jonatas Fernandes, em que o grande humorista conta sua chegada ao Outro Mundo. Versos bem feitos, estilo e arte do grande escritor maranhense. E mais leitura de comunicações de Kalib Nazan, cuja opinião sobre o livre-arbítrio, embora seja uma novidade para nosso ilustre hospedeiro, fugiu à nossa compreensão.

*

Fomos, à tarde, ao C. E. Allan Kardec. Centro pequenino e distante, presidido por D. Raimunda P. de Oliveira. Aí, depois da presidente, de alguns números de arte pelos moços e da palavra do poeta Hemetério Cabrinha, falamos nós, salientando que mais pobre era a gruta em que nasceu Jesus: que não éramos, ao contrário do que afirmou o poeta, a corda que faltava na harpa do Espiritismo amazonense. Talvez fôssemos o afinador da harpa... E concitamos todos à união, para maior vitalidade da Doutrina na terra dos Barés...

Depois, visitar o *Pai da Vida*, o velhinho Joaquim Estêves, decano dos espíritas de Manaus. Chegamos ao crepúsculo. Ele estava orando com seis pessoas derredor, formando, naquela hora de melancolia e saudade, um quadro interessante, enfeitado por sua cabeça muito branca, sua atitude de prece, suas palavras piedosas. Depois da prece, quando soube quem éramos, abraçou-nos efusivamente, por três vezes, sem encontrar, quase, palavras para transmitir seu contentamento.

*

À noite, a última conferência na *União Operária*.

Muita gente, a despeito da chuva. Sede cheia.

Primeiro, a posse da comissão escolhida para a aplicação do Pacto Áureo, no meio espírita de Manaus. Depois, a conferência, em que assinalamos as inquietações dos tempos apocalípticos em que vivemos. Conferência de hora e meia. Depois de nós, falaram sobre o papel dos caravaneiros e, agradecendo as despedidas, o Marcelino Queiroz e o Raimundo Mendes.

D. Olga Lopes incorpora o Espírito de Bernardo Reis de Almeida, muito conhecido na terra, que vem cumprimentar-nos.

Presente à sessão, o pastor protestante, ainda com equimoses da agressão sofrida nas vésperas, de católicos enfurecidos contra o ex-padre Gioia, hoje também pastor protestante, em pregação na terra.

*

Manaus é, na verdade, uma bela cidade.

Ainda conserva, a despeito de tudo, galas do passado.

Sem água suficiente, malgrado a massa líquida que lhe beija as plantas; sem luz e poucos bondes. Só vimos bondes da municipalidade, a intervalos longos.

Uma cidade que agrada.

Claro que, preocupado com o movimento espirítico, não tivemos tempo de percorrê-la e visitá-la suficientemente. Só estivemos, em visita, no seu bairro comercial, na sua imprensa, no seu cais movediço, no Parque 10 de Novembro e no Aviário Municipal.

Manaus foi uma bela surpresa para nosso espírito.

E seu meio espírita, uma revelação!

*

Posteriormente, damas amazonenses fundaram — e disso nos deram conhecimento — a "União das Mães Espíritas Marília Barbosa".

Fomos a Belém, a Manaus. Passamos, voando, pelo rio-mar, mas não conhecemos o Amazonas senão a distância, muito do alto, vendo-o como grande massa de asfalto.

Fica-nos faltando o conhecimento do Amazonas para o nosso "batismo de brasilidade" ser completo!

De novo, Belém e São Luís

Quando, na manhã seguinte, às 5 horas, o auto chegou ao hotel, com o Marcelino Queiroz, senhora e filhinho; com o Raimundo Mendes e o Luiz Burgos, já nos encontrara à porta, de bagagem arrumada, prontos.

Mas o Catalina só levantou voo às 7 horas.

Duas horas depois do horário.

Chegamos em Santarém às 10h40.

Almoço. O fígado, que vinha, até aí, muito comportado, entrou a protestar. A vista fugiu-nos. Por mais de meia hora, ficamos vendo nas trevas, quase, pois tudo se nos embaralhara diante dos olhos.

Tivemos que passar para outro avião, que levantou voo às 11h15.

A chegada, a Belém, às 16 horas.

Um ônibus especial a nossa espera, lotado com trinta confrades.

Recepção festiva.

A despeito de nosso cansaço e dos protestos do fígado, levaram-nos para o *Caminheiros do Bem*.

Só então é que vimos a velha irmã e amiga, D. Elmira Lima, poetisa muito conhecida, e das melhores.

Estava, até ali, magoada conosco e vendo com olhos canhestros a Caravana.

Era o encerramento das aulas.

Tivemos até que entregar o certificado a alunos.

E saímos logo, sob palmas de todos, para a agência da Aerovias, a fim de providenciar nossa passagem de volta para S. Luís.

*

O jantar, novamente com o Osvaldo Pacheco Dilon na intimidade, ofertado aos caravaneiros. E transcorreu com o mesmo espírito de alegria e cordialidade.

À noite, a última conferência, na União Espírita Paraense.

A conferência da despedida, baseada no tema *Unidos, Venceremos*. Conselho, aliás, de um Espírito, numa reunião de efeitos físicos a que já assistimos, em Uberaba.

Concluímos, exaustos, lendo, em *O Livro dos Médiuns*, as últimas e substanciais recomendações de Allan Kardec (cap. 29, § 350) sobre o Espiritismo Cristão.

Depois, uma bela página de despedida do Osvaldo Pacheco Dilon. Outra, da Lúcia Ramos Pinto, e, ainda outra, um tanto pessimista, de José Mesquita. O prof. Álvaro do Nascimento fala por último, transmitindo as saudades dos irmãos paraenses. D. Elmira Lima profere a prece final, encerrando-se a sessão depois das 23 horas.

*

No dia seguinte, a viagem para S. Luís.

Às 8 horas, o ônibus para nos levar.

E iam ficando mais coisas nossas, esquecidas!

Outro ônibus, à parte, da União Espírita Paraense.

E todos vão cantando hinos e canções espiritualistas, a partir da "Canção da alegria cristã", até Val de Cães. Aí, muita alegria, fotografias, vibração.

D. Elmira Lima então se abre: não fora, no início, por não confiar neste Espiritismo do qual somos papa, e o Oli de Castro, cardeal. Ademais afigurou-se-lhe uma cata de recursos fáceis para mais um livro de Leopoldo Machado. (O livro, na verdade, aqui está. Mas fáceis os recursos?) Tudo, trabalho de seus obsessores...

E ela diz tudo isso com muita naturalidade.

Rimos a valer, nós, ela e os demais, que nos ouviam!

*

O Minas Gerais, da Aerovias, decolou às 11 horas.

Foi o voo mais tumultuoso que tivemos em toda a excursão.

Voo de 3h15, muito agitado.

E que nos agitou, ainda mais, o fígado!

Aterrissamos no aeroporto de S. Luís às 14h15.

À nossa espera, o Anibal Oliveira, a Laide Catanhede, a Margarida Rocha e irmã, o António Martins e mais duas irmãs, lotando uma caminhonete, que rolou para a casa do primeiro.

*

Compareceram todos os membros da Comissão Reorganizadora, que não se havia reunido, nem uma vez, para tratar do assunto unificador.

— Mau! mau! Será que vocês desejam mesmo que eu volte para o ano, conforme minha promessa, só para puxar-lhes as orelhas?

*

À noitinha, na rádio *Ribamar*.

D. Elgita mantém aí um programa radiofônico, doutrinário e agitado, que nos cedeu inteirinho.

A despeito de muito cansado e com o fígado em protestos, não foi possível recusar. Falamos, então, sobre o sentido pedagógico da obra de Allan Kardec, para a demonstração clara de que o Espiritismo é, sobretudo, obra pedagógica, obra de educação.

De saída, D. Elgita nos garante que recebera uma comunicação do Espírito da Verdade, dizendo que o ciclo das trevas e desgraças vai começar. Será assinalado por verdadeiras levas de padres, que deixarão, obsedados, as igrejas e vão para os centros espíritas, onde serão curados.

— Vai começar, ou já começou?

De saída, o António Martins ainda nos quer levar, de automóvel, para o último passeio na cidade.

— Não. Estou exausto e meio doente. Agora, descansar, para a viagem de amanhã.

A ÚLTIMA ETAPA

A última etapa da *Caravana da Fraternidade* foi em Belo Horizonte e Pedro Leopoldo.

Terminou onde devia.

De um congresso mineiro, saiu o primeiro movimento de unificação.

Em Pedro Leopoldo, seria justo ouvissem os caravaneiros, de irmãos seus, maiores, que nos veem de mais alto, como se teriam desobrigado das tarefas redentoras que lhes foram cometidas do Alto.

*

O "Espírito Santo", da Aerovias, levantou voo, ao amanhecer, de S. Luís do Maranhão. Depois de dez horas incompletas de voo, em Belo Horizonte... E, à noite, tendo os caravaneiros repousado cinco horas, em Pedro Leopoldo.

Milagre da civilização do século XX, que não realizou, ainda, o milagre maior e mais fácil: acabar com as guerras, propiciar à Humanidade a solução do problema de sua felicidade mesma; fazer, pelo menos, que os espíritas se aproximem e se compreendam melhor...

*

Na Pampulha, irmãos queridos a nossa espera, a despeito do quase imprevisto da chegada. Lotaram um ônibus e quatro automóveis.

E mais abraços e cordialidades, bem iguais aos que, por toda parte, andaram os caravaneiros recebendo. Confrades e irmãs queridas, jovens e mais velhos, todos, ansiosos de entrar no conhecimento dos pormenores da excursão. Principalmente, no tocante aos propósitos dos irmãos visitados.

— Os melhores propósitos, não há negar. Todos anseiam a mesma coisa, ainda que perlustrem caminhos aparentemente dessemelhantes...

*

A sessão no *C. E. Luís Gonzaga*, em Pedro Leopoldo, foi longa. Só depois de tiradas umas quinhentas receitas pelo Chico Xavier e seu irmão, André, vieram as mensagens para a Caravana. Apenas duas: a mensagem do Emmanuel e um belo soneto do Amaral Ornellas. Duas coisas muito significativas a assinalar: somente os dois grandes Espíritos não estiveram em contato, através de médiuns insuspeitíssimos, com os caravaneiros, durante a excursão. Os outros, que compõem a Caravana Invisível, como afirmaram e demonstraram eloquentemente — Guillon Ribeiro e Cairbar Schutel, José Petitinga e Humberto de Campos, Viana de Carvalho e Bezerra de Menezes, Fred Fígner e Catulo Cearense —, encontraram oportunidades para trazer-nos seu incentivo. E no belo soneto de Ornellas — irmão querido com quem mantivemos a maior cordialidade no plano material —, frisa o autor, o 40º dia de nossa tarefa! Quarenta dias exatíssimos, em que nenhum de nós havia posto atenção! É uma prova que ele, o Espírito querido, excursionara, como tantos, conosco.

*

No dia seguinte, um almoço muito íntimo e fraterno na SOPA DOS POBRES. Uma gentileza sem nome e uma alta prova de pura fraternidade que os queridos irmãos mineiros oferecem aos três caravaneiros. E foram quatro grandes mesas! Coube-nos a prece de graças por aquele derradeiro ágape do extraordinário programa da *Caravana da Fraternidade*. O Noraldino de Castro faz o oferecimento do almoço, em nome de seus companheiros, e a saudação aos caravaneiros. Francisco Spinelli agradece. Batem-se algumas chapas para maior fixação material do acontecimento. Ambiente em tudo à altura do alto ideal que nos reunia ali, aguardando reunião maior, logo mais, à noite, na *União Espírita Mineira*.

*

E na reunião da noite, o primeiro relato, de público, do que fora a Caravana da Fraternidade ao longo do Norte, desde Salvador a Manaus, com pousada e demora em todas as capitais e mais em Parnaíba.

A presidência da reunião, que atraiu assistentes para repletar, completamente, a sede da UEM, coube ao venerando Dr. Camilo Chaves. A prece inicial, do Carlos Jordão da Silva, que faz o primeiro relato, abrangendo as quatro primeiras cidades visitadas. Depois, Francisco Spinelli. E nós. Entre um e outro relato, a atuação dos moços com números de arte, declamação e canto. Aliás, números apreciadíssimos, na escolha e na dicção, essa coisa nem sempre comum em programas semelhantes.

O jovem Newton Boechat profere a prece final e termina assim a sessão.

Na manhã seguinte, o Noraldino Melo Castro, de quem ficamos hóspedes mais uma vez, leva-nos com a exma. esposa ao aeroporto.

PALAVRAS DO FIM

A Caravana da Fraternidade não foi brincadeira de desocupados.

Tampouco um passeio de turismo em época imprópria, para conhecimento de terras e de gentes.

Foi, antes, uma tarefa bem mais séria do que se pode imaginar.

Do que talvez não tivessem imaginado muitos que lá não foram...

*

Só um interesse muito grande, superior a todas as conveniências da Terra, poderia levar-nos a deixar nosso ginásio, no período mais afanoso da vida escolar, porque na época de exames; e ao Carlos Jordão da Silva, a indústria, em S. Paulo, de que é sócio e propulsionador; e ao Francisco Spinelli, seus interesses no Rio Grande do Sul; e ao Lins de Vasconcelos, a esposa enferma, sua *Gráfica Mundo Espírita*, seu jornal e seus negócios, para sairmos, na estação mais quente do ano, pelo Norte afora, visitando todos os estados, pairando em todas as capitais...

E o que é mais interessante: afora nós, que sempre andamos, graças a Deus, com as finanças avariadas, todos suprindo, da própria bolsa, suas despesas...

*

Todas essas coisas houve mister que as disséssemos em conferências, para que bem ficasse no raciocínio de todos, nosso espírito de sacrifício e as finalidades da Caravana.

Houve mister que as repetíssemos nas sessões íntimas, entre espíritas dirigentes de entidades sociais, para bem focalizarmos o sentido mais alto da excursão, visto como todo o Norte estava indiferente ao Pacto Áureo.

Se não o hostilizavam abertamente, não tomaram conhecimento de sua existência.

Basta salientar que, durante um ano inteiro, nenhuma filiação veio do Norte.

E os dois núcleos filiados ao Conselho, nenhum perfeitamente integrado...

*

— Só mesmo indo-se ao Norte!

— Mas quem? Onde a pessoa com engenho e arte para tão difícil missão? E com a devida habilidade para dirimir questões e mostrar vantagens do Pacto Áureo?

Foi aí que repontou nosso nome.

E o ilustre presidente da *Federação Espírita Brasileira* nos sugeriu, por telefone, em fins de 1949, uma excursão ao Norte.

Só seria possível no ano seguinte.

A querida esposa havia desencarnado e nós havíamos voltado à direção do Ginásio.

Se a viagem podia, até, atenuar nossa saudade, nossa falta no Lar de Jesus e na direção do ginásio...

*

Fomos, efetivamente, em fins de 1950.

Não cremos que, no momento, outros espíritas pudessem, em nome de qualquer entidade social, espírita, realizar tanto quanto realizou a Caravana.

Nós, de nossa parte, fizemos o que pudemos...

E parece que até o que não podíamos...

Francisco Spinelli, ao apertar-nos a mão, na despedida, à porta da *União Espírita Mineira*, em Belo Horizonte, disse-nos:

— Deixei para dizer-lhe agora, no fim da excursão, ao despedir-me. Você realizou, efetivamente, um trabalho verdadeiramente admirável. Trabalho de muitos homens fundidos numa só pessoa. Excedeu-se a si mesmo. Deus lhe há de pagar.

— Eu só? E o trabalho de vocês? Em tão boa companhia, quem não realiza milagres e prodígios de fraternidade?

E Deus nos pagou generosamente, e de muitos modos.

Pagou-nos, levando o querido companheiro a reconhecer, sem inveja e inferioridades espirituais, o trabalho do irmão de lides caravaneiras; pagou-nos com a graça de tantas amizades puras que andamos atando na excursão; pagou-nos, conservando equilibrada nossa saúde até a volta a penates; pagou-nos com a grave enfermidade que nos enviaria depois, se é certo que "Deus só envia males e sofrimentos aos filhos mais queridos"...

E com que profunda saudade aqui relembramos nossa última e melhor excursão de propaganda da Doutrina, que tudo nos é na Vida!

Com que profunda emoção lembramos essas pagas todas!

3

Interferência do Alto

Caravana da...
Manjares espirituais
Novo encontro...
Recado da Marília...
Em Parnaíba...
Versos de Catulo...
Mensagem de Emmanuel
Observação...
União, soneto de Amaral Ornellas

CARAVANA DA...

Nós mesmos, quando inserimos em *O Mundo* uma nota sobre a excursão ao Norte; quando permitimos a reportagem adiante inserta, designamo-la de *Caravana da Cordialidade*.

Tanto que os irmãos de Natal puseram até na rua, no dia da chegada, o convite seguinte, em papeluchos a cores.

AO POVO

> Convidamos ao povo em geral para assistir à grande concentração espiritualista que se realizará nesta cidade, por ocasião da chegada a esta capital da "Caravana da Cordialidade", que ora excursiona por todo o Norte do Brasil, no cumprimento do "Ide e Pregai", recomendado pelo Cristo de Deus.
>
> São tribunos, jornalistas, escritores, que colocaram o seu verbo e a sua pena a serviço do Espiritismo, no ideal iluminado do trabalharem por "UM MUNDO NOVO COM JESUS".
>
> Os caravaneiros chegarão a Natal no próximo dia 21, terça-feira, devendo realizar palestras e conferências públicas acerca da Doutrina Espírita.
>
> Aguardai, irmãos, a ilustre COMITIVA DA FRATERNIDADE.

*

Procedemos assim por achar que a cordialidade é mais fácil de colimar-se do que a fraternidade, ainda mesmo entre espíritos e espíritas sinceros.

— Não é cordialidade, é fraternidade; é CARAVANA DA FRATERNIDADE — diz-nos o prezado confrade Carlos Jordão da Silva. Trago até uma longa mensagem de Bezerra de Menezes, recebida pelo Ary Casadio, sobre o assunto.

E meteu-nos entre mãos o opúsculo, muito bem impresso, em oito páginas, a matéria derramada por seis colunas compactas. Na página de fora, em rubro e laranja, esta apresentação, corpo alto:

> PARA QUE O BRASIL SEJA, REALMENTE, A PÁTRIA DO EVANGELHO, NECESSÁRIO É QUE CUMPRAMOS O NOVO MANDAMENTO:
> "QUE VOS AMEIS UNS AOS OUTROS, ASSIM COMO EU VOS AMEI". — JESUS

*

O opúsculo foi distribuído pelo Norte afora.

Bela mensagem, expressiva e clara.

Dela, destacamos, principalmente, os trechos seguintes:

> E o fato de uma Caravana de abnegados irmãos estar em tarefa tão importante nestes dias, vem refletir, claramente, que *o apelo vindo do Alto foi bem ouvido e foi bem compreendido*. E esta Caravana, que se pode chamar *Caravana da Fraternidade*, levou, ainda há pouco, ao Sul do país, uma palavra de Fé, uma palavra vivificante, que convida a todos ao exercício da unificação.

> A consciência evangélica, que preside os destinos de nossa Doutrina, é uma voz a repetir, chamando os homens de boa vontade ao trabalho da redenção dos povos.
>
> [...] *esta, que, no momento, realizamos*, é a unificação cristã. Por isso, já agora, podemos contemplar as necessidades sociais do mundo com os corações cheios de esperanças, com espíritos cheios de fé, porque o nosso número se avolumou, porque a nossa vontade floresceu, porque sabemos que estamos assistidos pelo nosso Mestre, nosso Senhor Jesus Cristo.

E no verso do opúsculo: VIVER EM ESPÍRITO, TRABALHAR NO ESPÍRITO, AMAR COM ESPÍRITO.

Bezerra de Menezes, o luminoso autor da mensagem.

O médium Ary Casadio acompanhou-nos até Fortaleza, atuando, em todas as reuniões, mediunizado, com excelentes mensagens e comunicações, por todos ouvidas com enlevo e cheias, todas elas, de lições de Doutrina, formosos ensinamentos, veementes apelos à unificação e à fraternidade.

Foi, indiscutivelmente, uma possante maleável antena sempre em sintonia com os Espíritos, nossos companheiros, componentes da Caravana Espiritual.

De Salvador a Fortaleza, houve programas em que o médium atuou, transmitindo mensagens que valeram por verdadeiras conferências.

Muitas seriam dignas de ser taquigrafadas e aqui figurarem como páginas das mais brilhantes, como lições das mais profundas.

Infelizmente, os rascunhos que andamos apanhando, aqui e ali, não são suficientes, não satisfariam.

Desse médium, assinalamos, principalmente, as magníficas interferências mediúnicas nas reuniões admiráveis relizadas em casa de D. Adelaide, a médium vidente mais completa que já conhecemos até hoje.

Manjares espirituais

D. Adelaide Ferreira foi a médium vidente mais extraordinária que já conhecemos, conforme pusemos em nosso *Ide e pregai...*

Dez anos depois, de passagem por Maceió, encontramo-la com as faculdades mediúnicas mais aprimoradas.

Foi na tarde de 9 de novembro, que nos recebeu — a nós e aos companheiros da *Caravana da Fraternidade* — intimamente, na sala de refeições de sua residência. Conosco, irmãos alagoanos: Fernando Malta de Campos, de quem éramos hóspedes; D. Noeme Barbosa, diretora do *Grupo Escolar António Pombo*, entre poucos mais.

Fomos, efetivamente, esperando algo...

Mal sabíamos, entretanto, que nos seriam servidas iguarias espirituais das mais finas e saborosas. Iguarias, ou flores celestiais despetaladas sobre nós, por irmãos queridos da Caravana invisível, por intermédio da mediunidade de D. Adelaide e do Ary Casadio, companheiro de Caravana.

Contaremos, embora superficialmente, como isso foi.

Tratava-se, apenas, de uma visita ligeira, alegre e fraterna. Assim, não houve nenhuma preparação natural, nem a concentração exigida nas sessões espíritas normais.

Conversas sobre o programa da véspera, e troca de impressões sobre o primeiro contato da Caravana com os irmãos alagoanos.

Diz-nos, então, a médium, naturalmente:

— D. Marília esteve lá, ao seu lado, durante a conferência. Veio até mim, sorrindo, abraçou-me, dizendo que já me conhecia...

E, noutro tom, comovida:

— Está chegando agora, muito satisfeita, com sua mãe, uma velha simpática, D. Luíza Ferraz de Almeida, a *Mãe Iza* da família, e sua grande amiga. Com D. Maria Gonçalves Duarte Santos, esposa de seu grande amigo de Lisboa, Sr. Isidoro, e de seu irmão, Anísio Almeida, que é muito seu amigo...

— Todos, gente muito de meu coração. Nem sei como agradecer a Deus e a eles tantas graças.

— D. Marília diz que assistiu às palavras no ato de seu enterramento. Principalmente as do Sr. Amadeu Santos. Gostaria que você tivesse falado...

— Eu?! Com que forças, ai de mim! Quer perguntar ao Anísio se ele quer ditar as quadrinhas que fez para mim, na sessão de Pedro Leopoldo, que não pôde ditá-las, pelo Chico Xavier, por ter estourado o tempo?

— Não quer. A ocasião não é para isso. Enviar-lhas-á a seu tempo...

E continuou, precisando muito as palavras:

— Agora, um padre e seu sacristão: padre Diogo e o Miguel. O padre diz que veio cumprir a promessa feita, há dez anos, de que, um dia, lhe daria provas de sua gratidão. É o padre que andava mal-assombrando a Escola Brasil, de Santa Cruz, cujo professor procurou o senhor, pedindo auxílio, lembra-se?

Lembrávamos, sim.

— Está dizendo que, na sua ignorância e desregramento, raptara a mulher do sacristão, a Maria Joana. E que o Miguel, que era o sacristão, por saber da ligação ilícita dos dois...

— Roubava-lhe as moedas, o dinheiro. É fato. Atendendo ao pedido angustiado do professor, que não podia lecionar, apavorado por tanta assombração, doutrinamos os três, que se tornaram bons amigos. O padre, então, prometeu-nos que, um dia, daria mostras de seu reconhecimento. Ali estava o cumprimento de sua palavra, dez anos depois...

A seguir, enche-se a sala de Espíritos amigos. Uns, desconhecidos, e outros, afins conosco e com os outros confrades. D. Adelaide entra a nomeá-los: José de Souza Gaia, de Cafelândia; Benedito Bezzi; o padre Frederico do Amor Divino, um de nossos melhores amigos na Espiritualidade; Bittencourt Sampaio e Frederico Júnior; Frederico Fígner e António Lima. Este, manda-nos um recado: "Diga ao Leopoldo que meu telégrafo, agora, é sem fio". Referia-se ao seu último livro, *Pelo telégrafo sem fio*. Aura Celeste e a poetisa Cármen Cinira...

Agora, manjares do Céu para a Caravana da Terra.

D. Adelaide descreve a presença de um Espírito, grave e discreto, que chegara, cumprimentando, sereno, todos. É Guillon Ribeiro. O médium Ary Casadio sente-lhe a aproximação. Incorpora-o. O Espírito dá, então, linda mensagem. Os modos comedidos, a maneira de expressar-se, as palavras e o estilo, as expressões e os conceitos, tudo, tudo, do ex-presidente da *Federação Espírita Brasileira*. Diz, então, que a Caravana da Fraternidade fora articulada na

Espiritualidade, que há outra Caravana, invisível, de que é ele um dos caravaneiros. Anima e felicita, emocionado, os caravaneiros, augurando-lhes sucessos sobre sucessos. E põe-se a nossa disposição para qualquer explicação e esclarecimento...

Tomamos para nós o oferecimento do ilustre Espírito.

É que o Carlos Jordão nos havia dito era o Guillon um dos que haviam articulado, na Espiritualidade, nossa Caravana. Pusemos nossas dúvidas, em face de seu espírito muito reservado, sempre fechado a ideias e planos que viessem de fora, decorrendo, talvez, daí a falta de afinidades que sempre existiu entre nós, embora sempre nos tratássemos respeitosamente, afetuosamente. Ali estavam as provas de que via, agora, melhormente, as coisas, por as ver de mais alto, integrando a Caravana invisível para a missão gloriosa de confraternizar, unir e socializar mais os espíritas. Agradecemos sua oportuníssima e bela mensagem, confessando-nos satisfeitíssimos e esclarecidos...

— E se viessem os outros caravaneiros da Espiritualidade? — perguntou-se.

D. Adelaide descreve agora outro Espírito, que incorpora o Ary. É o Cairbar Schutel, querido irmão e amigo, que consideramos o maior espírita do Brasil até o presente. Frisa que será breve. Sua mensagem, com o mesmo espírito de síntese, com a mesma linguagem e objetividade de seus escritos. Termina, desejando que, "por onde passe a Caravana, fique em cada canteiro uma flor de vosso trabalho".

Satura-se o ambiente de mais suavidade e doçura.

Agora, outro Espírito desconhecido da médium, manso e bom, que incorpora, facilmente, o Ary Casadio. Ergue-se, caminha até nós e fala com voz diferentíssima, pausada e ponderadamente. Salienta que, "quando se vai à casa de estranhos, para-se e bate-se à porta. Mas, em casa de amigos, entra-se com familiaridade". Foi o que ele fez. E profere palavras de animação e conforto, focando a grandiosidade da obra da Caravana, modesta e humilde na sua aparência, e talvez por isso mesmo, de resultados admiráveis, como se verá. Era José Petitinga, o querido irmão e amigo que nos empurrou, há trinta anos, para o Espiritismo. Tudo: a descrição da vidente, sua voz suave, suas palavras, pausadas e pensadas, a maneira de dizê-las, certa atitude que, ao falar, suas mãos assumiam; tudo identificava o grande espírito, de cuja familiaridade desfrutáramos.

— Chegou Humberto de Campos — diz a grande vidente.

O Ary Casadio incorpora-o.

O querido Espírito começa dizendo que vem fechar o desfile de sombras amigas.

Di-lo assim: "Aquela cachoeira[5] tem proporções gigantescas, atinge a bilhões de litros de água, que se despenca em segundos pelas cataratas medonhas, com violência incrível, revelando uma força dominadora, terrível, apavorante; força, porém, que ninguém lhe nega, que está à vista, perceptível a todos que dela se queiram aproximar. Um dia, decidiram aproveitá-la, e, por indomável que parecesse, por temerosa que se apresentasse, o homem planificou tecnicamente o seu domínio, formando gigantescas barragens que se estendem por quilômetros; tubulações

[5] Referência à Cachoeira de Paulo Afonso, que havíamos visitado.

medonhas que penetram as entranhas da terra; muito trabalho, muito suor e muita luta; mas essa força extraordinária será convertida em força organizada, formando um lago, um mar tranquilo que se despeja pelas turbinas gigantescas e, estas, em seu rodar rítmico, acionam dínamos donde potenciais controlados por trabalhadores e aparelhamentos modernos distribuem luz e força para conforto e bem-estar do próprio homem. Assim é o Espiritismo; força extraordinária, incalculável, que se apresenta sempre com maior pujança, oferecendo aspectos os mais variados e maravilhosos, dentro de matizes e policromias espirituais os mais diversos; contudo, até agora, o Espiritismo não se achava no curso de seu real aproveitamento, porque, força dispersa, apenas se tornara testemunho de boa vontade e ensaio de dias venturosos mui remotos. Agora, porém, os técnicos do Céu convocaram os trabalhadores da Terra de Santa Cruz para construírem a usina dessa Paulo Afonso Espiritual e, pelo esforço e pela luta, cavarem o solo das imperfeições e construir a grande barragem; captar o líquido dos Céus que é a "água viva" e com ela movimentar o dínamo dos corações, donde se extrairá a força para iluminar as consciências e para impulsionar as humanidades na marcha ascensional para Deus.

Nisso consiste a 'obra de unificação', obra de entendimento, obra de fraternidade, obra de compreensão, porque ela é, em suma, obra do Cristo.

Está, pois, em marcha triunfante, o movimento de unificação do Espiritismo no Brasil... Ele se processa segundo os imperativos da própria Doutrina, pelo alerta de consciências, pelos impulsos do coração. Não há impositivos, porque a Doutrina Espírita não é dogmática; não há ordens a cumprir, porque a Doutrina Espírita não tem chefes; não tem hierarquia; o espírita tem um chefe comum, que é seu irmão maior: JESUS CRISTO, e, para atender-lhe a vontade e lições, basta que cumpra o que Ele, Jesus, ensina no Evangelho.

Tais são as diretrizes da Doutrina capaz de salvar o mundo".

Maravilhosa, a mensagem do grande Espírito que não conhecemos pessoalmente, embora andássemos — quando ele, feito o Conselheiro XX, escrevia galantarias — posto lhe andássemos enviando colaborações no gênero para a sua *A Maçã*, com pseudônimo, que ele publicava com destaque.

E toda a Caravana invisível, menos o querido Emmanuel, viera quase até nós, por misericórdia e de acréscimo, e pela mediunidade de dois médiuns excepcionais, trazer-nos confiança do Céu e bênçãos espirituais.

Graças a Deus!

Carlos Jordão profere sentida prece de graças.

Saímos dali mais leves, saturados de espiritualidade, mais animados e mais compensados de tudo.

Novo encontro em casa de D. Adelaide

Voltamos à casa de D. Adelaide, na véspera de nossa partida de Maceió, para as despedidas.

Conosco, ainda Malta de Campos, o Erasmo Porangaba, sua sogra. Os dois últimos, maleáveis médiuns sensitivos e de incorporação também.

D. Adelaide diz que as sombras amigas assistiram, na véspera, à conferência.

O primeiro a chegar é Bezerra de Menezes. O Erasmo incorpora-o. O grande Espírito improvisa magnífica apologia à paz. E fala sobre a natureza e finalidade da Caravana, terminando com emotiva prece. Surge, então, aos olhos da grande médium, uma linda criança, desfraldando um lábaro com o dístico *Paz e Fraternidade*.

Fred Fígner mediuniza, agora, Ary Casadio. Fala como intérprete de irmãos seus, invisíveis. E salienta as facilidades que os caravaneiros encontrarão pelo Norte afora, dada a assistência do Alto com que conta a Caravana. O Espírito acentua: "Observai a lição do rio. Forma-se de olhos d'água. É um filete a princípio. Depois, engrossa, cresce, abre sulcos na terra, alastra-se. Adiante, forte e volumoso, despenha-se das alturas, formando cachoeiras, disseminando força, alagando terras. É o rio. Esta, a Doutrina que os leva ao Norte. E, do Norte do Brasil, inundará o país. E, depois do Brasil, inundará a Terra inteira".

Veio a Marília, muito emotiva, pelo Porangaba.

Ela, em tudo, efetivamente.

E disse: "Deus permitiu que também viesse ao vosso encontro. Só a presença de meu companheiro entre vós justifica minha permanência ao vosso lado". E sua comunicação desborda por aí afora, alongando-se doutrinária e bela, para terminar assim: "A verdadeira felicidade está na unificação dos espíritas, nas tarefas do Bem".

Um Espírito incorpora D. Joana Vidal, a sogra do Porangaba, muito grato ao Espírito que dera a comunicação anterior. Espírito que segue àqueles na Espiritualidade, chefiando uma grande malta de famintos de Luz...

Maria Helena foi uma criança internada no Lar de Jesus, onde morrera, de que falamos no prefácio do *Iluminação*. Incorpora o Porangaba e vem a nós. Beija-nos, gratíssima, as mãos, a dizer: "Se já falaram os grandes, porque não posso eu, pequenina e fraca, dizer de minha ternura ao papaizinho".

E o Espírito comoveu a todos, no seu terno linguajar de criança.

A visita inesperada de um cidadão põe remate à sessão, que transcorria magnífica e vibrátil...

Recado da Marília,

TRANSMITIDO POR. D. HELENA VALENTE,
NA TARDE DE 17/11/1950.

O *médium* incorporou o Espírito tão bem que até o timbre de voz da querida morta assimilou.

"Leopoldo, meu filho:

Estou verdadeiramente admirada com o que vejo e sinto neste ambiente de João Evangelista!

Aqui existe, realmente, paz e harmonia. Aqui, sabe-se praticar a verdadeira fraternidade cristã.

Cultive, meu filho, a amizade desta gente. Colabore com eles em tudo o que você puder. São obreiros do Senhor compenetrados de seus deveres cristãos.

Eu e Maria Gonçalves Duarte Santos estamos acompanhando, também, a Caravana. E como nós, meu querido, tantos amigos nossos, que você não pode calcular.

Sou muito feliz.

Diga aos que nos são caros que eu sou muito feliz. E que procurem construir, na Terra, sua felicidade futura. Lembrem aos nossos filhinhos do "Lar de Jesus".

Em breve, estaremos, meu querido, juntos, novamente, em outro plano, e seremos pais espirituais de muitos filhos.

Continue trabalhando muito na Seara do Mestre. Não pare. E creia que eu estou sempre consigo, acompanhando-o nesta Caravana, como em tudo.

Que Deus abençoe a você e a seus companheiros, na grande tarefa da Unificação.

MARÍLIA."

Em Parnaíba

Recados recebidos no *C. E. Vida e Progresso*, na tarde de 26-11-50, pelo médium Alarico Cunha, intelectual da terra. Esse médium tanto escreve as mensagens da esquerda para direita, como vice-versa, e na caligrafia que o Espírito comunicante usou na Terra.

Meus queridos irmãos da nobre Caravana da Fraternidade.

Como poderia deixar de agradecer-vos a fraterna amabilidade e generoso conforto que destes à minha santa mãezinha — a velhinha súplice e humilde que encontrastes em Fortaleza.

Meus irmãos, não tenho dúvida quanto ao êxito de vossa missão, porque ela é a síntese do que já vos tenho dito através do médium de Pedro Leopoldo. Que Deus abençoe a vossa obra de Unificação e de amor... pelo planeta, no plano da carne... HUMBERTO DE CAMPOS.

(A letra, exatamente a que usava o escritor).

*

Rulo não podia calar o desejo de saudar a brilhante Caravana que aqui se apresenta. E, com os meus companheiros, uno-me a eles com a melhor boa vontade. Parabéns, amigos dos Centros. Parabéns. RULO.

(Caligrafia absolutamente diferente da anterior.)

*

Meus queridos irmãozinhos:

Não avaliam quanto me sinto feliz em ter a oportunidade de vos saudar, aqui, numa fraternal vibração de paz e de amor, ao lado dos meus maiores amigos da Caravana que chamam universal. O vosso irmão Bezerra anda conosco, e foi o velhinho que o médium Alarico viu na visita que fizestes ao Proventório, agora mesmo. Paz e sempre paz, meus amigos. ANTÓNIO DE PÁDUA.

(Caligrafia muito miudinha.)

*

Comunicação recebida com muita rapidez, no verso do papel, da direita para a esquerda, lida, apenas, diante do espelho.

Meus amigos:

Estou satisfeito com a oportunidade que se me oferece, neste momento, de assistir a estes trabalhos em que o nosso Guia teve ocasião de saudar a Caravana que nos visita. À noite, voltarei com Humberto, para ouvi-los. PROPECIO.

*

Mensagem de *Humberto de Campos*, recebida no Centro Espírita Perseverança no Bem, na cidade de Parnaíba — em 28 de novembro de 1950, pelo médium Alarico da Cunha, que no-la enviou, depois, para S. Luís, Maranhão.

Meus caros irmãos:

Naquela tarde serena e magnífica de Parnaíba, presente ao "Grupo Espírita Vida e Progresso", pretendi fazer dois agradecimentos distintos à "Caravana da Fraternidade". Mas fui interceptado por vários irmãos deste plano, que se aglomeravam em arrufos de impaciência, plasmados de emoções. Nas apostilas do meu novo livro ainda inédito, com o pseudônimo Irmão X, apontarei como dogma a resenha do trabalho eficiente da venturosa Caravana. Reitero agradecimentos pela visita e abraços ao meu cajueiro, que representa, no plano físico, um resto vivo no reino vegetal de minha existência material; um grande pedaço insensível e, ao mesmo tempo, sensibilizado do meu coração. Capitulando diante do edito misterioso, que se me apresentava no Templo de Ismael, quando declinava mais um dia de trabalho em prol da nova geração, deixei de prosseguir com a mensagem. Poucas foram as palavras que consegui psicografar, desataviadas do calor da retórica, mas impregnadas do lampejo de minha solidariedade amiga. Desejo, entretanto, deixar patente que acompanho com viva satisfação o trabalho edificante do irmão Leopoldo Machado e o de seus abnegados companheiros de peregrinação. Tenho estado sempre presente a eles, e aqui consigno a minha adesão à luminosa ideia dos Mensageiros do Mestre que os inspiraram.

HUMBERTO DE CAMPOS

Alguns versos mediúnicos de Catulo da Paixão Cearense, recebidos pela médium D. Niquinha Nogueira. Declamados, na reunião de 2/12, no C. E. Maranhense, pela filha do médium, senhorita Luizi Nogueira.

Em nossa humilde casinha,
Onde a Paz se agasalhou,
É bem-vinda a Caravana
Que do Rio nos chegou.

Seja bem-vinda entre palmas,
Que se alastraram sinceras,
Tendo o sonho da alegria
Perfeita, de outras esferas.

Onde a magia divina,
Repleta de todo amor,
Nos faz sentir o progresso
Da Doutrina do Senhor.

Entre as grades do presídio,
Em que vivemos, irmãos,
Sejamos todos unidos,
Sejamos todos cristãos.

Sei que a vida elaborada
Lá no plano alabastrino,
É perfeição e harmonia
Do Santo Poder Divino.

Sejam bem-vindos, irmãos,
A esta casinha que tem
A humildade e a pobreza
Da Lapinha de Belém.

Não temos ouro nem prata.
Por ornato, temos fé
Semelhante à casa pobre
Do carpinteiro José.

Tudo aqui é sempre pobre.
Nossa modéstia nos deu
Conhecimento do Cristo,
Quando na Terra viveu.

Temos gravado no peito
Os ensinos do Evangelho,
Luz clareando os caminhos,
Desde o infante até o velho.
Aqui amamos deveras.
Não costumamos ceder
Aos conselhos do egoísmo
Que nos fariam perder
As moradas lá de cima,
Quando tudo em nós traduz
Todo conforto secreto
Que vem de Deus e Jesus.

Mensagem recebida em Pedro Leopoldo,

EM SESSÃO NO CENTRO ESPÍRITA LUÍS GONZAGA, A 11 DE DEZEMBRO DE 1950, POR INTERMÉDIO DE FRANCISCO CÂNDIDO XAVIER, E DESTINADA AOS CARAVANEIROS PRESENTES.

Meus amigos, muita paz.

Jesus é o centro divino da verdade e do amor, em torno do qual gravitamos e progredimos.

Por se guardarem leais em torno dele, unidos, não só nas plataformas verbalísticas, mas também na fraternidade real e no espírito de sacrifício, os cristãos da epopeia evangélica inicial sofreram, lutaram e amaram durante trezentos anos, esperando a renovação do mundo.

Hoje, o espetáculo é diferente. Não mais tronos de tirania na governança dos povos, e não mais os circos de lama e sangue, exigindo a renúncia extrema nas angústias da sombra e da morte, mas prevalecem dentro de nós as forças escuras da perturbação e da desordem, reclamando o exercício de toda a nossa capacidade de trabalho restaurador do mundo de nós mesmos.

Há uma Terra diferente, aguardando-nos os corações e as mãos na restauração da Vida. E o Espiritismo Cristão, pelos espiritistas, é a luz que deve resplandecer para os tempos novos.

Daí, o imperativo de nossa unificação nos alicerces do serviço. Claro que a *sintonia absoluta de todas as interpretações doutrinárias num foco único de visão e realização é impraticável e, por agora, impossível.* Cada criatura contempla a natureza e o horizonte do ângulo em que se coloca. O semeador do vale não verá o mesmo jogo de luz no Céu, suscetível de ser identificado pelo observador do firmamento situado no monte.

Que os *trabalhadores do bem sejam honrados na posição digna em que se colocam.* O jovem é irmão do mais velho, e aquele que ampara o alienado é companheiro do missionário que escreve um texto consolador. A Doutrina Redentora dos Espíritos é um edifício divino na Terra, e o servidor que traça paisagem simbólica e sublime no altar mais íntimo desse domicílio sagrado de fé *não pode ironizar o cooperador que empunha a picareta,* nas bases da casa para sustentar-lhe a higiene, a segurança e a beleza, muitas vezes, com suor e lágrimas.

Cultuemos, acima de tudo, a solidariedade legítima. *Nossa união, portanto, há de começar na luz da boa vontade.*

Guardemos boa vontade uns para com outros, aprendendo e servindo com o Senhor, e felicitando aos companheiros que se confiaram à tarefa sublime da confraternização, usando o próprio esforço.

Rogo ao Divino Mestre nos fortaleça e ajude a todos nós.

EMMANUEL

OBSERVAÇÃO

Os grifos são nossos.

E sentimo-nos lisonjeados, pois o grande Espírito viu como estamos vendo, exatamente.

Não fomos à CARAVANA fiados no resultado cento por cento, quer para os que estão dentro, quer para os de fora do Pacto.

Seria, efetivamente, desejar muito, e esperar muito mais, ainda, dos espíritas.

Unificar os espíritas em geral?

Seria o impossível.

Nossas vistas foram, de resto, voltadas para as sociedades espíritas, organizadas, na esperança e no propósito de conseguir maior solidariedade entre elas, desejosos, todos nós, de *uma Terra diferente, aguardando nossos corações. E de mãos para o alto, trabalhando na restauração da Vida...*

Dizem que o Espiritismo é obra dos Espíritos.

Mas sem a colaboração dos espíritas, que *o homem é o colaborador de Deus*, seu progresso será demorado.

Ora, se formos tudo esperar dos Espíritos... que não podem fazer tudo, nem devem executar o que nos cabe...

Claro que não se deve esperar uma sintonia absoluta em todas as interpretações doutrinárias, num foco único de Visão...

Fosse isso possível, e o Evangelho do cristão não seria, de dois mil anos a esta parte, a fonte inspiradora de uma série enorme de religiões: várias formas de Catolicismo, as duzentas espécies de Protestantismo, o

Anglicanismo, o Espiritismo... E de muitas outras interpretações novas.

Nem o Espiritismo quer e pode submeter, ademais, todos os espíritas a uma só obediência tipo *perinde ac cadaver*, tal a sua consciência de que "onde reina a liberdade, aí está o Espírito do Senhor".

Muito menos poderia desejar a Caravana da Fraternidade.

Foi ela a campo, no sentido de que — pelo menos socialmente — os espíritas se entendam melhor e mais se aproximem em nome da Doutrina. Esse, pelo menos, o nosso pensamento e propósitos. Por isso mesmo, a ninguém falamos em unidade doutrinária, essa coisa, *por agora, impossível.*

Um dia, porém, desaparecerá o *por agora*, e, então, a unificação doutrinária se fará naturalmente.

*

O certo é que fomos honrados na posição digna em que nos colocamos.

O Norte ainda não tinha assistido a espetáculo igual.

Por isso mesmo fomos, por toda parte, cercados de todo o carinho e nossa obra coroada do maior êxito. É que, sobretudo, e além do mais, a *Caravana da Fraternidade*, sem hostilizar ninguém, não teve ironias para ninguém...

*

Ouvimos, de volta, em Belo Horizonte, e de elemento hostil ao Pacto Áureo, por levá-lo a conta de obra de uma instituição espirítica, que o *ideal da unificação fundou-se e afundou-se em Belo Horizonte*.

Argumento de criança, não há dúvida, na inconsciência de que se pode bem servir ao Espiritismo, ironizando e hostilizando as coisas sérias, o trabalho dos outros...

E seria, esta, uma triste glória para os espíritas de verdade da bela capital montanhesa.

Dizemo-lo, com a autoridade de quem já prestou algum serviço ao Pacto Áureo, sem ser, devidamente, compreendido e acatado pelos que lutam por ele...

*

A Caravana foi ao Norte guiada pela boa vontade, procurando servir bem à Doutrina em si mesma, e não a instituições.

Nós, pelo menos, assim agimos, colocando sempre a Doutrina acima das instituições; estas, acima dos espíritas; estes, acima de nós, desde que pensem, sintam e ajam melhor do que nós...

União

Aos queridos irmãos, Leopoldo Machado, Francisco Spinelli e Carlos Jordão, no 40º dia de *nossa tarefa* de unificação.

Unamo-nos, irmãos, enquanto fulge o dia,
Guiando o arado à frente, em plena primavera,
Pela Fraternidade, a fé nobre e sincera
Edifica, entre nós, o Reino da Harmonia.

O Espiritismo é a luz que se eleva e anuncia
A Nova Humanidade ao sol da Nova Era,
No Evangelho do Amor, que salva e regenera,
Para a renovação da perpétua alegria.

De mãos dadas a Cristo, unidos, venceremos,
Na excelsa direção dos Páramos Supremos,
Onde a Vida Imortal é fúlgido destino.

O Céu espera em nós, para a glória do mundo,
Um rebanho somente em trabalho fecundo,
Uma fé soberana e um só Pastor Divino.

Amaral Ornellas

Psicografado por F. Cândido Xavier, em Pedro Leopoldo (MG), em 11/12/1950.

4

Ata das reuniões

(Excertos a propósitos...)

Excertos de atas sob influência da Caravana da Fraternidade

Em Salvador, reunião na sede da *União Espírita Baiana*, a 2 de novembro de 1950:

"Expostos os fins da reunião, atinentes à fundação da UNIÃO SOCIAL ESPÍRITA BAIANA, para funcionar nos moldes da USE de S. Paulo e de acordo com o Pacto Áureo, levado a efeito a 5 de outubro de 1949, na *Federação Espírita Brasileira* etc".

Ata assinada pelos caravaneiros e mais Abílio Silva Lima, Heitor S. Cardoso, Veriano Raul Pedrão, Manoel Max das Dores, Pedro Domingues Ribeiro, Lourival Guimarães Bomfim, Antônio Melchiades Cardoso e Silva, Eusínio Lavigne, Alfredo Miguel etc. etc.

*

Em Aracaju, reunião de 5 de novembro, na sede do Grupo Espírita Irmão Fêgo:

"...ficando resolvida a fundação da *Federação Espírita Sergipana*, de âmbito federativo estadual e a comissão de organização, todos os representantes presentes à sessão".

Ata assinada pelos caravaneiros e mais José Elson Fontes, José Gonçalves de Oliveira, Francisco Oliva, Neide Albuquerque Mesquita, José Mesquita Neto, Múcio de

Carvalho Andrade, Laura Amazonas, Wilson Lugon, Dálio Ribeiro de Mendonça etc., etc.

*

Em Maceió, reunião na sede da Federação Espírita Alagoana, aos 9 de novembro:

"...ficou resolvido que a FEA, representando toda a família espírita do estado, solidariza-se com o Pacto Áureo etc., etc., etc.".

Ata assinada pelos caravaneiros e pelos representantes de todos os Centros da cidade.

*

Em Recife, sessão no *Instituto Espírita João Evangelista*, de 15 novembro:

"Foi aprovada a seguinte conclusão: todas as Entidades Espíritas nomeadas, de âmbito federativo, acima enumeradas, unificam-se com o referido movimento unificador, ao derredor da mencionada Comissão Estadual de Espiritismo".

A ata foi assinada por Adauto Cavalcante Costa, Luiz Burgos Filho, Tomaz Bomfim, Helena Moreira Valente, Lírio Ferreira, Alfredo Ramos, João Bezerra de Vasconcelos, Elias Sobreira, Isnaldo Vieira Braga, Joaquim Gomes, Maria Estela Gomes, João Martins Cordeiro Campos e pelos caravaneiros.

*

Em João Pessoa, reunião na sede da Federação Espírita Paraibana, aos 16 de novembro:

"...já que, quanto à Unificação, grato é registrar, nada há a referir em razão de existir perfeita e bela harmonia entre todos os trabalhadores da Causa Espírita neste estado etc. ficou resolvido aprovar os seguintes propósitos: 1º) Reiterar integral e entusiástico apoio à *Federação Espírita Brasileira* no que concerne ao resolvido pelo Pacto Áureo de 5 de outubro de 1949, que criou o *Conselho Federativo Nacional*".

A ata foi endossada por todos os representantes dos centros espíritas da localidade.

*

Em Natal, na reunião realizada na *Federação Espírita do R. G. do Norte*, aos 19 de novembro de 1949:

1º) A Liga Espírita do Rio Grande do Norte, representada pelo seu presidente, Felipe Soares de Melo, considera extinto seu funcionamento; 2º) As entidades espíritas adesas à Liga passam a fazer parte do Quadro Federativo da Federação sob os compromissos de regularizarem o processo de adesão etc. etc.

Ata assinada pelos caravaneiros e mais por José Anselmo, Alfredo Lemos da Silva, Abdias Antônio de Oliveira, Sebastião Felix de Araujo, Sebastião Avelino de Macedo, Felipe Soares de Melo, Hilpert Viana e outros.

*

Em Fortaleza, sessão na Federação Espírita Cearense, aos 22 de novembro:

"...foi imediatamente composta uma comissão organizadora, com os seguintes membros: Almir Medeiros, José

Elias Corrêa, Olívio Silva, Isaias Ferreira Pontes, José Borges dos Santos, Benedito Carmelitano, Marsulo Melo e Celso Freitas... Comissão organizadora que supervisionará os destinos da Doutrina Espírita no Ceará, até a definitiva posse da primeira diretoria da *União Espírita Cearense* etc. Confirmou-se, nesta reunião, os propósitos já ventilados, quais sejam o de voltar a Federação Espírita Cearense à sua primitiva denominação de Centro Espírita Cearense, sem âmbito federativo; e de transformar-se em *União Espírita Cearense* a Confederação Espírita Cearense, com caráter federativo, estadual etc".

Ata assinada pelos caravaneiros e mais por José Borges dos Santos, Olívio Silva, B. C. Marsulo Melo, José Elias Corrêa, Isaias Ferreira Pontes.

*

Da mensagem que os espíritas de Parnaíba enviaram a seus irmãos de Teresina:

Os membros da Caravana levam plena outorga para representar as entidades que subscrevem esta mensagem, no movimento em que se levar a efeito nessa capital e que significa uma integração, mais direta e mais organizada nas tarefas da Confraternização, para as quais o Cristo convida a todos por misericórdia. E que Ele, o Mestre muito amado, a todos ilumine e abençoe no caminho das obras construtivas, em sua Divina Seara. Muita paz.

Assinaturas de Francisco d'Abreu, Pres. do C. E. Vida e Progresso; Alarico Cunha, pres. do C. E. Perseverança no Bem.

*

Em Teresina, na reunião de 27 de novembro, realizada na sede do Centro Espírita Piauiense:

"...resolveu-se fundar, nesta data, a *Federação Espírita Piauiense*, sendo fundadores os acima representados, que têm por finalidade congregar todas as sociedades espíritas do estado etc., etc.".

Ata assinada pelos caravaneiros e mais por João Rodrigues Vieira, Heli Rocha Nunes, Raul Dantas da Cunha, Cândido Pereira da Cunha, João Soares de Carvalho, Odorico J. de Albuquerque, Lindolfo Botelho Amarante, João da Rocha Marinho, José Almendra Freitas Filho, António Pereira, Carlos Medeiros de Macedo, João Batista Pilar e outros.

*

Em S. Luís, na sessão de 1º de dezembro, na sede do Grupo Espírita Olhar de Maria, no bairro do Céu:

"...ficou resolvido fundar-se, como efetivamente se funda, nesta cidade, a *Federação Espírita do Maranhão*, órgão federativo estadual, para congregar todas as entidades espíritas existentes dentro do território do estado...".

Ata assinada, além dos caravaneiros, por todos os representantes, mormente pelos irmãos que compuseram a comissão: José de Paula Bezerra, António Vinhais, António Alves Martins, João Batista Guimarães Carvalho, José Mansueto Silva, Plácido Camões, Benedito Braz Cruz e outros.

*

Em Belém, na reunião de 5 de dezembro, realizada na União Espírita Paraense:

"Após o pronunciamento de outros confrades, chegou-se à conclusão de considerar-se a *União Espírita Paraense* único órgão de âmbito federativo estadual, a que todas as entidades presentes ficam filiadas, ou federadas, pelo que se constitui uma *Comissão de Organização*, composta pelos confrades Osvaldo Pacheco Dilon, Cap. Rui Vidal de Araujo, prof. Álvaro do Nascimento, José Antunes, José Francisco Pereira, António Batista, Alberto das Neves Milhomes etc.".

*

Em Manaus, na reunião de 6 de dezembro, na sede da Federação Espírita Amazonense:

"Aceites que foram os fundamentos apresentados pelo irmão, prof. Leopoldo Machado, criou-se, então, a Comissão Organizadora, composta dos seguintes elementos: José de Sales Cavalcante, Artur Marques Gouvêa, Hemetério Cabrinha, Ligier Herculano Barroso, Marcelino Queiroz, Raimundo C. Mendes e Alberto Cavalcante".

(Os fundamentos aceitos baseiam-se na rearticulação da Federação Espírita Amazonense nos moldes preceituados no Pacto Áureo de 5 de outubro etc.)

5

Repercussão no meio espírita

a) Impressões de confrades visitados
b) Item, da Imprensa Espírita

Visita a Plataforma...

Coelho Cruz

Dia claro, apesar das ameaças de mudança do tempo. Às 8 horas, encontrava-me na agência da Aerovias, no sentido de assistir ao embarque de um membro da Caravana da Fraternidade, o Dr. Lins de Vasconcelos, que se dirigia a Aracaju. Em companhia dos demais caravaneiros e de outros confrades, fomos à Igreja do Bonfim, onde, respeitosamente, visitamos aquele imponente templo, em cujo local existe uma quantidade enorme de promessas pagas pelos que, recorrendo à Fé nas horas das aflições, apelaram para o milagroso santo da majestosa colina. Toda a Caravana assinou o livro dos visitantes e foram batidas chapas, que assinalaram nossa presença ali. Não somos intolerantes e sabemos respeitar, religiosamente, as crenças dos profitentes doutras religiões!

Depois, a Mont-Serrat, a Itapagipe, donde rumamos, numa pequena canoa, a Plataforma, visto que o chefe da Caravana, Leopoldo Machado, desejou avistar-se com a casinha na qual morara, quando era menino, e trabalhava como operário na fábrica de tecidos do aludido subúrbio, ganhando, naqueles bons tempos, o "astronômico salário" de Cr$ 6,80 por semana!

De fato, foi feita a vontade do caravaneiro. E, logo após, chegamos à casinha 77. A sua frente perfilava-se para, num sorriso "Colgate", se deixar fotografar, o Leopoldo, que, por sinal, tinha ao seu lado três criancinhas, parte dos integrantes dos atuais habitantes do prédio, sendo que uma das crianças, como é comum no interior do Brasil, denunciava no ventrezinho uma enorme quantidade de vermes, já pela saliência da barriga, já pela finura das perninhas.

Vale lembrar a coincidência de encontrar-se, em uma das janelas da casinha, um faceiro papagaio que, intrigado com tanta gente em sua porta, baixa o pescocinho e, como quem quer segredar algo ao ouvido de alguém, pronuncia à meia-voz, a palavra: *Tabaréu*!

Bebemos ali deliciosa água de coco, enquanto assistíamos a passar um trem, cujos vagões iam apinhados de passageiros e cuja locomotiva, com a caldeira acusando alta pressão, resfolegava, trilho afora, linguajando o dissílabo: Já-vou! Já-vou! Já-vou!

Ainda naquele silencioso subúrbio, foi batida uma chapa do caravaneiro Carlos Jordão, puxando um paciente jumento em cujo dorso o malvado proprietário do bíblico animalzinho colocara três sacos de carvão!

Neste ínterim, encontrava-me junto ao Dr. Spinelli quando uma ave que anunciou o nascimento de Cristo, como também a negação de Pedro, batia asas e, fechando, bruscamente, os olhinhos vidrados, cheio de vida e de entusiasmo, abre o bico e canta: *Está na hora*!

Foi um galináceo de rica plumagem, que nos advertia chegada a hora do regresso, a fim de não desperdiçarmos as curtíssimas horas do inesquecível passeio. Intrigado com a cantata fora de hora, o confrade Spinelli, "italiano da gema", se avermelhara "como se galo fosse". Apressei-me de orientar-lhe que aqui, no Brasil, principalmente nos seus longínquos rincões, os bons relógios de fabricação suíça não eram utilidades de primeira necessidade, de vez que tínhamos excelentes "marcadores da hora certa", representados nas "respeitáveis individualidades" de Suas Excelências: *O Jumento e o Galo!* destacando-se apenas a diferença que o primeiro, precursor do alfabeto da linguagem portuguesa, limitava-se, apenas, a pronunciar, aliás com ênfase, as letras vogais: a, e, i, o, u. Enquanto o segundo, mais esforçado, em vez de vogais, pronuncia sílabas, soletrando-as: *Có-Có-Ró-Có!*

De regresso de Plataforma, visitamos o Centro Espírita Estrela de Jacob.

Após a variedade de sensações com a primorosidade do passeio, fomos, depois, conjuntamente, devorar o almoço do Abílio, em cujo lar confundia-se a fidalguia de trato dos elementos da família com os apetitosos quitutes que ainda nos deixam água na boca!

Às 14 horas, a Caravana dirigia-se à sede da União Espírita Baiana, onde discutiram e aprovaram, em mesa-redonda, o pacto de federalização de vários Centros dessa cidade, criando-se a entidade *União Social Espírita da Bahia*.

Caravaneiros da Fraternidade

José Elson Fontes

Como dar início à presente?

Difícil condição.

Audacioso, arrojado e, às vezes, atrevido, nunca me encontrei em situação tão difícil como a que defronto neste momento.

Sim, difícil para traduzir a revolução interior causada desde o primeiro contato com os prezados companheiros que integram a invicta *Coluna do Amor*.

Ao tomar conhecimento dos termos do acordo de 5 de outubro, meus *dedicados obsessores* mobilizaram suas perigosíssimas armas, aprisionando minha razão e vedando minhas responsabilidades. Organizei-me para enfrentar, impavidamente, e a todo custo, os moldes dados ao movimento de Unificação do Espiritismo, assunto que sempre me fora simpático.

Sabedor que a CARAVANA marchava do Sul para o Norte, longe estava de pensar que, em vez de uma caravana, teria de defrontar com perigosíssima "divisão", cujas armas em abundância, entre elas, eram as moderníssimas AMOR e RENÚNCIA.

Percebendo sua aproximação, e quem estava no alto posto de comando, observei a desordenada fuga de meus melhores soldados, que eu denominava *pontos de vista*.

E se aproximava a invicta *Divisão do Amor*.

E eu, cada dia, me rendia ou despertava do sono letárgico em que me encontrava.

Praticamente vencido pela razão, só me restava uma oportunidade a aproveitar: renunciar a tudo e me entregar como minúsculo soldado dessa Divisão.

Aqui estou, bondosos companheiros (permitam que assim os trate!), como recruta, aprendendo a manejar com o Amor, a fim de merecer do Alto a confiança e a misericórdia.

*

Como é natural, sendo fortíssimos os laços que nos unem, e ainda prisioneiro da matéria, justifica-se bem as saudades que sentimos ao recordar as horas de convívio que, por acréscimo da Misericórdia do Alto, nos foram concedidas.

Como uma película cinematográfica, começamos a reviver os primeiros momentos, desde a chegada do ímpar Lins de Vasconcelos e da Caravana na terra de Sergipe, no campo de pouso, onde teve lugar a permuta de abraços fraternos e apresentações e, depois, a *marinete*, que, intrigada com o gênero de passageiros, embirrava em não querer sair.

Finalmente, na rua Arauá, 168, nosso Q. G., seguem-se novas apresentações à esposa, à família, o almoço, as primeiras impressões trocadas e, então, todos numa só família, começamos a ter pena dos dias que, aceleradamente, vão sucedendo: 3, 4, 5, (6, Paulo Afonso) 7. E 8, quando tivemos de dar, no mesmo local, os últimos abraços a recordar, depois da feliz temporada, os primeiros...

Apenas, para conforto das saudades que ficaram, temos a pretensão de que, pelo menos, soubemos nos conduzir, embora com algumas *malaguetadas*. Confesso, entretanto, queridos irmãos, que os dias vividos pela Caravana da Fraternidade em Aracaju deixaram marcos profundos na história do Espiritismo de Sergipe. E que nomes como o Dr. Lins de Vasconcelos, vulto de impressionante simplicidade; Ary Casadio, antena sempre ligada com a Espiritualidade; Carlos Jordão da Silva, dinamismo e ação conjugados; o queridíssimo Francisco Spinelli, cuja ação paternal nos prendera significativamente. Por último, prof. Leopoldo Machado, cujo nome é uma história e que foi considerado pelos professores Jugurta Franco e Gileno de Jesus, ex-clérigos, como um dos maiores repositórios de assuntos de História e de Religião.

Sim, esses nomes figurarão, para aqueles que venham ocupar nossos lugares, certos que estamos de não sermos dignos de tantas graças, como indeléveis marcos de nossa História.

Finalizando, firmamos nosso fraternal abraço, saudoso, juntamente com as queridas filhas: Elna, Vera e Carmelita.

A Caravana da Fraternidade em Alagoas

Manuel Coelho Neto

A *Federação Espírita de Alagoas* acabava de receber um telegrama do prof. Leopoldo Machado, avisando a chegada da Caravana da Fraternidade em nossa capital, a 8 de novembro.

A alvissareira notícia foi recebida com grande alegria e indivisível entusiasmo por todos os espíritas da terra.

A nossa expectativa era extraordinária.

Estávamos, mesmo, ansiosos para rever e abraçar, novamente, nosso velho amigo, prof. Leopoldo. E conhecer, também, pessoalmente, os seus valorosos companheiros da nova e vitoriosa peregrinação cristã.

*

No dia 8, previamente anunciado, às 14 horas, no Aeroporto dos Palmares, no Tabuleiro dos Mártires, desembarcavam os dignos caravaneiros do Bem, no meio de grande alegria e geral satisfação.

*

Logo à noite, teve início a pregação doutrinária na Federação Espírita Alagoana, com a casa cheia. Foi, em verdade, uma belíssima e deliciosa noitada espiritual. Para todos nós da terra, não era surpresa alguma, pois já conhecíamos, de perto, o valor do prof. Leopoldo Machado...

Depois, no dia 9, houve, além da conferência, a sessão íntima de confraternização, presidida por Leopoldo Machado, de que se lavrou, por bem esclarecidos todos os companheiros, uma ata, que foi aprovada unanimemente.

*

Nos dias 10 e 11 foram visitados os centros espíritas da terra e as obras de assistência social. E, no dia 10, antes de começar a conferência da noite, ecoou, na sala, a notícia fatídica: Felix Bandeira Neto morreu de repente!

Mesmo assim, realizou-se a conferência da noite, dedicando-se-lhe a primeira parte e, depois, fomos todos à residência do companheiro para apresentar à sua exma. esposa, confreira Arlete Bandeira, nossa solidariedade.

Aí, o prof. Leopoldo Machado confortou-a com palavras do Evangelho, animando-a a continuar a trabalhar na difusão da Doutrina, em benefício do desencarnado e dela mesma.

No dia 11, antes do enterramento, prof. Leopoldo orou uma prece e, no cemitério, falou Carlos Jordão da Silva, em seu nome e em nome da Caravana da Fraternidade.

*

No dia imediato, a última sessão.

Falaram os caravaneiros Leopoldo Machado, Carlos Jordão da Silva, Francisco Spinelli. E os irmãos de cá:

Fernando Malta de Campos, Américo Pereira, Lafaiete Belo, Erasmo Porangaba...

*

A impressão de todos nós, espíritas da *Terra dos Marechais*, é a seguinte: a Caravana da Fraternidade, em Alagoas, marcou uma nova era e uma nova etapa em todos os setores do Espiritismo.

Exortação

AOS CARAVANEIROS DA FRATERNIDADE ESPÍRITA

"Ide, ensinai todas as gentes..."
(Mateus, 28:19.)

Brasil afora, no deslumbramento da visão das paisagens magníficas, vosso entendimento e vossa compreensão esclarecida se expandirão largamente no desempenho dessa missão altíssima, de apaziguamento e de mútua cooperação!

E vossa palavra se alçará claríssima, acessível, doutrinando; vossa aguda inteligência se difundirá, esclarecendo; vosso saber e vossa experiência, por seus elevados e serenos ensinamentos, disseminarão as raízes — as fortes, as inabaláveis raízes da Fé, nos corações sequiosos, ávidos de luz e famintos de verdade e de sereno entendimento.

Nossos votos singelos e humildes — os votos sinceros de quantos compõem a Família Espírita Pernambucana — vos acompanharão por todos os rincões que receberem vossa abençoada e benéfica visita. E por todos os recantos desta PÁTRIA imensa que encerra em seu imo o "Coração do Mundo", se fará sentir a salutar influência do vosso apostolado:

— convencendo os tíbios;

— esclarecendo os indecisos;

— robustecendo, nos negligentes, a fé vacilante;

— encorajando os desanimados;

— confortando os aflitos;

— orientando, com segurança, os de duvidoso rumo;

— acalmando os irrequietos;

— iluminando os hesitantes na senda da vida, em plena obscuridade, por presunção ou por vaidade;

— lançando a cada espírito, no terreno fértil da solidariedade humana, a vigorosa semente da caridade cristã, bem compreendida e melhor praticada!

IDE, IRMÃOS EM CRISTO! Vosso labor incomparável de altruísmo fraterno será fecundo e merecerá todas as bênçãos do PAI amantíssimo e generoso!

Nossos votos vos seguirão. E, então, o mais brilhante êxito e a mais promissora vitória serão o fecho desta oportuna campanha de confraternização, que levareis a glorioso e alvissareiro termo:

— para a vitória da Doutrina, na exaltação dos sentimentos de Fraternidade e de Paz;

— para a grandeza do futuro da pátria;

— para maior brilho da verdade espírita;

— para a glória do PAI, que nos assiste!

Ide e ensinai todas as gentes, que hesitam, e se debatem, e sofrem, por toda esta grande Pátria do Evangelho.

Que as bênçãos do Eterno vos acompanhem e iluminem, cada vez mais, vossos espíritos, no árduo caminho que ides perlustrar.

Que a PAZ de Deus seja convosco!

(Palavras da Liga Espírita Suburbana — Recife, Pernambuco.)

Impressões dos caravaneiros

Lírio da Silva Ferreira

O professor Leopoldo Machado, na hora das despedidas, me fez um pedido:

"Quero de você o seguinte: escreva acerca do que mais lhe teria despertado a atenção na Caravana da Fraternidade".

Pedido de irmão como Leopoldo Machado transforma-se em ordem.

Procurei viver, em pensamento, todos os momentos transcorridos durante a permanência dos caravaneiros entre nós, e logo me veio à mente o quadro do desembarque da Caravana, domingo, 12 de novembro, no campo do Ibura.

Por quê?

Pela forma em que eles marchavam, em coluna por quatro, como soldados para um assalto a uma trincheira.

Hora de emoções, abraços, apresentações e, logo depois, em marcha para a luta bendita na exemplificação dos ensinos do Cristo.

De fato, foram quatro legítimos soldados, não do exército que destrói, mas do exército que constrói, do exército do Cristo de Deus.

Em Leopoldo Machado, via-se o soldado da vanguarda em assalto para a conquista dos nossos corações.

Carlos Jordão, sisudez conservadora do soldado pronto para conservar posições conquistadas.

Dr. Francisco Spinelli e Ary Casadio completavam o pelotão que tomou todas as atenções dos espíritas de Recife, durante os dias felizes que gozamos na companhia desses irmãos de Ideal.

A 18, partiam como soldados que obedecem ordens dos seus superiores, para a conquista de novos triunfos na grande Seara que tanto amamos.

No Recife, conseguiram uma grande vitória, pela qual vínhamos trabalhando há vários anos, e conquistaram, pela sua diplomacia, mais do que uma trincheira, levando para os seus penates um documento pelo qual fica demonstrado quanto eles são dignos de ser chamados soldados do Cristo.

Reuniram todos os espíritas de boa vontade em torno de um só ideal: "CONFRATERNIZAÇÃO".

Levaram uma ata pela qual todos estão ligados por compromissos muito sérios.

Conquistaram nossas saudades, nossos votos ao Criador para que continuem cumprindo os seus deveres de Seareiros do Senhor.

A Caravana da Fraternidade

José Augusto Romero

Excursionou, durante o mês de novembro último, pelas capitais nortistas, em missão de confraternização, uma caravana espírita, constituída de Artur Lins de Vasconcelos Lopes, Leopoldo Machado, Francisco Spinelli, Carlos Jordão da Silva e Ary Casadio. Artur Lins esteve nesta cidade no dia 10, realizando, à noite, uma palestra na sede da Federação Espírita Paraibana, durante a qual historiou os acontecimentos que preludiaram a concretização do Pacto Áureo. O ilustre centralizador de todo o movimento confraternista retornou ao Rio antes da Caravana, atraído por imperiosos deveres.

No dia 16, a Caravana visitou a cidade de João Pessoa. Foi um dia de intenso júbilo para a família espírita da Paraíba. Pelas dez horas, aproximadamente, os arautos da Caravana foram recebidos na sede da Federação Espírita Paraibana. Após os cumprimentos fraternais, todos os presentes sentaram-se em torno de uma mesa, seguindo-se uma prece que foi proferida pelo professor Leopoldo Machado. Concluída a prece, foi transmitida aos presentes, por incorporação, por intermédio do Ary Casadio, uma mensagem de Bezerra de Menezes. O tom comovente em que falou o mensageiro celeste emocionou a assistência. Todos sentiram a magnificência do ambiente, plenamente dosado de reconfortante espiritualidade. Bezerra de Menezes, após enaltecer a concórdia existente no seio da família espírita de João Pessoa, concluiu a sua mensagem, exortando a todos, para que se mantivessem dentro das linhas da fraternidade.

Em seguida, a Caravana, acompanhada de vários espíritas da cidade, fez uma visita à praia de Tambaú. Alguns membros da Caravana lançaram-se às águas do Atlântico, pondo-se em contato com as ondas acolhedoras do litoral paraibano. Leopoldo Machado recusou-se a receber o abraço fraternal das ondas, preferindo colher algumas fotografias do aprazível local. Às 11 horas, a Caravana retornou à cidade a fim de se entregar a ligeiro repouso.

Às 14 horas, iniciaram-se as visitas aos centros espíritas "Bezerra de Menezes", União Espírita Deus, Amor e Caridade, e ao Albergue na mesma União, em construção; centros espíritas "Discípulos de Jesus" e "Leopoldo Cirne".

Às 20 horas, teve lugar a festa no Teatro Santa Rosa, cedido pelo governador do estado. Aberta a festividade com uma prece, proferida por Carlos Jordão da Silva, usou da palavra Francisco Spinelli, que fez uma excelente dissertação doutrinária, dentro dos rígidos princípios da moral evangélica.

Em seguida, teve lugar a monumental conferência do professor Leopoldo Machado, ardentemente ansiada pela família espírita da Paraíba e até mesmo por numerosos profanos.

A conferência de Leopoldo Machado empolgou todo o auditório que enchia as dependências do teatro. O orador foi ouvido sob religioso silêncio, de momento a momento interrompido por calorosos aplausos. Foi um momento feliz. Em todas as fisionomias se estampavam a surpresa e o entusiasmo provocados pelas sábias palavras do orador. Encerrada a conferência, o presidente da festividade proferiu as seguintes palavras: "As paredes deste teatro nunca ouviram palavras tão saturadas de espiritualidade, tão verdadeiras e tão em harmonia com o pensamento divino".

Ao sair do teatro, ouvi entusiásticas referências acerca do professor Leopoldo Machado. Muitos lamentaram a conferência não se ter prolongado por toda a noite.

Soube, com fundamento, que até católicos e protestantes aplaudiram o conferencista.

Ainda perduram, pela cidade, os comentários em torno da apoteótica festividade do teatro. Muitas pessoas ainda hoje me interpelam a respeito da possibilidade do retorno de Leopoldo Machado a esta cidade. É que o "gigante" de Nova Iguaçu soube conquistar corações e despertar consciências adormecidas. Soube dizer, com elegância e autoridade, o que é, na realidade, o Espiritismo.[6]

Às 23 horas, realizou-se, na sede da Federação, uma reunião, na qual tomaram parte os integrantes da Caravana da Fraternidade e todos os presidentes dos centros espíritas de João Pessoa. A reunião constituiu uma reafirmação da união existente entre os espíritas da Paraíba.

---

[6] O orador espírita é diferente, já o dissemos de público, pela palavra falada e escrita: produz bem ou mal, conforme a vibração e o interesse da assistência. Assim, diz-nos a consciência que o mérito de nossas palavras em João Pessoa, assinalado com tamanho entusiasmo, e mais de uma vez — quer em crônica, quer em cartas —, por José Augusto Romero, foi menos nosso do que dele mesmo, do que de seus companheiros e conterrâneos; do que do ambiente que proporcionou os "grandes sucessos".
Seja como for: fruto do *Pacto Áureo*, da *Caravana da Fraternidade*.
Graças a Deus!

Encerrada a reunião, foi lavrada uma ata por Francisco Spinelli, a qual foi assinada por todos os presidentes de sociedades espíritas, presentes.

Pela madrugada do dia 17 de novembro, a Caravana da Fraternidade retornou à cidade do Recife, a fim de prosseguir em sua jornada evangelizadora até o extremo norte do país, deixando, no coração dos que ficaram, impressões que transcendem do que se pode dizer através da palavra escrita ou falada.

Excursão à Macaíba

A "CARAVANA DA FRATERNIDADE", NA CIDADE DE MACAÍBA — RIO GRANDE DO NORTE — , POR OCASIÃO DE SUA EXCURSÃO PELO NORTE DO PAÍS.

Felipe S. Melo

Segunda-feira, 20 de novembro. Estava prevista a visita à tradicional cidade, berço de Augusto Severo, o aeronauta vitimado em Paris no seu dirigível "PAX"; da poetisa Auta de Souza, de seu irmão, o escritor Henrique Castriciano e do conhecido tribuno Alberto Maranhão, ex-governador do estado.

Os espíritas dessa cidade, muito especialmente o Olímpio Maciel, aspiravam a que os Caravaneiros fossem visitá-los. Embora depois da hora programada, tomaram lugar no "Jipão" transformado em ônibus da Caravana, os visitantes prof. Leopoldo Machado, Francisco Spinelli, Carlos Jordão da Silva, Ary Casadio e Luiz Burgos Filho; da Comissão de Recepção: Capitão Joel de Matos Alvarenga, Felipe Soares de Melo e Sebastião Avelino de Macedo. Após algumas voltas pelo comércio da Cidade Alta, tomou o veículo a direção da estrada de rodagem Natal—Macaíba. O Macedo sintonizou a língua de tal forma que ninguém mais ficou com o direito de falar. Dir-se-ia que o Macedo havia recebido procuração do Ary para falar em seu lugar, enquanto o Macedo passou procuração ao Ary para ficar calado e rindo. No bairro das "Quintas", distante cinco quilômetros, os excursionistas ficaram maravilhados com um quadro natural: cerca de 200 lavadeiras no "lavadouro das Quintas", como é conhecido, formado pelo riacho do mesmo nome, que banha o bairro Popular. O prof. Leopoldo Machado pede ao Capitão Joel que faça pequena parada a fim de bater uma chapa com sua "Kodac". Depois, a viagem prossegue num ambiente de franca e animada camaradagem. A estrada, apesar de calçada a paralelepípedos, não tem boa conservação. Os solavancos (*catabí* como chamam os nordestinos) são sucessivos. Macedo pergunta ao Capitão Joel se ele estava se vingando de alguém, ou se possuía mágoa de algum elemento da Caravana. A pergunta, como era de esperar, provocou boas risadas.

O sol castigava os viajantes. Contudo, a viagem torna-se cada vez mais atraente; cajueiros carregados de frutos, de cores diversas; coqueiros, carnaubeiras, e as voltas do Rio Potenji que nos acompanha até o destino.

Vinte e um quilômetros em poucos minutos. Chega a Caravana em Macaíba. À porta da sede do Centro Espírita Jesus e Caridade, regular quantidade de confrades aguarda a chegada dos visitantes. Saltam do carro. Apresentações, abraços, visita à escola primária em funcionamento no Centro. Prof. Leopoldo Machado bate fotografias. O cronista observou, dentre os que aguardavam a Caravana, os seguintes confrades, residentes em Macaíba: Olímpio Maciel, Luís Marinho de Carvalho, Gustavo Lima, Antonio Pessoa, Joca Leiros, Aguinaldo Ferreira, Alberto Silva, Rafael Pessoa, José Inácio, Estevam Alves, José Porfírio da Silva, Geraldo Vieira, António Assis, António Celso, os irmãos Sebastião e António Porfírio, representando a Tenda Espírita S. Mateus. Em seguida, rumaram, todos, para a residência do confrade Olímpio Maciel, à rua Dr. Pedro Velho. No trajeto, o autor deste relato é alertado para verificar a coincidência entre o prof. Leopoldo Machado e o Olímpio Maciel, um ao lado do outro: a mesma altura, o mesmo físico, quase a mesma idade (para não dizer aqui qual o mais velho), porte semelhante, havendo até muita semelhança no andar.

Na residência sempre acolhedora do Olímpio Maciel, na sala de visitas, uma roda em animada palestra. O Macedo continuava com a palavra. O lanche é posto à mesa. Os componentes da Caravana são convidados a saboreá-lo. Ótimo abacaxi, aluá, café, biscoitos, bolinhos e outras iguarias.

Cerca de uma hora de animada e construtiva palestra sobre a Doutrina Espírita, deixaram os visitantes a casa do Olímpio Maciel. Leopoldo e Olímpio posaram para uma fotografia a fim de ficar perpetuado aquele momento feliz: encontro de duas almas afins, separadas pelo tempo e pelo espaço.

O regresso a Natal foi feito debaixo de vivo contentamento, apesar do sol causticante daquela linda manhã de novembro.

Perto de Natal, sentiu-se um cheiro de pano queimado. O Capitão Joel aproveita a sombra de um cajueiro amigo a fim de verificar sua procedência. Para o "Jipão". Os excursionistas aproveitam o ensejo para colher alguns cajus nas proximidades.

Não obstante o sol quente da manhã, os cajus colhidos estavam frios, frigorificados. Carlos Jordão, com os outros companheiros, salta uma cerca de arame farpado, penetra num sítio para conhecer a mangabeira e colher alguns frutos.

Outra parada no Mercado do Alecrim. Depois, prossegue a viagem. No trajeto, o Macedo comenta com o prof. Leopoldo a satisfação proporcionada pela visita e diz: "Leopoldo, estou capacitado que Espiritismo é convencimento!". E o cronista interrompe e diz: "Macedo, você adota o Espiritismo COM VENCIMENTO?". O prof. Leopoldo e o interpelado acham graça da piada, soltando boas gargalhadas.

De passagem pela rua Prof. Fontes Galvão, fizeram os caravaneiros ligeira visita às obras em construção da sede própria do Centro Espírita Vitor Hugo. Em seguida, para o almoço. Eram 11 horas e 45 minutos.

Prece do espírita evolucionista do Brasil

(Plagiando o professor Leopoldo)

Hilpert Viana

Senhor Deus, vós que tendes o poder de fazer girar mundos sobre mundos, através dos milênios infindos, haveis de ter também misericórdia para ouvir o pedido deste filho que tanto erra.

Eu bem sei, Pai, que, para evolução de meu espírito, preciso "nascer, morrer, renascer ainda, progredir sempre", porque esta é a Grande Lei que nos conduz ao Infinito, ao Lábaro da Paz.

Mas, como gratidão a esta terra em cujo firmamento brilha a cruz da redenção, eu vos peço, Senhor:

Para nascer e renascer, tantas vezes quantas forem necessárias, sempre brasileiro; mil vezes brasileiro; muitas vezes, mas todas elas dentro do "Brasil, Coração do Mundo, Pátria do Evangelho".

Canção do caravaneiro

Letra de Leopoldo Machado

Música de Sebastião Macedo

I

Caravaneiros da Fraternidade,
Que viajais, derramando muita luz,
Porque pregais, com amor, toda a Verdade
Da Sublime Doutrina de Jesus.

II

Espiritistas, meus irmãos,
Uni-vos, porque "unidos, venceremos".
E só assim provaremos
Que somos moderníssimos cristãos.

III

A união dos espíritas se faz,
Que é de nossos deveres o primeiro,
E, depois, sob o lábaro da Paz,
Faremos a união do mundo inteiro.

*

Praia do Meio, às 10 horas de 21/11/1950

Natal (RN)

Por falta de quem orquestrasse a música, deixa de aparecer aqui a bela partitura.

A SAUDAÇÃO DA PARNAÍBA

Esta, a palavra de saudação com que Alarico da Cunha recebeu a "Caravana da Fraternidade", na magna sessão da Loja Maçônica:

"Não faz muitos dias que, em propagandas eleitorais, culminadas com as recentes eleições de 3 de outubro, chegava, a cada momento, nesta cidade, uma caravana de partidos políticos, cujo fim era o de exaltar as boas qualidades de seus candidatos, submetidos à preferência do povo. — Esses candidatos iriam servir ao país, ao estado ou ao município, durante um certo período de tempo. — Surge, agora, uma outra caravana, sem alardes e sem foguetórios, porque, acima de tudo, resplandece o esplendoroso título de "Caravana da Fraternidade". A sua propaganda é bem diferente da outra, primeiro porque conclama à unificação em vez da separação dos homens, e segundo porque cada um de nós pode ser um candidato, sem eleição e sem votos, senão o de nossa própria consciência no serviço de Deus e da Humanidade. — Isto faz vir à tona um interessante episódio a que já me referi, uma vez, ocorrido na Índia misteriosa e védica, entre o divino Buda e um potentado brâmane, quando este encontrou aquele com a concha de esmolar e o censurou nestes termos ásperos: — Então, miserável, não seria melhor que trabalhasses do que estares mendigando? Eu possuo ouro e comida à vontade porque trabalho, semeio e colho para comer e beber. — Rico senhor — respondeu humildemente o Santo —, eu também lavro, semeio, colho e como ainda melhor e com mais alegria, da minha colheita. — Mas, miserável — replicou o rico, em tom de mofa e de ironia —, onde estão os teus bois de carro, o teu arado, a tua foice e as tuas sementes que não se veem? — O senhor Buda respondeu-lhe: — A fé é o grão que semeio; as boas obras são as chuvas que o fertilizam; a sabedoria e a modéstia são o arado e a foice; meu espírito é a rédea que os guia; a cauda do arado é a lei do Eterno; o zelo é o aguilhão de que me sirvo, e o esforço é o meu boi de carro. Trabalho para destruir as ervas daninhas dos vícios e das ilusões. A colheita é a vida imortal no Nirvana, onde terminam os nossos sofrimentos. Tu, meu rico senhor, plantas para o corpo, e eu semeio para a alma. Enquanto plantas o trigo de um dia, eu semeio o pão da Eternidade. — Com estas palavras, o rico ficou abalado, confuso e perplexo. Uma nova luz lhe ofuscou o espírito e, voltando a si, mandou deitar arroz e leite num prato de ouro e ofereceu ao Santo, dizendo: — Tem a bondade de aceitar, ó mestre da Humanidade, este prato que de coração te ofereço, porque vejo que és o Venerável Gautama, e que o teu labor é o labor verdadeiro, porque traz o fruto da imortalidade.

Meus amigos: O caso presente tem alguma correlação com este episódio. Os caravaneiros da Fraternidade aqui presentes não vêm pedir votos para candidatos a servir cinco ou nove anos, mas para Aquele que pode nos conferir uma eternidade de glórias, pela evolução espiritual no tempo e no espaço.

Não chegaram a nós por ambições de poderes temporais, mas para nos trazer uma mensagem de solidariedade, de unificação e de amor fraternal, desse amor cristalino e puro que, há 2.000 anos, foi pregado pelo doce Rabi da Galileia e até hoje a Humanidade não se apercebeu de sua infinita grandeza e ainda se afasta da trilha sagrada da verdadeira fraternidade, dessa fraternidade que não tem fronteiras e é a suprema culminância do amor de Deus.

A Caravana da Fraternidade

Heli da Rocha Nunes

Nove horas da manhã do dia 27. No aeroporto da capital, com os corações alvoroçados, aguardávamos a chegada da *Caravana da Fraternidade.* — O Rio noticiara a vinda para o mês de novembro.

A última semana se acabava e, de caravana, nada!

O alvoroço de nossos corações está justificando.

E assim esperávamos.

O rádio anuncia a aproximação da aeronave... E nossos corações pulsam com mais força.

O avião pousa.

Descida a escada, vamos observando, ansiosos, os passageiros a pisar o solo piauiense.

Todos que desciam, fortes, robustos. Nada de vermos "cara" de espíritas. Eis senão quando, descem do avião, em grupo, "eles", os nossos confrades, que esperávamos: à frente, carregando dois "respeitáveis" embrulhos, o nosso Leopoldo, o mais conhecido dos espíritas brasileiros, quer pelo fulgor de sua palavra, quer pelas admiráveis polêmicas que tem sustentado.

Depois, Carlos Jordão da Silva, Luiz Burgos Filho e, por último, Francisco Spinelli, autor de uma linda peça doutrinária, na sessão do mesmo dia 27, às 20 horas, no *Centro Espírita Piauiense.*

*

A oração do prof. Leopoldo Machado deixou a todos que o ouviam, mais que satisfeitos.

A pregação versou sobre Mediunismo x Evolução do Espiritismo.

O orador propôs-se a estudar o paganismo com os seus deuses de forma humana. Provou o mediunismo em Abraão, Jacó e Moisés. Estudou Samuel e a Escola de Profetas; Saul e a vidente de Endor, passando daí às visões apocalípticas de Daniel. Em seguida, tratou do misericordioso Mestre, N. S. Jesus Cristo, estudando, por a mais b, as manifestações espiríticas do Mestre, a Transfiguração do Tabor.

Ao depois, discorre com brilhantismo, sobre a Caravana da Fraternidade, da qual é presidente; falou-nos de maneira admirável, de como, abençoada pelos maiores de Cima — Ismael e sua falange à frente — a Caravana percorre dentro do mais sadio sentido de amor, que é sinônimo de confraternização, os mais distantes rincões do Brasil Norte, pregando o Evangelho do Mestre e reunindo as ovelhas que tresmalharam de seu rebanho.

No dia 28, realizando 2ª conferência no CEP, sob o título — A destinação da América — o confrade Leopoldo atinge o clímax, tal a exuberância dos conceitos ao demonstrar que, de fato, a América, o continente novo, tem, nas mãos, o futuro do mundo.

Em seguida, a sessão íntima. O presidente do *Centro Espírita Irmão Adriano* ouve, atentamente, com os irmãos assistentes, a palavra dos caravaneiros por si e como representantes do Centro Espírita Perseverança no Bem e Centro Vida e Progresso de Parnaíba, após o que ficou estabelecida a fundação da Federação Espírita Piauiense que deverá orientar a vida de todas as sociedades espíritas do Piauí.

*

...e a despedida foi feita.

Os espíritas piauienses começaram a sentir a nostalgia da saudade. A partida da embaixada se daria no dia seguinte, em avião da Aerovias.

As bagagens todas arrumadas indicavam partida iminente.

Mas o avião atrasa 48 horas. E nós (por que não dizê-lo) a nos regozijar com o atraso, ciente de que nos estava sendo facultado ouvir a palavra de Deus, mais uma vez, por intermédio de quem a maneja com tanta facilidade.

O aparelho de rádio em ligação com a difusora local, e nós, uns oito confrades a nos divertir com o anedotário de que é fértil o presidente de nosso Centro, Dr. João Rodrigues Vieira, ouvimos o rádio anunciar mais ou menos assim: "Dentro de poucos instantes, ouviremos a palavra do prof. Cláudio Ferreira, em contestação às conferências do prof. Leopoldo Machado, proferidas no Centro Espírita Piauiense".

Todos ficamos inquietos para apreciar a palavra vazada em linguagem serena do prof. Cláudio Ferreira.

E ela não nos decepcionou.

Foi uma peça brilhante (nós o dizemos porque gostamos da justiça, quando é feita especialmente a adversários), a oração do prof. Cláudio Ferreira.

Por ela, o ouvinte constatou que o orador, felizmente, o que disse, fez convictamente, sem subalternos interesses.

*

À noite, a resposta no Centro Espírita Piauiense.

O prof. Leopoldo Machado destrói, ponto por ponto, a argumentação do contendor a quem não atribuiu, como de justiça, segundas intenções, falta ou defeitos, a não ser defeitos e faltas na compreensão das sublimes lições evangélicas, interpretadas segundo o espírito.

Falou longamente — e bem — o Leopoldo, sobre quantas contestações fizera o prof. Cláudio, destruindo-as segundo o critério filosófico, científico e religioso.

As palavras do prof. Cláudio Ferreira foram propaganda para o Espiritismo, de vez que proferidas por um pretenso inimigo, mas honesto e sincero opositor.

Depois do Leopoldo, usa da palavra, com rara felicidade, o nosso irmão, Carlos Jordão, o qual entre nós viera adoecer.

*

De momento a momento, chegavam telegramas de nossos confrades maranhenses, inquirindo da razão de tanta demora da Caravana entre nós. Um deles, assinado pelo Sr. Plácido Camões, declarando todos os espíritas de S. Luís ouviram a palestra realizada em nossa Rádio Difusora pelo presidente da Embaixada.

Noticiamos a demora obrigatória e, horas depois, um emissário de E. F. S. L. T. anunciava uma automotriz à disposição da Caravana.

Antes da notícia, espalhara-se, em amplificadora, o convite ao povo para duas conferências do prof. Leopoldo Machado, neste dia e no seguinte.

Porém, nosso contentamento desvaneceu-se.

Nesta mesma noite, os que trouxeram as palavras amorosas do Mestre e Senhor Jesus aos sedentos de Luz, que eram os espíritas piauienses, distanciaram-se de nós! Demandaram o Maranhão, por via férrea, na automotriz que os irmãos maranhenses conseguiram da alta direção da Estrada. Foram levar, através da Caravana Invisível, aos irmãos dessa Unidade Federativa, a Bandeira de Luz de Ismael, para mais facilmente integrar-se o Norte na Comunhão Espirítica do Brasil, Coração do Mundo, Pátria do Evangelho.

Recordação

Elgita Nino Rodrigues

Tarde memorável para mim, a em que tive a grata satisfação de receber a honrosa visita da "Caravana da Fraternidade".

Compunha-se a Caravana dos ilustres espíritas Leopoldo Machado, nome muito conhecido no Brasil como espírita, escritor e professor; Francisco Spinelli, Luiz Burgos Filho e Carlos Jordão da Silva.

Repito, tarde memorável para os obreiros do *Centro Espírita Jardim da Alma*. Com a minha alma aberta à caridade e à fraternidade, recebi os prezados confrades.

Nesta bela tarde, eu realizei o trabalho de Magia Divina Curadora, que tem lugar nas sextas-feiras à tarde.

Como prova de minha admiração pelos irmãos espíritas, missionários da Verdade na propagação do Cristianismo, revelado na Doutrina Espírita, recebemos estes irmãos de braços abertos, revelando a nossa admiração, o nosso contentamento por tão grato encontro.

Depois do cumprimento de estilo, convidei-os a tomarem parte na mesa dos trabalhos e, por intuição, coloquei o irmão Leopoldo Machado ao meu lado, na presidência. Os outros irmãos ocuparam lugar à minha direita, Francisco Spinelli, Carlos Jordão da Silva e Luiz Burgos Filho. Logo ao encontro com os caravaneiros, senti que de suas almas se espargiam as sonoras vibrações de amor, fraternidade e caridade. Tive a impressão que já os conhecia de outras vidas, principalmente, o irmão Leopoldo Machado. Na mais perfeita comunhão de pensamentos, vibrando na corrente da harmonia, procedi aos trabalhos de *Magia Divina*. Digo Magia Divina, porque foi assim que classificaram os Magos, quando, por ordem de Jesus, me entregaram a missão, transmitindo-me as instruções do ritual. Nestas operações, somente trabalho com os que pertencem ao plano superior, com grandes falanges de hindus e iogues, que trabalham nas esferas divinas. Se assim não fosse, o "Jardim da Alma" não cumpriria a sua missão de destruir a Magia Negra, em qualquer terreno e onde for realizada.

Somente quem tem Jesus no coração pode enfrentar a luta que enfrentam os missionários para os ensinos do Mestre se firmarem, pois os dissabores são grandes, a falta de compreensão, aliada ao egoísmo e a pouca fé, forma a bateria de combate aos missionários.

Aqueles de pouca fé desertam das fileiras do bem, porque lhes faltam as forças para o desprendimento e a renúncia do material incompatível com a reta que tem de seguir aquele que abraça a Doutrina da Luz, sem medir sacrifício para chegar aos pés do Mestre.

Ao terminar o trabalho, os irmãos partiram, deixando a todos os presentes ótima impressão, e a mim, visível satisfação pelo convívio de irmãos do Bem, compenetrados das responsabilidades que assumem aqueles que abraçaram a religião espírita. Digo religião, pois, no meu fraco pensar, é o Espiritismo a religião mais perfeita, porque congraça o povo na unidade, revelada na fraternidade, igualdade e caridade, que é a síntese da Doutrina Espírita. E o Espiritismo, ciência divina, ciência que cura os males da alma, regenerando-a, elucida o porquê da vida e abre as portas da felicidade eterna para aquele que sabe amar, sofrer e perdoar.

*

O *Centro Espírita Jardim da Alma* mantinha a "Hora Radiofônica do Maranhão Espírita", na Rádio Ribamar, todos os domingos às 6h30 da tarde, a qual botei à disposição dos irmãos caravaneiros. O irmão Leopoldo Machado aceitou-a e realizou o programa.

A minha pena insignificante e a minha fraca luz não me permitem fazer uma dissertação como eu desejava a respeito do irmão Leopoldo, mas a boa vontade ao lado da sinceridade permite-me dizer o que está no meu alcance.

O irmão Leopoldo Machado é um espírito muito evoluído; tem uma intuição admirável e grande facilidade de reter o que estuda e o que recebe intuitivamente de seus guias e protetores, que são, portanto, as irradiações que partem das esferas divinas em auxílio dos missionários. O irmão Machado falou, mais ou menos, por espaço de uma hora, em uma explanação sublime sobre o Espiritismo, citando passagens do Evangelho. Falou em linguagem clara, ao alcance de inteligências medíocres, sem fazer pausa, a ponto de deixar a quem estivesse, ao longe, ouvindo-o, a impressão que ele tivesse um livro à frente, lendo-o. Mas quem conhece os segredos divinos e a lei de causa e efeito no terreno espiritual sabe quanto pode alcançar um Espírito encarnado quando bafejado pela Luz Divina. Aí, conhece a razão de ser das manifestações por intermédio de médiuns, que, sendo missionários, também possuem algo de divino.

Fui com os meus companheiros de trabalho ouvir o missionário falar e ouvimos com atenção religiosa, pois aproveitou a todos que ouviram a sua bela oração.

Deixamos a rádio, satisfeitíssimos.

As gratas recordações que tivemos dos irmãos levaram-nos ao aeroporto: trocar, mais uma vez, ideias e dar-lhes o abraço de despedida aos irmãos que trouxeram aos espíritas maranhenses, conforto, satisfação e fraternidade.

Elevando o meu pensamento ao Divino Mestre, suplico que baixe o amparo, a luz e a fé sobre os propagadores da caridade, conduzindo-os ao porto seguro, onde havemos de formar a Caravana da Glória, com a implantação da Terceira Revelação na Pátria do Evangelho.

Palavras do presidente da União Espiritualista

António Alves Martins

A União Espiritualista do Maranhão tem a felicidade de registrar, hoje, a maior oportunidade vivida nos meios espíritas desta terra. Felicidade que transborda os limites do contentamento, unindo-se aos mais puros sentimentos de fraternidade.

É que temos ao nosso lado, convivendo conosco, no curto espaço de três dias, a Caravana da Fraternidade.

A sua denominação expressa a sua missão. Não bastaria, porém, somente a denominação; ela, sem a essência dos seus componentes, de nada valeria. Sim. Não é apenas o título significativo que define uma iniciativa. São os valores que formam a sua estrutura. E essa Caravana pode assim denominar-se porque os elementos que a compõem trazem, no coração, os mais nobres sentimentos de fraternidade e amor. A prova é a sua presença aqui, entre nós. Deixaram bem longe os aconchegos dos seus lares, os afazeres do ganha-pão e aqui estão, depois de haverem percorrido outros estados da Pátria do Evangelho, para nos trazer a certeza de que a vitória e a glória do Cristianismo dependem tão somente dos nossos exemplos, sacrifício e amor.

Ide e pregai, disse o Mestre aos seus discípulos. Essa missão custou a eles o sacrifício, a renúncia à vida material.

Agora, revivemos esses exemplos sublimes com a visita destes nossos irmãos.

Temos aqui entre nós, Francisco Spinelli, Carlos Jordão da Silva, Luiz Burgos e Leopoldo Machado. Este último, chefiando a Caravana. Leopoldo Machado, nome familiar aos espiritualistas brasileiros, pelas suas brilhantes conferências, suas obras já publicadas, pela sua ação de trabalho, provas dignificantes de amor e dedicação!

Homem de larga visão, olhou para o futuro e nele observou o desaparecimento da Terceira Revelação se uma medida urgente não fosse tomada. E eis que, felizmente, no momento preciso, incentivou a organização de Juventudes Espíritas adesas aos centros organizados. Assim, juntou aos velhos batalhadores e experimentados, os jovens esperançosos e cheios de entusiasmo. Combatida foi ferozmente a sua ideia. A semente estava lançada e, em breve, os terrenos férteis fizeram brotar as Juventudes que hoje se espalham por todo o país. Vencia, assim, o amigo e mestre Leopoldo, a sua primeira etapa. Não estava terminado o trabalho. Faltava, ainda, muito. Pregar a palavra sagrada apenas por pregá-la não é a missão dos espiritualistas. O verbo não convence a Humanidade, hoje cansada de ser ludibriada pelas promessas e doutrinas falsas. Lindas palestras são oferecidas por espíritos tacanhos. Para isso, basta inteligência e cultura. São palavras cujo sentimento expresso não condiz com a alma. Necessitamos pregar, mas pregar pelas boas ações, com os melhores sentimentos de fraternidade e amor ao nosso semelhante.

O Divino Mestre, além das pregações, exemplificava. E nos deixou esclarecido que qualquer um de nós poderá fazer as mesmas curas que Ele fez. Mas como operar curas se não somos dignos? E por que não somos dignos? Porque ainda nos falta sentir sinceramente e praticar fielmente os seus ensinamentos. O que não fazemos. Oferecemos aos outros aquilo que não possuímos.

Leopoldo observou ainda essa passagem. A necessidade da evangelização pelo exemplo sincero e forte. E, onde buscá-lo? Nos velhos contagiados pelos princípios de uma sociedade fundada em preconceitos e dogmas? Não. Nos jovens? Talvez. Mas onde realmente buscá-los? Nos seres novos, nas crianças de hoje e de amanhã.

Daí, a organização dos lares espíritas. Abrigos para as crianças pobres, onde a instrução, a educação, os costumes, a moral, os princípios sejam baseados nos moldes do Evangelho.

E temos, em organização pelo Brasil afora, entidades desse caráter. Tive a felicidade de visitar o *Lar de Jesus*, em Nova Iguaçu, obra dignificante e bela, a primeira no gênero, em parte, do professor Leopoldo Machado.[7]

Seria demasiadamente longo se tentasse historiar a vida desse devotado irmão, a quem devem muito essas iniciativas benéficas, roubando, assim, o precioso tempo de ouvir a palavra revigoradora e renovadora dos ilustres caravaneiros.

---

[7] Obra nossa, não, do Cristo, que a confiou à querida esposa [de Leopoldo], de coração bem maior que o nosso.
Que os Lares Espíritas, hoje espalhados por toda parte, Brasil afora, são obras do Cristo, disse-o o Espírito José Grosso, numa reunião de materialização e voz direta em Macaé:

A obra dos lares cristãos
Foi Jesus quem inspirou

A *União Espiritualista do Maranhão*, aqui representada pelo seu modesto presidente, tem a indizível honra de apresentar a todos vós, caravaneiros, os seus sinceros votos de boas-vindas.

Sede, pois, bem-vindos, ó Mensageiros do Bem. A nossa obra é muito grande. Só desejamos a todos vós, que ora nos visitais, perenes e indizíveis felicidades.

Últimas palavras do presidente da União Espírita Paraense

Meus queridos irmãos, caravaneiros da Fraternidade:

Aproxima-se o momento em que tendes de deixar o nosso amado Pará, para regressardes aos vossos lares abençoados e ao convívio feliz de trabalho fecundo nas instituições que, mercê de Deus, dirigis com a dedicação amorosa de vossos bondosos corações.

Tão grande foi a satisfação que nos proporcionastes nestes poucos dias em que Deus, na sua infinita bondade, nos concedeu a felicidade de conviver fraternalmente convosco, de sentir os anseios de vossas almas sedentas do grande ideal espírita, de mais aproximação, mais entendimento, mais fraternidade e mais amor para com todos os vossos irmãos em crença que, neste momento, começamos já a sentir este aperto nos nossos corações, esta melancolia tão comum e natural nas despedidas de pessoas que muito queremos e que partem para lugares distantes.

Mas que fazer? Para virdes até aqui, tivestes de vos separar dos vossos entes queridos, que ficaram em vossos lares, saudosos e ansiosos pelo vosso breve regresso. Tivestes de vos separar dos vossos prezadíssimos companheiros de trabalho, quer do que faculta os elementos necessários ao suprimento do pão material, quer do que faculta o suprimento do pão espiritual, que ficaram igualmente com o anseio natural do vosso breve regresso.

Não temos palavras para vos expressar, neste momento, tudo quanto sentimos em nossa alma. Poucos, realmente, são os momentos da nossa vida em que podemos afirmar que sentimos a felicidade. Podeis ficar convictos, entretanto, queridos irmãos, e peço crerdes na sinceridade com que vos afirmo, que sentimos a felicidade em nossos corações, nestes oito dias em que, por acréscimo de misericórdia do Pai, que é infinitamente bom, vos tivemos entre nós: no convívio da família espírita paraense, no convívio de nossos lares. Ficamos reconhecidos àquele que é bom e que vos enviou, pela grande dádiva que nos trouxestes das vossas gentilezas, das vossas amabilidades e, principalmente, do exemplo do vosso desprendimento e grande amor à Doutrina abençoada que abraçamos, da vossa fé e confiança na vitória do Bem.

Se não conseguistes realizar aqui tudo quanto desejáveis, ides, contudo, com a consciência perfeitamente tranquila de que fostes vencedores. O pouco que faltou será realizado dentro em breve, pois a vossa semeadura da boa semente nos corações dos espíritas do Pará foi fecunda. E, com a ajuda do Todo-Poderoso, não deixará de produzir, no devido tempo, os frutos sazonados da fraternidade cristã e do amor à obra edificante. Não podemos forçar a Natureza. Bem sabemos que a Natureza não dá saltos. Mas a Misericórdia de Deus é infinita, e, digo-vos com a sinceridade de irmão que muito vos quer e nunca mais vos esquecerá: conservando sempre as vossas lembranças no mais profundo do coração, sinto-me animado da grande esperança de que, dentro em breve, os espíritas do Pará estarão todos unidos pelos inquebrantáveis elos de puro amor fraterno, como do vosso desejo, visto que assim deve ser, porque é a vontade do amado Mestre Jesus.

Conquistastes, com a vossa bondade e com a vossa palavra serena e cheia de fé e de amor, a todos os espíritas do Pará, que tiveram a ventura de vir a esta casa para ouvir as vossas iluminadas conferências e palestras. Conquistastes a todos quantos tiveram o ensejo de aproximar-se de vós. Sois felizes, felicíssimos pelo êxito da vossa missão, pela vossa vitória em conquistar os corações dos espíritas do Pará. Graças a Deus! As vossas lembranças ficam gravadas, para todo o sempre, nos corações dos espíritas do Pará. Parti, levando a certeza de que, em cada espírita do Pará, deixais um irmão e amigo, que vos deseja muito bem e que rogará sempre a Deus pela vossa verdadeira felicidade, ou seja, pela conquista completa da vossa Realização Espírita.

Parti. Parti alegres, satisfeitos e felizes! E, levai aos irmãos queridos do Sul, vossos companheiros de lutas e realizações em prol da grande fraternidade espírita brasileira, os nossos protestos de muita consideração, de todo o amor fraterno; os nossos votos de muitas felicidades espirituais.

Recebei os nossos amplexos, amigos, e contai com os espíritas paraenses, sempre, lado a lado, para a realização do ideal comum: a confraternização dos espíritas de todo o Brasil, "o Coração do Mundo e Pátria do Evangelho".

Paz e alegria seja sempre convosco. Que as bênçãos de Deus baixem sempre sobre vós, em profusão.

Pará, 9 de dezembro de 1950.

Consagração da fé

Raimunda Penha de Oliveira

Manaus espírita recebeu, aos 6 dias de dezembro de 1950, o selo doirado que consagrou a fé de nossos irmãos do Sul, cuja consciência despertou para a luta construtora de uma vida melhor.

Leopoldo Machado, o incansável vanguardeiro, chegou até Manaus, acompanhado por Luiz Burgos Filho. E, neste longínquo pedaço do Brasil, realizou quatro luminosas palestras que transmitiram o entusiasmo de sua alma ao coração incendido dos seus irmãos do Norte: na Federação Espírita Amazonense, no Teatro Amazonas, na A. E. Allan Kardec, na União Operária.

Ouvimos, religiosamente, pelo rádio, junto ao confrade Marques Gouvêa, sua conferência "Descrucifiquemos o Cristo". Vibrante, a palavra do vanguardeiro da Fraternidade, que Manaus espírita abraçou! Odoastro Nobre, presidente da Mocidade Espírita Allan Kardec, contagiado pelas palavras do conferencista, compôs a Canção da Mocidade: *Queremos o Cristo Descrucificado*.[8]

[8] Última estrofe da canção de Odoastro Nobre, da Mocidade Espírita Allan Kardec:

II
Com muita alegria
E sinceridade
A bem da harmonia
E com caridade;
Estamos lutando,
Por Deus amparado:
Queremos o Cristo
Descrucificado!

Esta canção aviva em nossa lembrança aquela tarde doirada de sol, o céu límpido em que Leopoldo Machado, com sua palavra vibrante de fé e certeza, parecia unir o Céu à Terra sedenta de justiça e de cristianização. A Natureza em festa saudava os caravaneiros da Fraternidade que, cientes de suas responsabilidades doutrinárias, deixaram seus lares, demandando as plagas nortistas, na conclamação da prática do Evangelho.

Irmãos: vós que tendes sob os olhos estas páginas; vós que ouvistes e sentistes como eu a bênção do Céu sobre a Terra, no dia em que Leopoldo Machado conclamou a descrucificação do Cristo, compenetrai-vos de vossos deveres de espíritas cristãos! Descrucifiquemos o Cristo em nossos corações, pois, a meu ver, descrucificar o Cristo é esforçar-nos para extirpar de nossos corações as imperfeições, e de nossa inteligência, a ignorância que nos impede de ver, claramente, o nosso próprio destino. O Cristo, em toda a sua pureza, não pode abrigar-se num coração cheio de egoísmo, inveja, vaidade, ciúme, orgulho!

A Caravana da Fraternidade foi o eco da conclamação do Conselho Fraterno para a implantação da Fraternidade entre nós.

Nós, da *União das Mães Espíritas Marília Barbosa*, associação que até então não existia, levada a bom termo por suas componentes, como um dos objetivos dos caravaneiros; nós, irmanados, hoje, na mesma fraternidade, venceremos na luta, implantando o Bem entre a Humanidade...

IMPRENSA ESPÍRITA DO NORTE

(UMA PRAGA, O ESPIRITISMO! — PRAGAS, DE VERDADE, MAIORES E RESPEITÁVEIS.)

Ilustre reverendo civil, sacerdote sem ordens e sem batina, crítico literário dos mais apreciados, membro da Academia Brasileira de Letras, escreveu que o Brasil está sendo devorado por três pragas, contra as quais nada pode o clero, a nobreza e o povo: formiga-saúva, jogo do bicho e Espiritismo.

Esqueceu o ilustre líder católico e crítico, do futebol e do carnaval, pelo menos, de vez que não iria citar, claro, o próprio Catolicismo, que é, sob o ponto de vista de outros observadores, a praga maior do Brasil, porque praga de todos os dias.

A praga do carnaval, por exemplo, é tão grande que D. Jaime de Barros Câmara, desejando acabar com todos os desregramentos, com todas as indecências nas praias, nos bailes, nas ruas, no seio da família e do lar, nos templos e no culto, criou a Legião da Decência, contando com o apoio indispensável do Presidente da República, Gal. Dutra, e do Prefeito do Distrito Federal, Gal. Mendes de Morais.

Pois, senhores, naquele ano de 1950, o carnaval do Rio foi o mais desbragado e licencioso, servindo para que, no carnaval de 1953, as tangas e os biquínis tivessem entrada franca até no baile do Municipal.

S. E., o Cardeal, velho psicólogo, não insistiu na sua Legião da Decência. Pôs "uma pedra em cima" da pobrezinha da Legião... naturalmente para não agravar o prestígio católico na terra...

*

Prestígio que domina, entretanto, efetivamente.

Principalmente nos estados do Norte, como tivemos tempo e folgas para vermo-lo e sentirmo-lo.

Chegamos a Teresina dias depois da passagem por ali de uma dessas *santinhas milagreiras*, que anda, por esses Brasis carolas afora, a realizar o grande milagre de arrecadar donativos e prendas de gente beata.

*

Havia feito, em Teresina, boa colheita de "milagres".

E fomos conhecer, em Manaus, o pastor protestante que fora agredido, com o ex-padre Gioia, durante uma de suas pregações evangélicas, por fanáticos açulados por um sacerdote. Estava lanhado e machucado. Assistiu a uma de nossas conferências e contara-nos como foi a sua agressão, de que se falou à imprensa, principalmente, à *Folha do Norte*, do Pará.

*

Ora, diante de tal praga, bem maior que a da formiga--saúva e do jogo do bicho; bem pior que a do futebol e do carnaval, só uma praga como o Espiritismo, que esclarece inteligências, aclara consciências e ensina a pensar e a raciocinar; só uma praga assim pode combatê-la, sem o propósito, entretanto, de combate.

Por isso é que o Espiritismo é uma das *piores pragas* para o Catolicismo dominante.

E o seria, efetivamente, se dispusesse de bons pregadores. De pregadores que impressionassem as massas por sua eloquência e cultura, pelo exemplo de sua vida e de seu trabalho.

*

Duas *Caravanas da Fraternidade* por ano, iguais a nossa, seriam o suficiente para tomar em pouco tempo de assalto todas as baterias inimigas assestadas contra o Espiritismo.

Ousamos afirmar que nenhuma fortaleza inimiga ficaria de pé.

E ficaria liberto o povo, facilmente, de toda sorte de escravidão.

Mais fácil seria se encontrassem os meios espíritas bem aparelhados, com centros e obras de assistência acreditados; com espíritas de projeção na terra e uma imprensa espírita valiosa e valorosa.

*

A Caravana da Fraternidade encontrou muitos periódicos e dos mais bem dirigidos e bem colaborados.

Alguns, que até abriram colunas, acolhendo e propagando os ideais da Caravana.

Vale a pena citar os que se nos afiguraram mais dignos de nota:

Salvador, Bahia:
LUZ DA VERDADE, órgão da União Espírita Baiana.
ARCO-ÍRIS, órgão da Confraternização Espírita Baiana.
O CAMINHEIRO.

Aracaju, Sergipe:
JUVENIL ESPÍRITA.

Recife, Pernambuco:
A VERDADE, órgão da Federação Espírita Pernambucana.
A LUZ DA VERDADE, revista.
BOLETIM ESPÍRITA, órgão do Instituto Espírita João Evangelista.

Natal, Rio Grande do Norte:
NATAL ESPÍRITA

Teresina, Piauí:
PIAUÍ ESPÍRITA, órgão da Federação Espírita Piauiense.

São Luís, Maranhão:
A LUZ, revista.
MARANHÃO ESPÍRITA.

Belém, Pará:
A REVELAÇÃO, órgão da União Espírita Paraense.
ALMA e CORAÇÃO, órgão do C. E. Caminheiros do Bem.

Posteriormente, apareceram:

Em Maceió, Alagoas:
A LUZ, órgão da Federação Espírita de Alagoas.

Em João Pessoa, Paraíba:
PARAÍBA ESPÍRITA, órgão de divulgação doutrinária.

Em Salvador, Bahia:
O ROTEIRO, órgão doutrinário.

6

Relatório

Palavras de Carlos Jordão da Silva

Parte do relatório apresentado por Carlos Jordão da Silva, em nome da Comissão de Propaganda e Unificação do Conselho Federativo Nacional do mesmo conselho

São Paulo, 3 de janeiro de 1951.

Ilmos. Srs.

Presidente e demais membros do CONSELHO FEDERATIVO NACIONAL

Prezados confrades:

A Comissão de Propaganda e Unificação deste Conselho, que, com os confrades, Dr. A. Lins de Vasconcelos Lopes, Francisco Spinelli e Ary Casadio, compuseram a CARAVANA DA FRATERNIDADE que, a serviço da UNIFICAÇÃO E CONFRATERNIZAÇÃO, percorreu o Nordeste e Norte do país, traz ao conhecimento dos confrades os resultados alcançados por esse empreendimento.

Antes, porém, quer testemunhar aqui sua gratidão aos dirigentes das instituições espíritas e aos confrades em geral daquelas regiões, pelas expressivas provas de carinho e solidariedade com que foi a Caravana recebida em toda parte, desde a Bahia até o Amazonas; pela hospitalidade generosa oferecida aos seus membros nos lares espíritas e pela boa vontade sempre demonstrada para a solução de todas as pendências e lacunas que, porventura, vinham impedindo a união e confraternização entre as diversas instituições espíritas e confrades das localidades visitadas e a sua integração no "Pacto Áureo" de 5 de outubro de 1949.

Rende, também, aqui, a Comissão, sua profunda gratidão ao Pai e ao Mestre, pelos acréscimos de misericórdia que receberam os caravaneiros, pelos abnegados mensageiros do Invisível que, sempre inspirando e amparando, procuraram, de forma às vezes ostensiva, demonstrar o apoio à iniciativa do Alto.

A viagem decorreu sempre de forma normal, sem quaisquer incidentes, com exceção da de Teresina a S. Luís que, em virtude do atraso do avião, foi feita em uma automotriz conseguida pelos confrades de S. Luís para que a Caravana não deixasse de permanecer naquela cidade o tempo previsto. Essa viagem durou 13 horas e num veículo bastante deficiente.

O confrade Dr. Lins de Vasconcelos regressou de Recife, e o companheiro Ary Casadio, de Fortaleza.

Em Recife, integrou-se na Caravana, o confrade Luiz Burgos Filho, que muito cooperou, dali em diante, para o bom êxito da tarefa.

Para melhor produção do trabalho, este foi dividido em três setores:

> DIFUSÃO DOUTRINÁRIA
> HISTÓRICO DA UNIFICAÇÃO E ORGANIZAÇÃO
> SECRETARIA E PARTE JURÍDICA — a cargo do prof. Leopoldo Machado, Carlos Jordão da Silva e Francisco Spinelli, respectivamente.

O Sr. Ary Casadio prestou seu concurso por suas excepcionais qualidades mediúnicas.

Todos os debates, em mesa-redonda, foram presididos pelo prof. Leopoldo Machado que, além das conferências que realizou das tribunas espíritas de todas as localidades visitadas pela Caravana, proferiu também palestras e conferências em teatros e estações radiotransmissoras, em diversas localidades.

Ficou constatada, pelos membros da Comissão, a necessidade de se realizar, periodicamente, trabalho dessa natureza, a fim de que novos incentivos, orientação sadia e solidariedade sejam levados às instituições espíritas e aos confrades daquelas regiões, para maior e melhor desenvolvimento do Espiritismo em nosso país.

A Caravana teve oportunidade de visitar obras de outra natureza, inúmeras, de assistência social e educacional, mantidas por espíritas, em diversas capitais, cujos pormenores serão pessoalmente relatados pelos membros da comissão nas reuniões desse conselho.

Natural que dificuldades inúmeras e incompreensões tenham surgido ali ou acolá, em virtude da natureza do próprio trabalho e da orientação deficiente da grande maioria das instituições federativas que, diga-se de passagem, de federativas só têm o nome, e que deixam de prestar a necessária orientação e apoio aos centros que surgem por toda parte e que, às vezes, são dirigidos por elementos incapacitados.

Todavia, todas as dificuldades, mercê de Deus, foram sanadas e ficaram plantadas as sementes da unificação que, assim, realizou os primeiros ensaios para sua futura consolidação.

*

(O restante do Relatório é a descrição sumária das reuniões, mormente na parte confraternizante. Como se trata disso, menos sumariamente, nas crônicas anteriores...)

7

Repercussão fora do meio espírita

Repercussão na imprensa profana
Entrevista a *O Mundo*
Coisas e casos
A Caravana da Fraternidade
Mais uma conferência...
Sempre eles, os retrógrados...
Mais nicanorbarretismo insubsistente...
Resposta a *O Maranhão*
Caravana da Fraternidade...
Descrucifiquemos o Cristo

Repercussão na imprensa profana

Sempre que excursionamos a serviço da propaganda do Espiritismo, esquecemos que somos diretores de um colégio, que possuímos uma caderneta de jornalista.

Nunca visitamos, assim esquecidos, nem estabelecimentos de ensino, nem a imprensa.

Um erro, entre muitos outros, que cometemos.

Só a partir de Natal é que se nos chamou a atenção para o caso de não visitarmos a imprensa.

De Natal em diante, saímos a visitar, com os irmãos da terra visitada e companheiros de Caravana, os jornais.

*

João Pessoa havia ficado para trás.

Entretanto, soubemos que *A Imprensa* inseriu, na primeira página, formal proibição contra o Espiritismo. A mesma proibição clerical que teríamos de ler, posteriormente, em Natal, Fortaleza, Teresina e S. Luís.

A Imprensa, a despeito de direcionada por um reverendo e publicar a condenação abaixo ao Espiritismo, inseriu em seu número de 19 de novembro:

> Já se foi do meio de nós a chamada *Caravana da Fraternidade*.

Segundo o noticiário do órgão oficial do estado, foi a conferência do prof. Leopoldo Machado entrecortada de constantes aplausos da numerosa assistência que enchia todas as dependências do Teatro Santa Rosa. Pela exuberância dos adjetivos, a gente deduz os entusiasmos mediúnicos que fizeram vibrar a assembleia dos espíritas.

Aqui vai a "Condenação do Espiritismo", que tivemos de ler em jornais de influência clerical de cinco capitais do Norte:

CONDENAÇÃO DO ESPIRITISMO

São as seguintes, as penas cominadas pela Santa Igreja de Deus contra o Espiritismo e os espíritas:

1º — Incorrem em pena de "excomunhão", "ipso facto". É a mais grave de todas as penas canônicas e consiste na excomunhão do fiel batizado da comunhão dos fiéis, pelo que ele fica privado de todos os bens espirituais da Igreja Católica (Can. 2314, 1 e 2).

2º — Não podem receber os Sacramentos, sem previamente "Abjurarem o Espiritismo" (Can. 731, 2).

3º — Não podem ser aceitos como padrinhos de batismo (Can. 765), nem de Crisma (795).

4º — Não têm direito à Missa de sufrágio, nem a qualquer outro ofício fúnebre (Can. 124).

5º — Ficam privados da sepultura eclesiástica (Can. 1240).

6º — A pessoa que "lê e conserva livros espíritas" incorre ("ipso facto") na excomunhão reservada "Speciali Modo" à Santa Sé (Can. 2318).

7º — O Santo Ofício, no decreto de 24 de abril de 1917, proíbe as invocações espíritas.

8º — O Concílio Plenário Brasileiro, no Decreto 136, parágrafos 1, 2 e 3, condena as práticas do "Espiritismo".

*

Em Natal, o *Diário de Natal*, anunciando nossa presença na terra, transcreve a entrevista que havíamos dado, antes de partir, a *O Mundo*, do Rio, adiante publicada.

E *A Ordem* insere o primeiro ataque direto ao Espiritismo e à Caravana. M. de A. diz, como bom católico, coisas assim, no seu "Casos e coisas", contra o Espiritismo:

> Todo mundo sabe — e a experiência vem de longos anos — que o Espiritismo tudo acoberta com o rótulo pomposo da caridade. Com esta "fama", com as encenações misteriosas tão do gosto de supersticiosos, o Espiritismo vai se alastrando... Os centros espíritas se multiplicam, os médiuns vão surgindo, os jornais e os folhetos difundem a pseudodoutrina de Allan Kardec. Assim é o Espiritismo: confusão e nada mais.

E termina, pedindo que os espíritas não preguem que Jesus não foi Deus, em respeito "ao Catolicismo universal e eterno", de vez que havia fervido na terra uma árdua polêmica entre espíritas e católicos sobre a divindade de Jesus.

Entretanto, o conferencista, na conferência da *Rádio Poti*, tocou, para atender a pedidos de fora, no tema proibido.

E, também, na conferência da noite, no Teatro.

Deixamos, ainda, a resposta, adiante, que já publicamos alhures, aos ataques de *A Ordem*.

*

A imprensa de Fortaleza foi muito gentil conosco.

A *Gazeta de Notícias* publicou notas generosas sobre a Caravana, sobre os caravaneiros. Chegou a inserir tópicos que dir-se-ia de jornais espíritas, como o seguinte: “a Caravana da Fraternidade, que ora percorre o Brasil, do Sul ao Norte, proclamando os excelsos ensinamentos de Jesus à luz da Doutrina Espírita...”.

*

O Norte, de Parnaíba, inseriu a seguinte nota:

CARAVANA DA FRATERNIDADE

> Em viagem de propaganda doutrinária e intercâmbio religioso neoespiritualista, chegará nesta cidade pela Aerovias de domingo, os ilustres caravaneiros: professor Leopoldo Machado, escritor, poeta e conferencista do Rio de Janeiro; Drs. Francisco Spinelli, do Rio Grande do Sul; Carlos Jordão, de São Paulo; Ary Casadio, do Paraná, e Luiz Burgos Filho, de Pernambuco, os quais pretendem realizar duas importantes palestras, sendo uma às 10 horas da manhã, no salão da Maçonaria, à rua Conde D'Eu, e a outra na sede do Centro Espírita “Vida e Progresso”, à rua Vera Cruz, desta cidade.
>
> Os referidos caravaneiros e líderes espíritas vêm percorrendo os vários estados do Brasil, estreitando os laços de

> fraternidade religiosa entre os adeptos do neoespiritualismo, em geral, dentro dos moldes cavalheirescos de uma linguagem ungida de amor e carinho, no combate ao materialismo ateu, independente de polêmicas religiosas entre adeptos de outros credos cristãos.
> Todos são homens de grande cultura filosófica, religiosa e fina educação.
> Desejamos-lhes boas-vindas e feliz êxito entre nós.

*

Resistência, de Teresina, noticia que "a finalidade da Caravana é unificar instituições espíritas do Brasil, possibilitando, dessarte, um trabalho fecundo de unidade doutrinária".

*

O Globo, de S. Luís, ouviu, além de outras notas, caravaneiros em entrevista especial, de que ajuntamos aqui alguns tópicos, os mais expressivos:

ENTREVISTADOS PELOS "D. A."

> A reportagem "associada" esteve, ontem, na residência do Sr. Aníbal de Carvalho Oliveira, comerciante em nossa cidade, onde se encontram hospedados os integrantes da "Caravana da Fraternidade". Ali, procuramos ouvi-los, tendo mantido conversação com três deles, entre os quais o professor Leopoldo Machado, que nos respondeu às perguntas que lhe formulamos.

DA BAHIA ATÉ MANAUS

Inicialmente, disse-nos o prof. Leopoldo Machado que a Caravana está em excursão por todos os estados, desde a Bahia até Manaus, "pregando o Espiritismo cultural aos leigos e concitando os espíritas à adesão ao Pacto Áureo de 5 de outubro de 1949".

O 5 DE OUTUBRO DE 1949

Referindo-se a 5 de outubro de 1949, o professor Leopoldo Machado nos declarou que foi essa a data em que espíritas do Brasil, reunidos na sede da Federação Espírita Brasileira, criaram o Conselho Federativo Nacional para servir aos integrantes daquela Federação.

NÃO TEM OBJETIVO POLÍTICO

Afirmou, ainda, que a "Caravana da Fraternidade" não tem objetivos políticos, nem o de combater a qualquer crença. Acrescentou que "o Espiritismo, para se firmar, não precisa combater a religião de ninguém".
O Globo, 3/12/1950.

O *Maranhão*, jornal de influência clerical, publicou duas notas, uma irônica, e outra provocadora, contra a *Caravana*.

E repetiu-se a proibição clerical contra o Espiritismo, em coluna aberta, para afugentar e atemorizar mais.

O Imparcial de 3 de dezembro de 1950 publicou uma nota especial sobre a Caravana:

CARAVANA DA FRATERNIDADE

> Conforme fora amplamente noticiado, realizaram-se quinta-feira, no Tatwa S. José, e sexta-feira, no Centro Espírita Olhar de Maria, as brilhantes conferências do erudito professor Leopoldo Machado, principal integrante da Caravana da Fraternidade, que ora nos visita em Missão Evangélica.
>
> Analisando os últimos séculos da civilização, análise profunda e erudita das Filosofias, das Religiões e das Ciências, o prof. Leopoldo Machado manteve em "suspenso" o numeroso auditório.
>
> Palavra fácil e culta, conhecimento profundo da doutrina cristã, o professor Leopoldo, com a simplicidade que lhe é peculiar, vai ensinando de maneira clara e absoluta, tendo o cuidado de provar de maneira incontestável as suas assertivas.
>
> Também os seus companheiros de jornada muito têm contribuído para o esplêndido êxito da missão da caravana.
>
> Auguramos aos ilustres Caravaneiros uma boa travessia, hoje, rumo à Belém do Pará.

As folhas de Belém do Pará foram unânimes em gentilezas com a CARAVANA DA FRATERNIDADE.

A *Folha do Norte* chegou até a inserir a fotografia dos caravaneiros, que a visitaram em companhia do confrade Osvaldo Pacheco Dilon.

*

A Imprensa, de Manaus, também nos recebeu muito bem.

O Jornal, entretanto, depois de uma nota agradável, publicou um artigo, "Hieroglifo Divino", do padre Nonato Pinheiro, de combate e análise a nossa conferência no Teatro Amazonas. A resposta ao ilustre sacerdote aparece adiante: DESCRUCIFIQUEMOS O CRISTO

Entrevista a *O Mundo*

FALA O PROF. LEOPOLDO MACHADO

Em nossa reportagem de quinta-feira última, focalizamos o Abrigo Tereza de Jesus e lançamos a campanha pró-internação de cinquenta crianças nesse abrigo, visto o local ter em disponibilidade nada menos de cinquenta vagas, não tendo atualmente verba orçamentária para receber novos abrigados. A campanha prossegue, aguardando novas adesões.

Atendemos às sugestões de vários leitores da seção "Do outro mundo", sugerindo-nos também entrevistas com os espiritistas de maior projeção no Brasil, dando um colorido novo à série de reportagens que vimos publicando sobre o Movimento Espírita no Brasil. Entre os nomes indicados, aparece o do professor Leopoldo Machado, "como um dos mais dinâmicos espíritas que o Brasil já conheceu".

EM NOVA IGUAÇU

Não foi difícil ao repórter localizar o professor Leopoldo Machado em Nova Iguaçu. É o homem talvez mais conhecido da terra. Seu nome está ligado à vida da cidade por vários empreendimentos. Foi quem levou o ensino organizado para a cidade; fundador e diretor do

Colégio Leopoldo; um dos fundadores do *Lar de Jesus* para crianças desvalidas; diretor-presidente do Centro Espírita Fé, Esperança e Caridade e organizador de suas diversas atividades; diretor do Albergue noturno Allan Kardec e da CELJ (Confraternização Espírita Lar de Jesus). No Rio de Janeiro é membro do Conselho Fraterno da Legião da Boa Vontade, instituição que pugna por um mundo melhor; vice-presidente da CEPA (Confederação Espírita Pan-americana); professor da Faculdade Brasileira de Estudos Psíquicos; membro do Conselho Federativo Nacional, como representante da Bahia. Foi o principal animador do movimento de Mocidades e Juventudes Espíritas, que há hoje em todo o país; um dos realizadores do 1º Congresso desse movimento, realizado no Distrito Federal em 1948.

Colaborador de *O Mundo*, enviando-lhe, entre outros trabalhos, interpretações do Apocalipse, que os leitores encontram na seção "Do outro mundo".

Um grande fenômeno, esse professor Leopoldo Machado!

Recebendo o repórter na secretaria do seu colégio, foi dizendo:

— Grande honra para mim, receber a visita de *O Mundo*, que é incontestavelmente o vespertino vencedor. Conheço seu fundador, Dr. Geraldo Rocha, desde *A Nota*, de que fui assíduo colaborador ao lado de Leal de Souza.

"Não sei o que pensa do Espiritismo o fundador de *O Mundo*. Sei que não olha com maus olhos, como tem dado provas nos jornais que fundou: ontem, em *A Nota*, hoje, em *O Mundo* que, se é para nós um jornal diferente, sua seção "Do outro mundo" é a seção que mais nos agrada. É o jornal mais lido pelos espíritas, que já são milhares por aí afora. Mas a que devo a honra desta visita?"

— Nossa visita se prende à série de reportagens que *O Mundo* vem publicando sobre as obras de assistência do Espiritismo e dos vultos de maior projeção na vida espírita do país. E como o professor Leopoldo Machado é um espírita dos mais dinâmicos que o Brasil já conheceu, *O Mundo* vem entrevistá-lo para perguntar-lhe uma porção de coisas... Que pensa o professor que se deve fazer para um mundo melhor?

— O mundo melhora; apesar de tudo, progride... É verdade que os homens ainda se matam, mas já não se devoram antropofagicamente. A verdade é que o homem se educa e se espiritualiza conscientemente, e o mundo melhora. E o homem, assim, propicia um ambiente em que os ricos e poderosos não se servem de sua riqueza e poderio para espezinhar os semelhantes, em que os pobres, cientes da sua pobreza, não olham mais os abastados com ódio, inveja e revolta, porque não veem, a dois passos de sua residência pobre, cassinos luxuosos, arranha-céus construídos pelo dinheiro da iniquidade, o câmbio negro, as transações inconfessáveis, os maus administradores fazendo fortunas fabulosas de um dia para o outro.

"Não é, portanto, o regime, a forma de governo, o fator maior de felicidade. Mesmo porque nenhum desses regimes prevalecerá no futuro. Estou com o grande Emmanuel, quando diz, em *O Consolador*, que a forma de governo do futuro será um socialismo diferente, cristão e superior, fundado, naturalmente, nos regimes aí em curso a digladiarem-se."

O ESPIRITISMO NO MUNDO

— Quer o professor nos adiantar se há outro país onde o Espiritismo esteja tão adiantado como no Brasil?

— O Espiritismo, estudado e sentido como religião, só no Brasil tem encontrado campo mais propício. Os espíritas brasileiros sentem o Espiritismo como o Consolador prometido pelo Cristo, praticando-o mais com o coração do que com o cérebro. Como ciência, entretanto, outros povos, principalmente os anglo-saxões, têm pesquisado mais o Espiritismo. Se o fenômeno espírita por si só bastasse, a Inglaterra, onde mais se tem estudado a Ciência Espírita, seria o país mais espírita do mundo.

BRASIL — PÁTRIA DO EVANGELHO

— Por que o Brasil é tido como a Pátria do Evangelho?

— Pátria do Evangelho interpretado em espírito e verdade, pois sabe toda gente que o Cristo e os evangelistas eram asiáticos. Para o Brasil, sabem todos os estudiosos, Ismael, tronco do povo árabe, está, dizem os Espíritos de Luz, transplantando a árvore do Evangelho, que não encontrou clima propício, durante dois mil anos, em outras terras, entre outros povos. Observe que todas as raças já foram convidadas para o Evangelho e todas fracassaram no alto serviço da espiritualização da vida. Por isso, uma raça diferente se forma no Brasil, exatamente das três raças com características psíquicas diferentes. A missão gloriosa do Brasil, na construção do mundo de amanhã, é coisa tão nobre que o Espírito de Humberto de Campos ditou, do Alto, o seu *Brasil, Coração do Mundo, Pátria do Evangelho*. E nós, rastejando cá em baixo, cinco anos antes, proferimos, em 1934, na Federação Espírita Brasileira, a conferência "Brasil, berço da Humanidade e Pátria do Evangelho". Conferência, aliás, inserta na revista *Reformador*.

— Quais seus últimos livros, professor?

— *Cientismo e Espiritismo*, editado pela Estudos Psíquicos, de Lisboa. *O Teatro da Mocidade*, recém-editado pela Gráfica Mundo Espírita. Ultimei, em São Lourenço, *Uma grande vida*, biografia romanceada de Cairbar Schutel, que é, para mim, o maior espírita do Brasil. Estou concluindo *Graças sobre graças*, com as mensagens admiráveis que, pela mediunidade de Francisco Xavier, me foram dedicadas em julho de 1950.

— E sua ação na propaganda pela palavra?

— Tenho-a restringido muito, ultimamente. Em propaganda da Doutrina, já visitei mais de 200 cidades. Agora mesmo, organizou-se a *Caravana da Cordialidade*, de irmãos do Sul em visita aos irmãos do Norte. A Caravana, que é composta do Dr. Francisco Spinelli, de Porto Alegre; Carlos Jordão e Ary Casadio, de São Paulo; Dr. Lins de Vasconcellos, do Rio, e de mim, pelo estado do Rio, deverá partir de avião, rumo a Salvador, no próximo dia 31, pela manhã. Serão visitadas todas as capitais do Norte, desde Salvador a Manaus. A excursão deverá levar uns dois meses aproximadamente.

E aqui finalizamos a entrevista com o autor de *Ide e pregai...*, que nos disse mais do que esperávamos e que, por certo, muito interessará os nossos leitores.

Diário de Natal, 20-novembro-1950.

Coisas e casos

O rádio é, indiscutivelmente, a maior força expansiva e propulsora do progresso. Tivemos disso a prova em nossa excursão ao Norte do país. Nas cidades em que ocupamos o rádio, nossas palavras tiveram vibração diferente. E interessaram, mais intensivamente, o clero. Foi assim em Aracaju e Natal, em Fortaleza e Teresina, em S. Luís e Manaus. Principalmente em quatro delas, em que o clero se saiu terrivelmente contra nós, levando-nos a respostas imediatas. São, portanto, quatro destas respostas, aliás, as mais significativas; que aparecem nestas páginas.

A "Noite de dez séculos", que foi a Idade Média, em que a Igreja de Roma foi toda poderosa, já passou, felizmente.

O clericalismo, entretanto, não compreende assim. Pensa que ainda estamos em plena Idade Média, em que pode mandar e desmandar.

Este, o seu maior erro.

E manda e desmanda, efetivamente, entre povos de cultura religiosa primitiva, como é o nosso povo, infelizmente.

Tivemos disso a prova quando foi de nossa passagem, integrando a *Caravana da Fraternidade*, em algumas capitais.

*

O caso de Natal foi, entretanto, dos mais simples, ao que víramos em *A Ordem*, jornal católico da terra, de 20 de novembro. Traz, na primeira página, soleníssima condenação ao Espiritismo, em destaque, para que ninguém deixe de ler e, no corpo do jornal, uma seção insensata, "Casos e coisas", contra a Caravana em particular.

*

A condenação soleníssima é um gozo de intolerância e parlapatice.

Que há, dentro de todas as civilizações, de belo e útil, de grande e oportuníssimo, que já não fosse condenado pela Igreja, pelo clero?

Nada. É o que provaremos, folheando a História, se houver mister.

Por que iria o Espiritismo fugir à regra geral? O Espiritismo, que é a coisa mais oportuna e grande, mais séria e útil nos tempos em curso?

E que valor tem suas condenações para o Espiritismo e para os espíritas, para os homens livres do século, fiéis ao substancioso conselho de Paula, para que se examine tudo a fim de reter o bem e aceitar somente o que for bom?

Sua condenação só pode ser levada a sério pelos que vão de olhos fechados pela Vida, orientados pelo Sr. vigário, se é que essa gente, em pleno século do avião e da bomba atômica, ainda orienta, de verdade, alguém. E o Espiritismo só quer, em suas fileiras, gente que caminhe de olhos abertos, na consciência do terreno em que pisa.

*

No “Casos e coisas”, a coisa e o caso têm sabor agridoce, que faz toda gente de senso lembrar a história do Sapateiro de Apeles...

O insosso articulista atira a pecha de ignorante aos espíritas (“e entre os ignorantes, se encontra o maior número, que é espiritista”, diz textualmente), a julgar os outros por si mesmo. Priva-se, na verdade, o M. de A. de sua *riqueza intelectual*, a assombrosa ignorância do que é o Catolicismo e o Espiritismo, para atirá-la à gente simples e humilde que, pelo menos, sabe por que é espírita; não é capaz de dizer-se espírita “porque nesta religião nasceu, nesta há de morrer; para acompanhar a religião de seus pais, da família”, justificação tão comum entre católicos.

Sabem, pelo menos, os ignorantes do Espiritismo, por que são espíritas, ao passo que os cultíssimos do Catolicismo não sabem por que são católicos, visto como, se estudassem e compreendessem bem sua religião, deixariam, naturalmente, de ser católicos, que foi o que sucedeu conosco.

*

“O pomposo título de caridade que o Espiritismo apresenta para enganar os tolos”, é outra coisa que preocupa o articulista.

Há aqui duas tolices a comentar: *primus*, essa coisa de pompas é do Catolicismo, de vez que tudo no Espiritismo é simples, sem aparatos e pompas. *Secundo*: se a Igreja dominante, todo-poderosa, que dispõe da maioria e de todos os recursos do governo, fizesse a caridade que devia fazer, claro que nada ficaria ao Espiritismo, nem à doutrina nenhuma a explorar.

Por fugir, profana e egoisticamente, ao primeiro de seus deveres, vão os pigmeus do Espiritismo, e de outras doutrinas, fazendo aquilo que já devia e podia estar feito pela Igreja de Roma.

Vale a pena citar aqui uma autoridade maior, a do Padre Pla, articulista de *O Diário*, de Belo Horizonte. Conta o padre que encontrara Josefa, a beata mais beatinha de sua igreja, censurando-a por não a ver mais na sua beatice. Responde-lhe a Josefa, diz o padre textualmente: "Eu agora, sô vigaro, sou toda do ispritismo. Andei corenta ano pedindo, nas igreja aos santo e aos vigaro, aquilo qui, sem pedi aos ispritos e aos ispritas, eles me dero: consolação, recurso pra eu e meus fios num passar fome, remédios e conforto de toda sorte".

Termina o Padre Pla aconselhando o clero a combater o Espiritismo, fazendo o que os espíritas, embora pobrezinhos e em minoria, estão fazendo, em vez de atacá-los "a condenações e proibições tolas, que ninguém leva mais a sério, em jornais e dos púlpitos".

Que M. de A. e *A Ordem*, tomem o conselho do Padre Pla e terão, com isso, os aplausos e até o concurso dos espíritas.

A Caravana da Fraternidade

Luís Brigido

O professor Leopoldo Machado que, faz poucos dias, passou por nossa Fortaleza, chefiando a "Caravana da Fraternidade", trouxe, com as suas palestras eruditas, de imagens simples, mas cheias de encantamento e de vida, novos alentos e esperanças vivificadoras aos corações alanceados, feridos que foram pela separação de entes que, na terra, se constituíram tesouros de bondade e que deixaram perpetuados neles a grandeza moral de seu espírito, ungido pelo sopro misericordioso da vontade de Deus.

Assisti, por duas vezes, à sua pregação de esclarecimento e demonstração do que é, na verdade e em essência, a doutrina consoladora do Espiritismo. E no meu cérebro e no meu coração como que se rasgaram novas e largas janelas por onde suavemente penetraram as verdades eternas que se vêm sobrepondo, através das idades, à cólera humana, ao seu egoísmo e cegueira, à sua desgraçada incompreensão da doutrina de Cristo e dos grandes iluminados que, de quando em quando, rapidamente, baixam a este planeta de sofrimentos dilacerantes, para que a obra de Deus não pereça, mas prossiga, apaziguando os homens e estimulando-os em nome da redenção de seus espíritos atormentados pela dúvida e pelos vícios.

A ação moral que há exercido Leopoldo Machado — abnegado caminheiro — que percorre as perigosas estradas do mundo, tentando porfiadamente criar uma melhor situação para os que vivem de olhos vendados e de ouvidos surdos aos ensinamentos de Deus, merece mais que admiração de nossa parte, merece respeito reverencioso.

Leopoldo Machado e seus fiéis companheiros de peregrinação pelas terras do Norte e Nordeste, guiados nessa missão altruística por Espíritos de Luz, renovam neste século de desolação, de fome, de miséria e de dor, a missão que os Apóstolos de Jesus desempenharam nos tempos bíblicos e que já desapareceram na misteriosa rotatividade dos dias longínquos, mas cujos legados chegaram até nós, servindo-nos de bálsamo às feridas da alma, que sangram mais dolorosamente que as feridas do corpo.

Espírito convicto, tendo, porém, sobre o Espiritismo ideias somente esclarecidas, o professor Leopoldo Machado, na sua humildade de crente, propaga verdades que milhões e milhões de homens desconhecem, ou que evitam penetrar-lhes o âmago, temerosos de que elas lhes queimem a consciência como ferro candente. Pondo de lado conforto e interesses de ordem material, o professor Leopoldo Machado se aventurando a viagens estafantes, nessa pregação de todas as horas, afigura-se-me um farol iluminando os abismos da terra.

De formação católica, no entanto, nunca jamais me escravizei a dogmas da Igreja. Antes procurei interpretá-los à luz da verdade consubstanciada na existência eterna do Espírito feito à semelhança do seu Criador. E como espiritualista que sou, desde os alhures de minha mocidade, cheguei por mim mesmo à certeza de que a Humanidade se agita por Vontade Superior e que o Espírito é imortal, porque eterna é a vida, desde que impossível seria que Deus, que criou os mundos, deixasse que os seres que neles se agitam interrompessem a missão que lhes foi cometida, vivendo apenas um precário ciclo de tempo na Terra.

Missões como a que tomou a ombros realizar o ilustre professor Leopoldo Machado são imprescindíveis, principalmente neste século de transição em que ferozmente os homens estão a se entrechocar, levados à destruição pelos que, dementados, se julgam os seus guias supremos e ousam desafiar os desígnios de Deus.

Gazeta de Notícias, Fortaleza, 1-12-1953.

Mais uma conferência, ontem, do presidente da Caravana da Fraternidade

Fortaleza assistiu, ontem, em nosso Teatro, com raro entusiasmo, a mais uma conferência do ilustrado prof. Leopoldo Machado, presidente da Caravana da Fraternidade que ora percorre o Brasil de sul a norte, proclamando os excelsos ensinamentos de Jesus à luz da Doutrina Espírita.

Presidiu os trabalhos o Cel. Celso de Freitas, que fez a apresentação dos caravaneiros, seguindo-se-lhe com a palavra o representante da Federação Espírita do Rio Grande do Sul, Dr. Francisco Spinelli, que, em palavras de profunda fé, concitou os presentes à lembrança perene em Deus; Carlos Jordão, representante da Federação Espírita de São Paulo, que dissertou sobre a obrigação da cooperação da mulher no ensino religioso-científico-filosófico do lar, como uma necessidade imprescindível à paz dos povos, e, finalmente, à Vida Evolucionista da Humanidade, apresentada pelo conferencista da noite, prof. Leopoldo Machado, membro do Conselho Federativo Nacional da FEB, que, num improviso de magistral cultura científica, traçou brilhantemente a síntese histórica dos povos, desde a época do materialismo grego até os nossos dias, rememorando em palavras de fogo que o materialismo dialético apresentado pelos sábios de todos os tempos, sempre em flagrante contradição com os princípios da Verdade, tem corroído maleficamente o Edifício Social.

Criticou os sábios, expondo com característicos indeléveis, que os mesmos, ao seu bel-prazer, estruturam os problemas da Vida e do Universo, negando a gênese bíblica, confundindo-os nos mesmos princípios da atual ciência oficial materialista.

Terminando, concluiu o seu extraordinário trabalho, que foi, sem favor, aureolado de um transcendentalismo ideal, convidando médicos, advogados, engenheiros, sociólogos, poetas, artistas, às leituras do Espiritismo, apresentando-o como ponto capital à solução dos magnos problemas sociais.

Gazeta de Notícias, Fortaleza.

SEMPRE ELES, OS RETRÓGRADOS...

Sempre eles, os retrógrados, os misoneístas, os agarrados não à letra que mata das Escrituras, mas à adulteração das coisas sagradas, à conspurcação dos ensinamentos evangélicos!

Se eles proliferam por toda parte, pensando que a Humanidade do século XX é, ainda, toda ela, composta de nicanores barretos, entre as massas que menos estudam os problemas da Espiritualidade, seu domínio é, ainda, quase absoluto...

É o caso do domínio da Igreja de Roma no Brasil.

Principalmente no Norte do país. Tivemos pelos calcanhares alguns deles, quando de nossa excursão ao Norte.

Pelos calcanhares, porque nenhum só suportaria discussão à altura, nem pela imprensa, nem verbal... a despeito de nossa gagueira.

E foi de todos os argumentos que apresentamos, para a demonstração de que, se tudo evolve no tempo e no espaço, a Verdade, o sentimento religioso não pode estacionar; a nossa gagueira foi o que soou mais forte a retrógrados de Aracaju e de Teresina.

Pelo jornal católico, *O Dominical*, de Teresina, saiu-se um dos tais, um tal de Nicanor Barreto, a criticar-nos, descobrindo (diríamos psicanaliticamente, se o tal conhecesse Freud!), em nosso gaguejar, argumentos fortes contra nós, contra o que dissemos. E o que dissemos em Teresina, por quatro vezes, a hora e meia, no mínimo, em cada vez, foi coisa que desafia a contestação de gente culta e sensata, porque coisas que se contêm na História e nas Escrituras, na lógica dos fatos e nos fatos da Ciência!

Se ele, o tal retrógrado, soubesse que nós fôramos totalmente gagos, enquanto andamos debulhando contas de rosários, a deturpar, clericalmente, o Pai-nosso, porque a rezar Padre-nosso, que é enxerto de padres para valorização do artigo, embora contrarie, duplamente, o *Pater*, porque não está assim no Evangelho do Cristo; porque é contra o Evangelho do Cristo; e o Cristo e o Evangelho proíbem, claramente, que se chame a alguém pai... e padre, ou papa, quer dizer pai.

Ora, se, atualmente, só gaguejamos nos pontos psicológicos de nossas exposições, progredimos até fisicamente, com o Espiritismo, é óbvio...

Já fomos, sim, católicos e protestantes, mercê de Deus.

E não nos arrependemos disso, como se não arrepende o estudioso que chega à gramática, depois de passar pelo primeiro e segundo livros.

E só chegamos à gramática depois que estudamos bem o primeiro e segundo livros. Livros que não estão bem estudados pelos que ainda leem por eles. Assim não fosse, e não sairiam, misoneisticamente, contra irmãos seus, cristãos de outros credos, que vão por outros caminhos, por bem saberem que o Cristo ensinou: "Tenho outras ovelhas que não são deste rebanho...", houvessem estudado bem seus livros — principalmente os que ainda não saíram, nicanorbarretamente, do primeiro livro, e não se atreveriam a vir a público contra o que não conhecem, não podem compreender e muito menos sentir. O tatu e a formiga só sentem e compreendem bem o que está dentro de sua toca, de seu formigueiro, porque no formigueiro nasceram, no formigueiro ou na toca hão de morrer, como justifica seu regionalismo.

Admitir inferno e céu teológicos em pleno século XX, essa coisa em que nem os padres acreditam a sério, é, não há dúvida, permanecer estagnado em matéria de espiritualização.

Dissemos que nem os padres acreditam a sério, porque se a sério acreditassem, bem diferente seria a vida que levam, os exemplos de cristandade que dão. Assim, seus atos e sua vida destroem, nas menores coisas, essa crença. Por isso mesmo, aí está, há vinte séculos, sua Igreja e, contudo, nem o problema da paz humana resolveu. E, contudo, não preparou nem prepara a Humanidade para ser feliz. E a Idade Média, em que foi todo-poderosa, em que mandou sem entraves de outras crenças, é, indiscutivelmente, o período da História em que reinou maior ignorância, em que mais se brigou. E até se matou *ad majorem Dei gloriam*...

É o que provaremos, se houver mister de tanto!

Nós, de nós mesmos, é que não desejaríamos galgar o Céu teológico, se ele, de fato, existisse. Bem nos saberia o exemplo do morubixaba da história de *Bartolomé de Las Casas*, que respondeu aos jesuítas catequistas da América Central: "Se os senhores também vão para o Céu, eu prefiro ir para lugar bem diferente!".

Céu significa lugar de delícias.

Estivesse nosso crítico tatibitate — e é preferível tatibitatear na palavra do que na inteligência, no entendimento, na razão —; estivesse nosso crítico tatibitate menos escravizado aos grilhões dos dogmas da Igreja, de vez que nenhuma prática e nenhum ensinamento do clero se enquadra na letra e no espírito do Evangelho! — e teria compreendido que o conferencista, invalidando, lógica, evangélica e racionalmente, o Céu do Catolicismo, substituiu-o por três Céus logicíssimos, indiscutíveis: o estado de alma que o Cristo ensinou em várias passagens de seu Evangelho; os lugares em que reine paz e harmonia, em que se encontrem duas ou três pessoas reunidas em seu nome, e os mundos superiores, que gravitam no Espaço Infinito, outras tantas moradas da Casa do Pai, de que nos falou o Cristo.

Mas isso é outra história.

É história para inteligências e entendimentos que já passaram do primeiro livro, que já chegaram à Antologia e à Gramática.

Divulgação do Centro Espírita *Irmão Adriano*, de Teresina, janeiro de 1951.

MAIS NICANORBARRETISMO INSUBSISTENTE

Derrubou-nos o coração que, depois de sete meses, para, não para, reagiu.

Consequência de nossa excursão ao Norte, na Caravana da Fraternidade?

É possível, com tantos nicanoresbarretismos pela frente...

O de 4 de fevereiro, inserto em *O Dominical*, é, mesmo, de arromba!

Salientam-se, na longa moxinifada do padre-sem-batina, pontos que valem a pena comentados e respondidos.

São eles: 1º) seus conceitos e o da Igreja sobre o Espiritismo; 2º) o Espiritismo não é religião; 3º) nossa fraqueza em tudo, até na gagueira; 4º) liçõezinhas de gramática; 5º) sua urbanidade forçada; 6º) nossa cultura negativa; 7º) o papa não é a besta do Apocalipse etc., etc., etc.

Isso, o que se nota de saída... Ou de entrada...

Cada item comportaria um comentário à guisa de artigo à parte.

Englobamos tudo, *currente calamo*, numa resposta só.

Nem suas razões clericalíssimas e seu arrojo superficial merecem mais.

*

I) Vale zero sua primeira razão.

Que sabe Nicanor Barreto e sua Igreja sobre o Espiritismo?

Nada. Não estão, portanto, à altura de emitir conceitos sobre o que ignoram, sobre o que não perquiriram, sobre o que não estudaram.

Vão estudar e perquirir, primeiro, a Doutrina, comparando-a, principalmente, com o Catolicismo. E verão que as 118 respostas de seu monumental *O Livro dos Espíritos* aí estão, desafiando contraditas de quem quer que seja. E isso já vai para 96 anos...

II) Supondo-se, para corpo de uma religião, dogmas, templos, sacerdotes, como elementos fundamentais da religião, o Espiritismo não é, efetivamente, religião. Ninguém pode explorá-lo e, em seu nome, viver da fé alheia. Nem ele tem altares para serem entupidos de calungas e manipanços, bentos e milagreiros, expostos à beatice e exploração da fé alheia.

Mas, se religião é "a arte de ligar os homens entre si para religá-los a Deus", o Espiritismo é a religião. Basta religar sempre; basta não afastar ninguém, definitivamente, de Deus, por não admitir infernos e penas eternas, para ser a Religião no sentido exato do termo.

III) Somos, realmente, fracos em tudo. Até na gagueira oratória.

Nossa gagueira, entretanto, se opôs a que continuássemos gaguejando nicanorbarretamente, aos pés de padres, engolindo hóstias e dizendo amém a todas as suas lérias, na crença de que seu paganismo cristão seja, efetivamente, a religião pregada por Aquele que ensinou "só em espírito e verdade devemos adorar a Deus".

Deixamos essa outra gagueira para os nicanores de todos os tempos...

IV) Grato a suas liçõezinhas de gramática.

Se, entretanto, se tratasse de discussões gramaticais, havia muito o que dizer e o que apontar em seu escrito. Mas com licença e perdão para o latinório: *de minimus non curat praetor*...

V) Não lhe agradecemos, tampouco sua urbanidade forçada.

Nem pode agradecer um homem que saiu pelo Norte afora, pregando, para quem quisesse ouvir, sem atacar crença alguma, os fundamentos de sua crença religiosa, dentro das garantias que nossa constituição permite.

Não fôssemos o espírita que somos, e diríamos que asco nos causara a figura que não vimos, de quem não ouvimos falar, que se aproveitou de nossa ausência de Teresina para atacar-nos como o fez, nicanorbarretamente.

VI) Que sabe o adversário gratuito de nossa cultura?

Se apalpou bem, porque não nos procurou aí para uma contradita fraterna e verbal?

E olhe que levaria a melhor, por não ser gago e por contar, por certo, com a bênção e as graças da *Santa Madre*!

Seria melhor negócio do que essa história de cainçalha grunir depois de passar a caravana...

VII) Que o magnata de Roma — a cidade das sete colinas — é a Besta do Apocalipse, o 666 da Visão de João Evangelista na Ilha de Patmos; que a Igreja de Roma é a grande prostituta, que se tem aliado aos grandes e poderosos da Terra para humilhar os fracos e pequeninos, só pode negá-lo quem desconhece o espírito da profecia, a história da Igreja; quem não procura examinar de tudo para aceitar o que for bom, para reter o Bem, como aconselhou Paulo.

E a frase latina, *Vicarius fili Dei*, que impugna tão nicanorbarretamente, lá está, inteirinha, no livro monumental, *As quatro Babilônias*, de Marius Celi, que não é adventista; lá está no monumental livro, *Sinais dos tempos*, de Aníbal Vaz de Melo, que é livre-pensador. Está, ou deve estar, em todos os livros que tratam, livremente, das profecias do Apocalipse, que, infelizmente, a cultura monumental do fogoso articulista desconhece.

E basta por agora.

*

O Espiritismo, na sua pobreza e simplicidade bem iguais à simplicidade e à pobreza do cristianismo primitivo, procura fazer o que pode e até o que não pode, no serviço de aclarar inteligências e cristianizar corações. Essa coisa de que tanto se descurou a Igreja.

Se a Igreja persistir em defender seus postulados e fundamentos de tantos séculos atrás, isso é com ela e com os nicanores barretos que a levam a sério.

Sua alma, sua palma...

Resposta a *O Maranhão*

O Maranhão, jornal do clero, sai-se, agressivo, contra a Caravana, nas edições de 3 e 10 de dezembro de 1950.

No primeiro artigo, critica a desmoralização a que chegaram os passes espíritas no Maranhão, terminando com este apelo: "Longe, bem longe, maranhenses, da velha superstição gentia, cristalizada nos absurdos da metempsicose".

No segundo escrito, "Estranha declaração do prof. Leopoldo", salienta nossa contradição em afirmar: I – O Espiritismo, para se firmar, não precisa combater religião de ninguém; II – "Então, o Espiritismo não combate, por exemplo, a Religião Católica; III – Entre o Kardecismo e o Catolicismo medeia este báratro: a Divindade de Jesus; IV – Só uma boa fé justifica uma declaração assim, tão contraditória e imprevista...

I – Pois o Espiritismo não combate, efetivamente, o Catolicismo por sistema. Estuda e expõe os erros, as incoerências de doutrinas absurdas, que não resistem a dois dedos de lógica. Ora, como tudo no Catolicismo é absurdo... Levamos quarenta dias excursionando o Norte do país. Em nossas conferências não se ouviu nenhum ataque ao Catolicismo. Entretanto, atacado como fôramos e como foi o Espiritismo e a Caravana, surgiram revides como este, claro.

Uma doutrina que, para valer e se impor, precise de atacar e denegrir as crenças alheias é, por si mesma, uma doutrina falida.

II – E foi isso o que o Catolicismo fez e faz por toda parte. Principalmente, nos ambientes em que a falta de cultura religiosa é maior e a simplicidade do povo é mais considerável.

III – Entre o Kardecismo e o Catolicismo medeiam outros absurdos, bem maiores do que este, como o da confissão salvadora dos padres; o Inferno, casa de tortura eterna; as penas eternas; a existência do diabo, eternamente mau, espírito do mal; a vida única; a condenação de Deus sempre bom e misericordioso.

Jesus ser o próprio Deus é absurdo sem nome, que aberra do bom senso e da lógica; da Escritura e do testemunho do próprio Cristo e de seus apóstolos. "Aquele Jesus, que foi feito um pouco menor do que os anjos do Céu" é de Paulo, que não compreendia, como nós, como os espíritas não compreendem, que Deus seja menor do que os anjos do Céu, que Ele criou...

IV – Não há em nós, nem em espírita algum, boa-fé para afirmações deslastradas de bom senso e de lógica. Nem teríamos boa-fé para levar os ensinamentos católicos e a autoridade do padre a sério.

Nossa boa-fé é de outra têmpera, bem diferente...

Caravana da Fraternidade

Desde domingo último está em nossa capital a brilhante "Caravana da Fraternidade", constituída dos Srs. prof. Leopoldo Machado, escritor, conferencista, poeta, diretor de um afamado colégio em Nova Iguaçu, Rio de Janeiro; Dr. Francisco Spinelli, advogado em Porto Alegre e vice-presidente da Federação Espírita do Rio Grande do Sul; Carlos Jordão da Silva, farmacêutico em São Paulo e secretário-geral da União Social Espírita; e Luiz Burgos Filho, figura de realce nos meios espíritas de Recife.

Estes ilustres e devotados confrades, logo no dia em que chegaram, deram início às tarefas que se impuseram como objetivo de sua visita, isto é, realizar uma série de conferências interessantes e atualíssimas, nas quais o Cristianismo é focalizado à luz da Terceira Revelação e bem assim apertar os laços de mútua confiança, afeto e compreensão que devem existir entre todos os espíritas do Brasil e do mundo.

Em ambiente de superior alacridade e contentamento, na sede da União Espírita Paraense, esses prestimosos amigos da Verdade têm falado a uma grande assistência, que se repete todas as noites, ansiosa de aprender os ensinamentos que a cultura e a experiência ministram.

O prof. Leopoldo Machado, com a autoridade que lhe firmou o renome, desenvolveu magnificamente os seguintes temas: "Espiritualismo *versus* Materialismo, "Evolução religiosa"; "Tempos apocalípticos". O Dr. Spinelli, palavra suave mas empolgante e inspirada, dissertou sobre organizações espíritas e os trabalhos que a elas estão afetos. Carlos Jordão, o diplomata da Caravana, igualmente falou sobre as organizações espíritas e a eficiência dos seus trabalhos na hora presente.

Noitadas felizes, de muita luz, paz e alegria, estas em que os nossos irmãos do Sul brasileiro têm convivido com a sociedade paraense, pronunciando advertências e instruções lucidamente arrancadas ao estelário do Evangelho de Jesus.

Quarta-feira, porém, voaram para Manaus, no desempenho de sua espinhosa missão, os Srs. prof. Leopoldo Machado e Burgos Filho que, a esta hora, na risonha capital baré, devem estar apontando o sagrado fruto da Árvore da Verdade aos nossos irmãos do estado vizinho. E a tribuna, aqui muito bem ocupada, continua com os distintos conferencistas, que são Francisco Spinelli e Carlos Jordão da Silva.

Hoje, sábado, de regresso, o prof. Leopoldo proferirá, à noite, sua última conferência. Os outros caravaneiros dirão as suas despedidas. E todos nós lhes renderemos o testemunho da nossa gratidão e amizade, para sempre, por não ser pequena a dívida de que se fizeram credores, tudo abandonando em sua terra, famílias, obrigações funcionais etc., para nos trazerem, como trouxeram, a mensagem do amor fraternal, sustentado pelo Evangelho de nosso Senhor Jesus Cristo.

Aqui, desde já e de público, a União Espírita Paraense, a Cruzada dos Militares Espíritas, a Confraternização

Espírita Paraense, o Lar de Maria, os Legionários da Campanha do Quilo e a União da Mocidade Espírita Paraense consignam sua carinhosa simpatia, afetuosa benquerença e gratidão infinitas aos beneméritos confrades dessa oportuníssima "Caravana da Fraternidade"; reconhecem o utilíssimo alcance dos trabalhos eficientes e luminosamente efetivados para o progresso do Espiritismo Cristão na terra paraense, e formulam, diante do Senhor, os mais ardentes votos de muita paz, felicidade e progresso a todos os confrades e instituições cristãs do resto do Brasil, por intermédio dos queridos amigos, Leopoldo Machado, Carlos Jordão, Francisco Spinelli e Burgos Filho.

L. M.

O Imparcial Esportivo de 9-12-50 – Pará.

Descrucifiquemos o Cristo

Ao Padre Nonato Pinheiro, da Academia Amazonense de Letras.

Somos gratos, duplamente reconhecidos ao ilustre padre acadêmico, por nos ouvir pela Rádio Baré e nos honrar com a coluna de *O Jornal*, de Manaus, de 10 de dezembro. Por honrar-nos com os hieroglifos de sua prosa a propósito da cruz, que lhe é um hieroglifo divino.

Atira-nos o reverendo Nonato com a responsabilidade do convite para descrucificarmos o Cristo! Entretanto, o convite parte de gente mais autorizada do que nós, porque de um padre francês, Pierre Lange, cujo nome devia ter ouvido pronunciado por nós, conforme escrito seu, traduzido, inserto em *A Noite*, do Rio de Janeiro, precisamente há uns dez anos. Crônica que possuímos arquivada; que aparecerá, se houver mister. Gostaríamos de assumir, para gáudio nosso, a autoria do convite, que o aceitamos, exatamente por sermos espíritas, porque o Espiritismo está descrucificando o Cristo.

Concordamos com o Padre Nonato em que o Cristo dignificou a cruz. E dignificou-a tanto, que afirmara: "Quando eu for alevantado na cruz, atrairei todos a mim". Mas ser alevantado na cruz não quer dizer ser permanentemente crucificado, o que tem feito, infelizmente, a Igreja de Roma.

Continua crucificando-o duplamente, na sua Doutrina, que adulterou dolorosamente, reduzindo-a a admirável organização temporal que aí está, "a obra política mais genial da inteligência humana", como afirma Augusto Comte; e no seu corpo simbólico — é Roma, aquela Sodoma apocalíptica, "onde também o Senhor foi crucificado", como se vê no Apocalipse (cap. 11:8).

O reverendo acadêmico, que se esparramou copiosamente, no jornal, com sua literatice hieroglífica, aproveite-se de espaço igual para desmentir-nos, provando que sua Igreja é a Igreja do Cristo. Faça-o, que nos encontrará para demonstração em contrário, folheando a História e as Escrituras, citando fatos e as ensinanças do Catolicismo...

Ficamos-lhe agradecidos, também, por haver descoberto serenidade e nobreza até mesmo nos ataques à Igreja, na exposição que proferimos no Teatro Amazonas, irradiada pela Baré. Exposição que o ilustre reverendo classifica de discurso e conferência. Entretanto, nem conferência, nem discurso, que essas coisas xaroposas e vazias são próprias de políticos e reverendos. Somos mais objetivos, porque somos professores parece que fora de sua época. Assim, o que proferimos ali foi uma exposição didática, para os poucos que, nesses dias politicamente clericalizados, já têm olhos de ver, ouvidos de ouvir e inteligência de compreender. "Objeções mil vezes apresentadas e mil vezes respondidas", como diz o ilustre padre acadêmico. Duvidamos muito. O que ouviu pela Baré foram argumentos que não se destroem facilmente, porque pela primeira vez coordenados e concatenados assim. E a prova é que, de todos os argumentos que encheram hora e meia, S. S. só se preocupou com a cruz, em crucificar ainda mais o Cristo, porque não compreendeu nem sentiu o sentido que seu colega francês emprestou aos termos *descrucificar o Cristo*, que é realizar, em nome do Cristo, obras de piedade cristã, de caridade e humanitarismo, o que a Igreja não faz, absolutamente. Agora mesmo, na Igreja de Nazaré, em Belém, companheiro nosso ouviu do padre de lá que só a porta principal do templo reformado vai ficar em mil e duzentos contos... Ora, isso em nome do Cristo, e numa terra de pobreza e miséria, com o dinheiro arrancado à miséria e à pobreza, é, não há negar, crucificar ainda mais o pobrezinho do Cristo de Deus! E foi exatamente devido a crucificamentos tais, que a Igreja de Roma, todo-poderosa durante a "noite de dez séculos" que foi, para Michelet, a Idade Média, não fez a Humanidade feliz, não conseguiu a espiritualização e a cristianização da Humanidade, não evitou que surgisse a Reforma e é impotente para impedir o surto do Espiritismo. E, a despeito de ainda poderosa entre os povos primitivos em cultura religiosa, como nosso povo, não tem força para evitar que outras doutrinas se formem no seio de SUA CRISTANDADE, oferecendo mais consolações e vantagens.

Se não existisse, dentro da Igreja e da Idade Média, um Tomás de Aquino, seria força admitir que, então, tal noite fora, além de longuíssima, profundamente caliginosa. E a justiça que o expositor espírita fez ao grande vulto da Igreja é prova de que o Espiritismo não precisa guerrear com religião nenhuma para propagar-se. Não tivemos, assim, ataques ao Catolicismo. Comparamos, apenas, na consciência de que só se pode conhecer o melhor pondo em confronto com o pior. Ademais, uma Doutrina que "não veio para afastar ninguém de sua crença, desde que se sinta bem nela", "que reconhece que todas as religiões são caminhos diferentes que levam ao mesmo alvo", e por isso mesmo que o Cristo ensina "tenho outras ovelhas que não são deste rebanho"; uma Doutrina assim não tem interesse em atacar crença e religião de ninguém. Mormente, se não tem sacerdote assalariado para pregá-la; se não consente que ninguém viva a explorar a fé alheia, que é o caso do Espiritismo. Reconhecemos o grande papel que a Igreja desempenhou no passado. Negá-lo seria crime que nenhum homem culto e de bem cometerá. Principalmente, negá-lo por paixão sectarística. Foi ela, não há negar, a depositária do ideal do Cristianismo. Principalmente, nos primeiros séculos, em que o bispo de Roma ainda não se tinha arvorado a papa. Mas admitir que, em pleno século XX, é ela o único caminho certo e curto de levar a Criatura ao Criador; que somente nos braços de sua cruz pode o homem chegar ao Cristo de Deus, é outra questão. Aliás, se bem ouviu pela Baré nossa exposição, devia ter sentido a lógica da argumentação que desafia contradita de quem quer que seja, ainda que tenha maior graduação na hierarquia clerical e pertença a academias mais altas.

E às suas prezadas ordens, Padre Nonato Pinheiro, DD. Membro da Academia Amazonense de Letras.

O Jornal, de 7-1-51, Manaus.

8

Impressões epistolares

Excertos de cartas de amigos e confrades
Álbum da Caravana

Excertos de uma carta de Eusínio Lavigne, de Salvador, ao Dr. Júlio de Abreu Filho, de São Paulo:

Foi meu hóspede, com prazer imenso para mim, o prof. Leopoldo Machado, que, com os demais companheiros, partira para o Norte, em excursão de propaganda espírita, no dia 3 deste.

Notamos um proveito da Caravana. Fundou-se a *União Social Espírita*, da Bahia, nos moldes da de São Paulo.

Uma explicação.

Eu defendi e assinei a ata da *União Espírita Paraibana*, que aprovou, em fins de dezembro de 1949, o pacto de 5 de outubro do mesmo ano...

Tempos depois, com a leitura de um panfleto de A. Pereira Guedes e uma carta de Souza do Prado, modifiquei meu pensamento, mas ressalvei a utilidade do Conselho Nacional da Federação Espírita. Nesse sentido, recusei-me participar de nova organização espírita, projetada por dois confrades para combater a Federação.

Sempre vi na existência desse Conselho um meio propício para uma modificação de atitudes da Federação. O que se tornava necessário era um trabalho inteligente e fraterno de conferir ao Conselho maior autonomia, de maneira a ser, amanhã, um Conselho de Espiritismo no Brasil. Para tanto, era mister que a turma dos componentes desse Conselho se revestissem de maior autoridade. Concomitantemente, os jornais espíritas independentes iriam ressaltando a importância da autonomia do nosso órgão nas mãos de confrades — como deve ser — de elevada estatura moral e cultural.

Assim, sem lutas dissolventes, ir-se-ão aplainando as dificuldades, ao ponto de, por fim, chegar-se ao ideal da unificação. Foi o que fez Leopoldo dizer: "cuidemos, primeiro, da confraternização, que o mais virá de acréscimo".

Em verdade, vou procurar sintetizar as informações que a Caravana, por intermédio de Leopoldo, secundado por Lins de Vasconcelos, que fez uma exposição ampla do modo como resultou a constituição do pacto; por Carlos Jordão e Francisco Spinelli, houve por bem nos transmitir.

Preliminarmente — acentuou-se bem — a Caravana viajava sem caráter oficial. No mérito: que o seu pensamento era mais de confraternizar do que pregar, propriamente, a UNIFICAÇÃO, que é um assunto mais complexo. Que o rigorismo da Federação cederia, como, em parte, já cedera, daquilo que nos parece mais espírito excessivamente conservador, para dar lugar às inovações progressistas da Doutrina. Que o papel do Conselho era, exatamente, ser o orientador, sem caráter obrigatório, do movimento espírita nacional. Um conselheiro, como o próprio nome o indica. Que víssemos o exemplo de S. Paulo com a UES, a princípio recebida com desconfiança e, hoje, aceita com satisfação, para, por fim, possivelmente, transformar-se na única entidade federativa, pela corrente irresistível da ação confraternizadora, que é o primeiro passo para a UNIDADE.

Nestas condições, a bem da causa, passássemos uma esponja no passado e reconsiderássemos a importância histórica do CONSELHO NACIONAL. Um Conselho com honrados membros, livres e senhores de sua responsabilidade, não se ateria a discussões pessoais ou a divergências facciosas, que sempre se afastam dos resultados positivos.

E Leopoldo ajuntou mais: que já havíamos ganho 10% nesse particular; e basta um começo feliz para abrir novas perspectivas sedutoras nas jornadas empenhadas. Consequentemente: a previsão de sucessivos reajustamentos capazes, afinal, de consolidar, unilateralmente, a doutrina de Kardec, doutrina dos Espíritos. Por outros termos: não era possível a unificação espírita, por entre embates apaixonados, sem ânimo apaziguador, ou atitudes e linguagem violenta, de que, infelizmente, embora com boa intenção, se servem certos confrades, por sinal alguns deles bem inteligentes e cultos. Por tais meios não se constrói, porque todo o tempo se dissipa em destruir, sem reedificar.

Em síntese, compreendi o pensamento de Leopoldo Machado deste modo: que, com uma política hábil, confraternizante, o Conselho Nacional viria a ser o órgão unificador do Espiritismo, donde ser intuitivo que a Federação Espírita se revigoraria, como integrada na sua verdadeira finalidade, fora da ação personalista de dirigentes, uma vez que não confundamos com os homens que a dirigem, uma instituição do topo da Federação Espírita Brasileira, que tem por si um largo passado de trabalho, de crédito, de moralidade e de consolidação material.

Conhecendo, como conheço, a envergadura moral de Leopoldo Machado, um abnegado pela causa, não duvidei da sinceridade de suas palavras, tanto mais quanto lógicas, a meu ver. Realmente, precisamos, no caso, ser diplomatas, a serviço da paz e não de discórdias, uma vez que é acreditável uma modificação no ensino espirítico adotado pela Federação.

De uma carta de Francisco Oliva, DD.
presidente da União Espírita Sergipana:

Creia, meu amigo, ao receber tal notícia (a da enfermidade do destinatário da carta) senti penetrar dentro de mim uma emoção dorida, natural a toda criatura sensível, quando se tratando de pessoas como você, que já se tornou um nome nacional pelo muito que tem feito em bem da reforma religiosa, procurando despertar a Humanidade do sono secular da ignorância, arrancá-la do tenebroso círculo dos dogmas, preconceitos, ritualismos etc., etc.

Meu caro Leopoldo, ao receber tão entristecedora notícia, nada mais pude fazer além de uma prece em conjunto com os companheiros da União Espírita Sergipana, pedindo ao misericordioso Criador de todas as coisas, de todos os mundos que rolam no Espaço Infinito, pelo seu completo restabelecimento etc.

De uma carta do jornalista Lafaiete Belo
a um amigo de Recife:

Leopoldo Machado, como sempre, vai à frente de mais um movimento de alta significação espiritual e, em vários estados, inclusive Bahia e Alagoas, vão ficando assinaladas a sua passagem e a sua influência fraterna e doutrinária.

O movimento a que acima aludo diz respeito ao assunto contido naquela sua entusiasta correspondência a mim dirigida há poucos meses; medidas atinentes à organização de um *Poder Central*, sob os auspícios da Federação Espírita Brasileira.

Até o momento em que me aproximei do Leopoldo e de seus dignos companheiros, num ambiente de "mesa-redonda", conservei-me desconfiado e propenso a dar combate à tal ideia de CENTRALIZAÇÃO, que tanto receio inspirou a você e certamente a outros confrades dessa grande e boa terra. Quando, porém, depois de uma série de argumentos de parte a parte, cheguei à evidência de que Leopoldo Machado e seus dignos companheiros não tomariam tal atitude, tampouco fariam tal sacrifício para defender causa naturalmente ingrata, julguei prudente capitular, render-me, enfim, à luz de tão justas e honestas aspirações de interesse coletivo.

Os dias vividos em Maceió, durante a curta permanência dos caravaneiros, foram sobremodo ricos de luz e de fé em fases ainda mais construtoras...

De uma carta de Fernando Malta de Campos,
presidente da Federação Espírita Alagoana e
fundador do *Lar das Velhinhas*:

Felicito a você e aos nossos irmãos companheiros de Caravana pelo feliz resultado colhido na propaganda, e sou de parecer que nós devíamos concorrer, mesmo com um pouco de sacrifício, para que todos os anos, excursões como esta tivessem seu eco por toda parte. Bem entendido, com a sua voz de comando à frente.

De uma carta de Elias Sobreira, organizador do serviço da Campanha do Quilo e elemento de alta ponderação no meio espírita de Recife:

Ainda sob a sublimíssima impressão que nos deixou aqui a *Caravana da Fraternidade*, tendo ainda nos ouvidos de meu espírito os ecos amorosos e sábios de sua palavra, venho dizer-lhe que a sua passagem por aqui, sem que eu queira exagerar coisa alguma, foi a semente sagrada, caindo em terra bendita, e já está germinando. Emudeceram as querelas, cessaram as questiúnculas, extinguiram-se os desentendimentos que fermentavam antes de sua vinda e, por tudo isso, meu bendito irmão, permita que, em nome de todos os espíritas sinceros de Pernambuco, que só anseiam a paz e a solidariedade em nome de N. S. Jesus Cristo, eu deponha em sua mão, meu querido professor, um beijo de gratidão sincera, rogando ao Altíssimo que espalhe sobre seu espírito, perenemente, as divinas claridades de seu amor, e que essas claridades envolvam os inesquecíveis caravaneiros: Spinelli, Jordão e Casadio...

De uma carta de Joaquim da Silva Gomes, que nos hospedou em Recife:

...fica assinalada a vossa passagem por este estado, Caravaneiros da Luz e do Amor e da Fraternidade. E podemos já dizer, com toda certeza, que não foi em vão essa passagem por aqui, visto que já está produzindo admiráveis frutos no seio da família espírita pernambucana. A árvore da fraternidade por vós plantada nesta cidade pegou; e já está regada carinhosamente por todos os espíritas dignos desse nome. E, sendo assim, todos estamos de parabéns, e muito especialmente vós, caravaneiros, pelo salário alcançado.

De uma carta de José Augusto Romero, ilustre presidente da Federação Espírita Paraibana, de 18 de novembro de 1950:

A cidade ainda vive sob a magnífica impressão deixada pela memorável conferência realizada no Teatro Santa Rosa. Você deixou o seu coração dividido e subdividido entre os espíritas daqui.

Rogo aos bons Espíritos assistência para os dignos companheiros de Caravana.

Não se esqueça de retornar à Paraíba, quando houver oportunidade.

Da carta do mesmo confrade, de 30 de outubro de 1951:

Deus não deixa de conceder moratória aos que trabalham e produzem nesta hora decisiva para a Humanidade. A sua palavra nos faz lembrar as pregações sublimes de Paulo — o campeão do Evangelho, na era do Cristianismo primitivo.

Digo-lhe, com franqueza, que durante o período de 27 anos, que assinala a parte mais feliz de minha vida presente, o orador que mais me emocionou e melhor satisfez aos anseios de meu Espírito foi aquele que falou, em novembro do ano passado, no Teatro Santa Rosa, desta cidade. E o orador em apreço é a pessoa a quem me dirijo neste momento.

A sua passagem por esta cidade deixou traços tão luminosos que jamais se apagarão.

Não estou a fazer elogios. Estou falando com o coração de quem sente a responsabilidade imposta pela rigidez da doutrina que nos irmana.

*

João Pessoa, 1º de dezembro de 1952.

Leopoldo, querido:

Devo-lhe uma carta. Sou, portanto, devedor. E, muitas vezes, o credor, sendo generoso, aguarda, pacientemente, o cumprimento do dever a que está obrigado o devedor. Agora, vou pagar a minha dívida sagrada para com um confrade, a quem deveria ter conhecido há trinta anos. Mas é que o tempo não espera por ninguém e devo me submeter aos superiores desígnios. Embora tardiamente, tive a satisfação imensa de conhecer o Leopoldo Machado, ainda, na presente existência. O fato é que nos conhecemos pessoalmente e jamais a nossa ligação espiritual será desfeita.

Tenho ouvido muitos oradores. Ouvi Epitácio Pessoa. Ouvi Maurício de Lacerda e Waldemar Ferreira, quando falaram, aqui, no Teatro Santa Rosa. Passados muitos anos, no mesmo Teatro Santa Rosa, ouvi Leopoldo Machado. O grande tribuno espírita superou os oradores acima citados. As paredes daquele teatro gravaram uma monumental conferência. Uma conferência que emocionou profundamente. Uma conferência sem precedente em toda a história do Espiritismo na Paraíba. Estou a exagerar? Não. Estou afirmando um fato verdadeiro.

O campeão da palavra não emudeceu. O arquivo de conhecimento armazenado em seu Espírito cada vez mais se amplia. Pouco importa que o corpo se desgaste. Enquanto o corpo se desgasta, o Espírito se retempera para outras realizações, mais elevadas e mais em harmonia com as coisas divinas.

Fique certo, Leopoldo, de que a família espírita da Paraíba não esquecerá jamais a sua passagem pela cidade de João Pessoa, passagem essa semelhante ao brilhante meteoro que cruza os céus, deixando rastros luminosos.

Você muito realizou na Pátria do Evangelho, durante muitos anos de propaganda.

E ninguém reconhece melhor o seu trabalho do que o meigo Nazareno. Nenhuma de suas palavras ficou no olvido. Todas elas foram captadas no mundo das vibrações, em que tudo é registrado e devidamente apreciado pela Justiça Eterna.

Como vai a sua saúde?

Não posso esquecê-lo. Talvez ainda nos encontraremos na presente existência, caso isso não seja possível, nossas mãos se entrelaçarão no mundo espiritual, quando abandonarmos a vida física.

Aguardo a sua resposta.

Não me prive da satisfação de seu pensamento escrito.

Receba um cordial abraço e muitas saudades do confrade e amigo:

ROMERO

DE UMA CARTA DE FELIPE SOARES DE MELO, QUE HOSPEDOU CARAVANEIROS EM NATAL E DIRETOR DE *NATAL-ESPÍRITA*; DATADA DE 9 DE DEZEMBRO DE 1950:

Ainda continuamos sob a magnífica impressão daqueles dias de felicidade espiritual que aqui passamos com a Caravana da Fraternidade.

DA CARTA DE OLÍMPIO MACIEL, PRESIDENTE DO C. E. JESUS E CARIDADE, DE MACAÍBA:

Quando de sua estadia em Macaíba, se bem de poucos minutos, ficamos, eu e minha mulher, conjecturando que sua visita a nossa humilde casa parecia um sonho, isso porque, quando nosso confrade, Felipe, nos disse de sua vinda a Macaíba, nós achamos bem difícil, especialmente minha mulher, que tinha um desejo ardente de conhecê-lo de perto. Graças a Deus, realizamos o nosso desejo, tendo oportunidade de ouvir a sua palavra atraente, cheia de ensinamentos evangélicos.

DO CEL. CELSO DE FREITAS, APONTADO, POR SEU ESPÍRITO PONDERADO, PARA SER O PRESIDENTE DA COMISSÃO ORGANIZADORA DO SERVIÇO DE UNIFICAÇÃO EM FORTALEZA, CEARÁ:

Causou-me, bem como aos irmãos da Federação Espírita Cearense, uma verdadeira obnubilação a notícia de seu recolhimento ao leito. Sabemos dos esforços excessivos para suas forças, que o querido irmão vinha desenvolvendo há longos anos e, naturalmente, sem cuidados especiais, o instrumento do trabalho baqueou!

Por outro lado, a Doutrina nos ensina que aqui não estamos peregrinando senão para resgate, pela dor, de erros e crimes. A um trabalhador assíduo e valoroso como você, em cujas palavras e atos, muito especialmente atos, todos nós encontramos os exemplos a seguir, o estímulo e o incentivo para prosseguir, sem desfalecimento, na luta pela reabilitação espiritual, sei dispensável qualquer palavra de conforto. Aqui estou, todavia, trazendo-lhe nosso carinhoso amplexo fraterno, a fim de que você sinta os nossos corações pulsando uníssonos com o seu, embora ainda não saibamos realizar tudo aquilo que você nos ensinou e, em seus anseios de guia esclarecido e animado, teria almejado ver realizado...

De Teodorico da Costa Barroso, que foi o companheiro constante dos caravaneiros; poeta, autor do Hino da Escola Leopoldo Machado, da Confraternização Espírita:

Ainda perduram entre nós, isto é, entre os nossos confrades do Ceará, as vossas sublimes lições de fraternidade e de puro amor cristianizado. A vossa estadia aqui, entre nós, foi oportuníssima, pela necessidade gritante de acabar com a divisão partidária da Federação Espírita e Confederação Espírita...

Felizmente, com a presença dos caravaneiros da Fraternidade e, sobretudo, em virtude de vossa projeção espiritual e evangelizadora, foi posta abaixo a muralha dessa Bastilha e, sobre os seus escombros, alevantou-se a UNIÃO ESPÍRITA CEARENSE, para consolo dos que dividiam a fraternidade espírita. Todavia, a meu ver, não nos era preciso essa nova entidade social. Bastaria que todos os espíritas se compreendessem melhormente e, desistindo dessa nova modalidade social, formassem um só corpo, uno e indivisível, tendo por base a obediência à Federação Espírita Brasileira, e que nos organizássemos em centros e grupos, conforme havíamos começado no tempo de nosso saudoso irmão, Major de Engenharia-Militar, Dr. Manoel Viana de Carvalho.

Graças à vossa sábia influência, a Federação Espírita voltou ao título primitivo de *Centro Espírita Cearense*, e a Confederação Espírita ao de *Centro Auxiliador dos Pobres*, com diretorias autônomas. Mas os antigos Grupos Espíritas continuam...

Há necessidade de convencer os nossos confrades que não são os títulos que nos enobrecem perante o mundo e perante Deus, nosso Divino Pai, mas tão somente nós outros é que enobrecemos estes títulos pelo modo como procedemos, dentro das verdades eternas, contidas na Doutrina Espírita Kardequiana Cristã.

A Federação devia ser uma só para todo o Brasil, irradiando a Doutrina única para todos os centros estaduais e municipais. E os grupos e centros, recebendo desta a mesma corrente de evangelização kardequiana cristã. Se o Espiritismo não venceu ainda, teria sido por falta de homogeneidade cristã dessa carência de perfeita obediência ao conjunto de fraternidade religiosa e verdadeiro amor à causa que tanto defendemos.

Da carta do prof. João Rodrigues Vieira, presidente do C. E. do Piauí, hoje transformado em F. E. Piauiense, de quem foram hóspedes todos os caravaneiros. Carta datada de 21 de dezembro de 1950:

Lamento você haver perdido a biografia (*Uma grande vida,* de Cairbar Schutel, restaurada posteriormente), mas somos espíritas e devemos, por isso, sofrer resignados. "Nem todo o mal é mal e nem todo o bem é bem."

Agora, quero falar da Caravana.

A sua passagem entre nós deixou um marco assinalado em nossos corações.

Sentimos uma nova atmosfera de luz nos circundando. Vivemos horas de felicidade. Ainda estamos experimentando os fluidos benéficos, espargidos pela CARAVANA DA FRATERNIDADE. Cada um de seus elementos disseminava diferentes fluidos: Leopoldo nos deu o fluido magnético de sua palavra de fé, de ânimo, inspirando-nos no prosseguimento da jornada a que nos empenhamos por amor ao Espiritismo; Spinelli, com a sua inteligência serena, nos ofereceu o fluido da ordem e da disciplina na direção dos trabalhos doutrinários; Carlos Jordão, com o seu entusiasmo contagiante, nos presenteou os fluidos do entendimento das coisas administrativas, revelando-nos o segredo da direção das Instituições; Luiz Burgos completou a obra meritória da Caravana com o seu bom humor e inteligência aproximativa, por saber convencer, conquistar e mesmo converter ao Espiritismo mais adeptos para as suas fileiras.

Foi assim, prezados confrades, a missão da Caravana em nosso Piauí.

Da carta de José de Paula Bezerra, um dos maiores animadores do Espiritismo em S. Luís do Maranhão, datada de 3 de janeiro de 1951:

Depois de trinta dias em que o prezado irmão deixou S. Luís, volto a reatar nossa correspondência. Não pude, ainda, esquecer o grande entusiasmo, o reavivamento espiritual que o bom irmão nos proporcionou com os demais membros da Caravana da Fraternidade.

Os nossos corações sentem-se saudosos da vibração de que fomos alvos. Não nos foi possível olvidar aquela grande pregação de 1º de dezembro, no Grupo Espírita "Olhar de Maria", lá no Céu. Pregação efetuada no templo de Deus, que é o ar livre, o Espaço Infinito, onde muita gente ouviu aquela superpregação dos seus lares ainda distantes duzentos metros, pois, com o auxílio do alto-falante, a altura em que está situado aquele centro e a doce ventilação a soprar, tudo concorre para que fosse a oratória ouvida por maior número de pessoas...

A notícia mais alvissareira do meio espírita de S. Luís é a que, depois de sete reuniões da Comissão Organizadora, confeccionamos os estatutos e fundamos a *Federação Espírita do Maranhão*.

Da carta de Aníbal de Oliveira, que hospedou os caravaneiros em S. Luís do Maranhão, datada de 29 de junho de 1951:

Ainda perdura em mim a grata satisfação que tive da visita em nossa terra do prof. Leopoldo, acompanhado de sua luzida *Caravana da Fraternidade*, esperando em Deus que, dentro em breve, possamos tê-lo mais dias conosco, na certeza de nosso maior desenvolvimento espiritual, ao entrarmos em novo contato com tão ilustres evangelizadores.

Agradecendo a Deus nos ter concedido por mais tempo na terra o convívio amigo do prof. Leopoldo entre nós, seu confrade e irmão em Jesus...

Da carta de Plácido José Camões, presidente do C. E. Maranhense, datada de 5 de janeiro de 1951:

Embora tardiamente, só agora me é permitido agradecer, em meu nome e em nome do *Centro Espírita Maranhense* e da *Tenda Espírita de Caridade Dr. Neto Guterres*, a consoladora visita que nos foi feita em 2 de dezembro último, pela Caravana da Fraternidade, da qual fazias parte. Embora essa missão seja das mais sublimes, ela teve e deixou-nos a impressão de um relâmpago.

A posse (da diretoria da FEM) realizou-se no Tatwa S. José de Ribamar, ficando desse modo realizada a aspiração da Caravana da Fraternidade, que veio até nós com o propósito de federar os núcleos espíritas do Maranhão...

Carta de Osvaldo Pacheco Dilon, presidente da "União Espírita Paraense", datada de 17 de abril de 1951:

Sirvam estas linhas de preito cristão e reconhecimento fraterno, como testemunho da eterna benquerença que lhe dedicamos, sobretudo, como gratidão aos serviços espirituais que prestou à terra e ao povo paraenses, quando aqui esteve integrando a Caravana da Fraternidade.

É um preito muito esmaecido de justiça que lhe rendem a *União Espírita Paraense*, a *União da Mocidade Espírita Paraense*, a *Cruzada dos Militares* e o *Lar de Maria*. E o fazemos com o coração e o pensamento orando ao Senhor para que o guarde em paz e felicidade, sob as bênçãos da Suprema Verdade.

Ao irmão e ao seu lar.

Noutra carta, de caráter mais amplo e de sentido mais coletivo, datada de 18 de abril de 1951, acompanhado um pacote da revista *A Revelação*:

É, ainda, relembrando os momentos de muita satisfação e alegria que tivemos, pela graça do querido PAI, a felicidade de fruir durante a permanência dos ilustres e estimados irmãos componentes da *Caravana da Fraternidade*, que escrevo estas poucas linhas ao querido irmão, para transmitir-lhe, como os meus, os votos de bem-estar, alegria e paz espiritual.

Creia que, graças ao seu boníssimo coração, conquistou um lugar privilegiado nos corações daqueles que tiveram a felicidade de conviver consigo, muito embora ligeiramente. Sentimos que somos devedores, muito devedores a Deus pela oportunidade que nos proporcionou de estreitarmos relações de amizade tão sincera, não somente consigo, como também com os demais irmãos queridos, componentes da ilustre Caravana que nos visitou.

Da carta da senhorita Lucia Ramos Pinto, de cuja família fôramos hóspedes em Belém do Pará:

Lucia Ramos Pinto é presidente da Mocidade Espírita Legião do Bem e foi elemento preeminente da delegação do Pará no *Congresso de Mocidades Espíritas*:

Os abraços e votos de boas-vindas, o abraço do professor Leopoldo Machado e o abraço espiritual de Mamãe Marília, foram para nós de grande emoção. Queríamos saber de tudo e de todos; daquele lar amigo que outrora fora nosso lar também — o *Lar de Jesus*. E, então, ficamos satisfeitos. E, então, lembramos que o Pai Misericordioso e Bom nunca desampara aqueles que nele confiam e esperam. O professor, nosso hóspede, hóspede da Legião do Bem! Quantas graças!

Depois, o primeiro almoço em Belém do Pará, na terra do açaí!

E nós, ansiosas de que a noite chegasse, para conhecermos os outros irmãos, que só conhecíamos de nome: Francisco Spinelli, Carlos Jordão, Luiz Burgos Filho... O professor mostra-nos o retrato de todos, tirado na passagem por S. Luís do Maranhão. À noite, foram-nos apresentados. Dali em diante foram memoráveis todas as noites em que podemos ouvi-los cheios de atenção, desejosos de mais conhecimentos. Hoje, aqui estamos para homenageá-los...

Trechos de uma carta a amigo, de Marcelino Queiroz, DD. Presidente da Federação Espírita Amazonense:

Foi com imensa satisfação que recebemos a grata notícia da visita da Caravana da Fraternidade, que, na missão grandiosa de unificação da família espírita brasileira, chegara até nós, a fim de que, também, o Amazonas pudesse ficar integrado no Pacto Áureo. Maior, porém, foi a nossa alegria em recebermos no aeroporto da "ponta pelada" a figura muito conhecida como o maior pregador da Doutrina dos Espíritos, o professor Leopoldo Machado, nome que é, no nosso meio, sempre querido e lembrado com carinho pela sua atividade e convicção doutrinária.

Era seu companheiro de jornada, nosso velho confrade, Luiz Burgos Filho, de Recife.

Ouvimos o prof. Leopoldo Machado na sede da Federação Espírita Amazonense. Casa cheia. Todos ansiosos para ouvir o verbo inflamado do orador. A sua conferência foi belíssima e eloquente, muito aplaudida. Em seguida, tivemos a "mesa-redonda" composta de elementos espíritas, a fim de que, num ambiente de fraternidade, seja restaurada a harmonia no seio da família espírita amazonense.

A presença da CARAVANA DA FRATERNIDADE no Amazonas foi como que um farol luminoso para as consciências dos homens responsáveis pelo valor moral da Doutrina Espírita.

Não foi em vão que a semente foi lançada em nosso meio. Alguma coisa já se realizou dentro do campo da Fraternidade.

As conferências públicas de Leopoldo Machado, realizadas na Federação, no Teatro Amazonas e na União Operária Amazonense, atraíram não só os espíritas de Manaus, como o mundo oficial...

Pudéssemos ter, vez por outra, a visita de irmãos doutrinadores, para despertar nossa negligência de conhecimentos doutrinários e, assim, elevaríamos bem alto a Doutrina que professamos.

Aos caravaneiros e, especialmente, ao prof. Leopoldo Machado, a nossa gratidão pelas luzes que nos trouxeram.

Álbum da Caravana

Adquirido na Bahia, em Salvador, o ÁLBUM DA CARAVANA, era exibido, em todas as cidades, nas reuniões íntimas entre espíritas.

Ficaram, então, registrados os seguintes resumos:

Na Bahia:

"...a Bahia, a terra *mater* da nacionalidade, o berço do Espiritismo no Brasil, a pátria de Luís Olímpio Teles de Menezes — o primeiro espírita combativo do estado e do país —; a Bahia, terra boa e hospitaleira, que anda na memória de toda gente, enfeitada de canções, florindo saudades e animando literaturas bonitas; a Bahia está una por seus espíritas mais responsáveis, laboriosos e sinceros na ação construtiva em prol da união e da unificação."

Em 1º de novembro de 1950.

Assinaturas de 15 espíritas, sendo a primeira de Veriano Raul Pedrão, e a última de Manoel Sampaio Marques.

Em Sergipe:

"...principalmente sua capital — esta graciosa Aracaju — que recorda seus dois devotados pioneiros do Espiritismo — Basílio Martins Peralva e o Irmão Fêgo — Sergipe e Aracaju espiríticos, que promoveram o primeiro Congresso de Mocidades Espíritas, estão firmes e unos na liça pelo serviço redentor da socialização e unificação do Espiritismo.

É o que afirmam, sincera e cristãmente, seus espíritas mais representativos, assinados a seguir."

Em 5 de novembro de 1950.

Assinaturas de 23 espíritas, sendo a primeira de Dálio Ribeiro de Mendonça, e a última de Maurina Ferreira Ramos.

Em Alagoas:

"...e, principalmente, Maceió, sua capital, que recorda Melo Maia, o pioneiro do Espiritismo na terra — Maceió, a primeira cidade no Norte a apresentar apreciáveis obras de assistência social, como o *Grupo Escolar William Crookes*, o *Orfanato São Domingos*; Maceió e Alagoas não podem ficar à margem do movimento de unificação, inerente ao Pacto Áureo de 5 de outubro de 1949.

Seus espíritas representativos confirmam, com sua assinatura abaixo, a necessária cooperação no grande movimento."

Em 9 de novembro de 1950.

Assinaturas de 26 espíritas, sendo a primeira de Fernando Malta de Campos, e a última de Mario da Silva.

Em Pernambuco:

"...e, principalmente, sua linda capital, Recife; a cidade em que Teodorico Duarte Ribeiro teria sido, culto e laborioso, o pioneiro da prática e difusão do Espiritismo; Recife e Pernambuco, estado e capital líderes do progresso do Norte do país, onde o Espiritismo vai encontrando clima e corações para se expandir, não podem andar senão na vanguarda do movimento da união e unificação que, no momento justo, vai empolgando o Brasil. É o que confirmam os espíritas mais representativos, pondo suas assinaturas nesta página..."

Em 15 de novembro de 1950.

Assinaturas de 24 espíritas, sendo a primeira de Lírio Ferreira, e a última de Lúcia de Souza.

Na Paraíba:

"...e, principalmente, sua alegre capital, João Pessoa, que foram encontradas vibrando pelo Pacto Áureo, zelando, assim, pelo fogo sagrado que o amazonense, Manoel Alves ascendera nesta abençoada terra; João Pessoa e Paraíba reafirmam, por seus espíritas representativos, os propósitos de continuar *combatendo o bom combate* da unificação federativa."

Em 16 de novembro de 1950.

Assinaturas de 18 espíritas, sendo a primeira de José Augusto Romero, e a última de Urbano Lins.

No Rio Grande do Norte:

"...e, principalmente, Natal, sua graciosa capital, que, provavelmente, entrara o Espiritismo com o primeiro núcleo espírita que Valério Pereira Lírios teria fundado em 1919; Natal, que lembra o dia áureo do advento do Cristo e do Cristianismo; Natal e o estado de que é capital não podem ficar à margem do movimento vitorioso da unificação, que se alastra por todo o país. Que não podem e não querem ficar à margem, afirmam seus espíritas mais representativos, com suas assinaturas seguintes."

Em 18 de novembro de 1950.

Assinaturas de 14 espíritas, sendo a primeira de Sebastião Felix de Araujo, e a última de José Roque Martins e Silva.

No Ceará:

"...e, principalmente, Fortaleza, sua formosa capital, onde teria aparecido, segundo Leopoldo Cirne, o primeiro centro espírita no Brasil; Fortaleza e Ceará, a terra que deu Bezerra de Menezes e Viana de Carvalho ao Espiritismo, estão firmes e coesos para o alto serviço da unificação do Espiritismo na terra que é o Coração do Mundo.

É o que confirmam os espíritas mais representativos, cearenses, com suas assinaturas."

Em 22 de novembro de 1950.

Assinaturas de 29 espíritas, sendo a primeira de José Borges dos Santos, e a última de Vicente Vieira Ramos.

No Piauí:

"...e sua capital, principalmente, esta Teresina que deve conjugar à quentura de seu clima, o calor de seu entusiasmo pela unificação espirítica; Teresina e o estado vão marchar, galhardamente, ombro a ombro, com os que se debatem em prol do Pacto Áureo de 5 de outubro de 1949. É o que confirmam as assinaturas de seus espíritas mais representativos a seguir."

Em 27 de novembro de 1950.

Assinaturas de 13 espíritas, sendo a primeira de João Rodrigues Vieira, e a última de Verbena Angélica Sobral Arcoverde.

No Maranhão:

"...e, principalmente, sua tradicional capital, São Luís; São Luís e Maranhão, terras abençoadas de dois caravaneiros invisíveis — Guillon Ribeiro e Humberto de Campos — não podem nem devem permanecer à margem do movimento unificativo. Que não devem, nem podem, afirmam, com suas assinaturas, os espíritas mais representativos da terra..."

Em 30 de novembro de 1950.

Assinaturas de 13 espíritas, sendo a primeira de António Alves Martins, e a última de Placido José Camiões.

No Pará:

"...e sua capital, principalmente, a cidade em que, até o presente, se verificaram os fenômenos espíritas mais extraordinários, pela mediunidade de D. Ana Prado; Belém e o estado do Pará não podem, claro, permanecer à margem do movimento unificador, que se opera no Brasil, que terá de irradiar-se, depois, pelo mundo, na preparação da humanidade do Terceiro Milênio. Que não podem, nem querem ficar à margem do grande movimento, atestam com suas assinaturas abaixo, os espíritas mais representativos de Belém."

Em 5 de dezembro de 1950.

Assinaturas de 18 espíritas, sendo a primeira de Osvaldo Pacheco Dilon, e a última de Elmira Lima.

No Amazonas:

"...Imensa na sua vastidão e na generosidade acolhedora de seus filhos, e, principalmente, Manaus, sua bela capital, para onde Bernardo Rodrigues de Almeida trouxe o Espiritismo, não podem, nem querem ficar à margem do movimento que domina, atualmente, o Brasil. É o que afirmam seus espíritas mais representativos, com suas assinaturas a seguir."

Em 6 de dezembro de 1950.

Assinaturas de 22 espíritas, sendo a primeira de Marcelino Queiroz, e a última de Artur da Trindade.

9

Por que acreditamos no Pacto Áureo

...E ACREDITAMOS, AINDA, NO PACTO ÁUREO?

Sim, acreditamos sinceramente.

Acreditamos no PACTO ÁUREO, exatamente por não ser obra dos homens, mas de Espíritos luminosos. Espíritos que inspiraram, também, a *Caravana da Fraternidade*.

Ademais, se foram Espíritos bons que inspiraram um e outra, os homens que se lhe entregaram têm, mercê de Deus, uma fé de ofício que os acredita para a conservação do depósito divino.

Capitulamos, por muita exigência de nossa parte, que o Conselho Federativo lhe dá, apenas, dez por cento.

Dar-lhe-á, de futuro, mais, muito mais, que a obra é divina, embora sem colimar aquilo que o Cristianismo não colimou, em vinte séculos: *a sintonia absoluta de todas as interpretações doutrinárias num foco único de visão e realização*, como ditou Emmanuel.

Ora, por compreendermos e sentirmos assim é que, a despeito de amigo e até colaborador de *O Poder*, saímos a campo quando seu ilustre diretor, e mais outros confrades, se puseram a ridicularizar uma coisa que reputamos seriíssima.

E escrevemos os artigos seguintes com que fechamos este volume, que saíram naquele jornal, graças ao espírito liberal, a despeito de tudo, de seu diretor.

Acreditamos no Pacto Áureo, sim!

Acreditamos no Pacto Áureo, sim!

Mas no Pacto Áureo em si mesmo, que é menos obra dos homens do que dos Espíritos.

O que houver de mais importante nele é obra dos Espíritos, ou pelos Espíritos inspirada, a exemplo do próprio Pacto.

A segunda prova que tivemos de sua inspiração do Alto foi em Maceió, no *Banquete de Iguarias Espirituais*.

*

As primeiras provas, que seriam para nós, mais do que suficientes, tivemo-las nós mesmos...

Fomos levados ao PACTO ÁUREO pelos Espíritos.

Nada sabíamos do que ia suceder.

Nem tivemos convite nenhum para a reunião.

Recém-falecida a esposa há meio mês, apenas comparecemos ao Teatro João Caetano, a 3 de outubro de 1949, à abertura do II Congresso Pan-americano, por instância de amigos e organizadores do Congresso.

Aliás, parece que para testemunharmos a generosa homenagem que se prestou à mulher brasileira, na pessoa da querida morta.

Homenagem profundamente emotiva e muito grata ao nosso coração.

*

Naquela quarta-feira de 5 de outubro, depois do almoço, veio-nos uma vontade súbita de ir ao Rio.

Vontade, aliás, de última hora.

Fazer o quê? Nem nós mesmos o sabíamos.

Iríamos, sim. Nesse caso, iríamos pagar uma conta à rua da Misericórdia, e dar dois dedos de boa conversa com ilustre confrade, na gerência de um jornal da avenida.

Perdemos o primeiro trem.

Se fôssemos nele, chegaríamos cedo demais para a reunião do Pacto Áureo.

Na Central, pusemo-nos à espera do primeiro bonde que nos levasse às barcas ou ao Largo de S. Francisco.

Veio o segundo bonde.

Ao passar pela Livraria da FEB, que vontade louca de saltar para apanhar o último livro do Chico Xavier!

Saltamos, o bonde ia já andando.

O restante, exatamente como está na crônica, que pusemos em o *Mundo Espírita*, de 22 de outubro de 1949:

*

"Um só era o desejo de todos: unidade de ação para maior expansão e esplendor da Doutrina que a todos nós irmana!

Os mais afoitos e entusiastas — e nós, a despeito de tudo, entre eles — queriam a realização imediata do grande sonho.

Daí, os congressos e as assembleias, os planos e os programas de confraternização e unificação que se sucediam.

Embora todos empenhados no bom combate sejam homens de bem, cultos e honestos, pontos de vista, entretanto, criavam dificuldade ao áureo *desideratum*.

De súbito, os horizontes se aclararam.

E a terra boa e fértil dos corações generosos, sacudidos pelo grande anseio, se propiciou às primeiras sementes.

É que nada vem senão no devido tempo.

E o tempo devido soou, precisamente, na tarde de 5 de outubro.

Diz-se que não existe o acaso.

Se existisse, teria sido por acaso que nos encontramos na memorável assembleia.

Foi assim:

Entramos, acidentalmente, na Livraria da Federação.

Demos aí com o Antônio Negreiros, de S. Lourenço, concertando com ele nossa ida a sua cidade aquática, a seu hotel.

Chegam, primeiro, Dr. Sílvio Soares e Carlos Jordão da Silva, de S. Paulo.

A conversa anima-se a propósito do caráter religioso do Espiritismo que, em geral, os irmãos americanos da língua espanhola e inglesa não aceitam, ainda.

Tapam-se-nos, por trás, de brincadeira, os olhos.

Adivinhamos: era o ilustre confrade, Wantuil de Freitas.

E vão chegando congressistas dos estados. Em pouco, as delegações do Rio Grande do Sul e Paraná, de São Paulo e Santa Catarina, o Lins de Vasconcelos e outros confrades, inclusive toda a diretoria da FEB.

— Que vem a ser isto? — perguntamos.

— Não sabe? Vamos assistir ao acordo da unificação. E você, que não sabia de nada, se veio parar entre nós...

Ficamos, sacrificando, claro, com muito prazer, parte dos propósitos que nos levaram ao Rio.

Os abraços, as manifestações efusivas de cordialidade se sucediam antes da magna sessão, que se realizou lá em cima, no segundo andar.

Presidiu-a o presidente da Federação.

Ficáramos à parte, ao lado do Jorge Gaio, porque teríamos de sair antes de terminar o ágape excepcional. Mas as circunstâncias nos arrastaram, mau grado nosso, ao lado do presidente, entre ele e o Lins de Vasconcelos, de frente do Vinícius.

Casualidade ou determinismo?

Determinismo, talvez, para apreendermos um pouco de tolerância e mansidão com o Lins de Vasconcelos, e arrancarmos, de uma vez, e mais depressa, as farpas que andamos, por força de pontos de vista contrariados, espetando na sensibilidade do Vinícius e do Wantuil.

....

Satisfação para todos, que se projetou daquela sessão magna para o Brasil inteiro, interessando, particularmente, aos que pensam e sentem em harmonia com os imperativos da atualidade espírita do Brasil e quiçá do mundo.

Somos um desses, felizmente.

E ninguém mais insuspeito para afirmá-lo do que nós".

*

Fomos, assim, convidados dos Espíritos para a reunião do Pacto Áureo. Convite que os homens, aliás, endossaram, arrastando-nos à mesa, cercando-nos de considerações, alegrando-se com a nossa presença.

— Você, que tem se batido tanto pela causa...

— E sempre tão mal compreendido...

— ...é que não podia ficar, de maneira nenhuma, de fora.

— Por isso é que os Espíritos me trouxeram até aqui — respondemos.

A terceira prova: impulsivos e demasiadamente francos que somos, por vezes impetuosos e drásticos, mal sabendo conter nossos impulsos naturais, fomos, entretanto, durante a *Caravana da Fraternidade*, de uma tolerância admirável, que até a nós mesmos admirou extraordinariamente.

Controlados, naturalmente, pelos Espíritos, pois, às vezes...

Os fundamentos em que se processara o Pacto Áureo não foram matéria para discussão, mas para aceitação, de vez que se tratava de uma responsabilidade a mais da FEB.

Era a *Federação Espírita Brasileira* que saía a campo para, em seu próprio nome, unificar.

Por bem conhecermos os ânimos dos espíritas em geral, mormente dos mais agitados, como nós mesmos, sentimos que não seria obra para colimar, imediatamente, e cento por cento, a unificação.

Vimos, para logo, que a exigência da lista tríplice, conferindo ao presidente da FEB autoridade discricionária para a escolha do representante — e, com essa autoridade, maior responsabilidade para ela e dificuldades para a unificação — vimos que só isso seria motivo de desentendimentos e incompreensões. E, talvez, de malquerenças também...

Entrevimos que uma organização à parte — pelo menos, no princípio, até toda gente se capacitar dos bons propósitos dos irmãos dirigentes da FEB — entrevimos que uma organização à parte, em que a FEB entrasse como outra qualquer instituição acreditada, embora gozando, com justiça, de maiores distinções e, por seu passado e por sua eficiência, galhardoada diferentemente; entrevimos que, assim, daria muito mais certo...

E teríamos dito isso, se fosse o caso de discutir o plano.

Aceitamo-lo, contudo, e disso não nos arrependemos.

Era dez por cento que se obtinha, depois de tantas lutas e percalços.

Quem já obteve dez por cento conquistou, naturalmente, alguma coisa mais do que zero.

*

Não esperamos o fim da reunião, nem assinamos a ata que se lavrou do acontecimento. E, até o presente, não modificamos, a despeito do pouco que já demos ao Pacto Áureo, nossa opinião.

NÓS E *O PODER*

Se justificamos a existência de *O Poder*, achando, quase, que se trata de um periódico que deve existir? Perfeitamente, embora discordando em muita coisa de seu diretor, e ele de nós.

Trata-se, para nós, de um jornal necessário ao meio.

Um jornal independente, em que se pode dizer — pró ou contra as ideias de seu diretor — o que quiser. Uma espécie de *Jornal dos Debates* dos espíritas.

Aliás, nossa opinião sintética sobre *O Poder*, já seu ilustre diretor colocou, juntamente com a do Imbassahy, em número anterior.

*

Discordamos de muita coisa de *O Poder*.

Na questão do Pacto Áureo, ou do "pato aéreo", como ele o chama, por exemplo, estamos em campos opostos.

*

Não achamos lógico, por exemplo, seu combate ao Pacto Áureo, insistindo em confundir os homens com a ideia, os seus doutrinadores com a doutrina...

Pusemos em seu jornal um longo artigo, historiando as razões por que aceitamos o Pacto Áureo, saindo à frente da *Caravana da Fraternidade* até Manaus.

Afirmamos, e tornamos aqui a afirmar, que, para nós, para nosso caso, o Pacto Áureo não foi, nem é, obra de homens, mas dos Espíritos.

E ajustamos provas que, para nós, satisfazem plenamente.

Ele não gostou de nossas razões, embora não lhes negue razão, mas publicou-as, ajustando, no jornal seguinte, razões suas em contrário.

Elogia, imerecidamente, como espírita e como amigo, o articulista, descobrindo em nós coisas que não possuímos.

E diz — "No entanto, não convenceu. Deduzimos que o *pato aéreo*, segundo Leopoldo, é obra divina, mas a exemplificação dos principais responsáveis ainda está distante da realidade evangélica".

Não convencemos a quem?

E a quem desejaríamos convencer?

Escrevemos a verdade, convencidos nós mesmos de que, desde a primeira hora, andávamos lutando por uma coisa ainda inatingível: o entendimento geral entre os espíritas.

Os homens nos desiludiram, desiludem-nos a cada passo. Mas os Espíritos nos convenceram.

E somos um convicto do Pacto Áureo, exatamente por não ser obra de homens. Por isso mesmo não é obra para hoje, mas para amanhã.

O plano é grandioso, e a doutrina é bela.

Mas os homens...

E é neste passo que acertamos com o Arlindo.

O Cristianismo aí está há mais tempo. E o Espiritismo já vai para cem anos. Datam, portanto, de mais tempo. Entretanto, os cristãos, os espíritas...

Já se obteve dez por cento, que é alguma coisa para quem só havia conseguido zero.

Só isso... e nós nunca esperamos mais do que isso...

Assim, não escrevemos para convencer ninguém, mas para dizer de nossa convicção, que é coisa diferente. E que em nada se abalou com a observação fraterníssima do Arlindo.

*

Não compreendemos bem a conclusão a que chegou o confrade ilustre, embora convicto de que, no Cristo, tudo convence: a pregação e as obras, os exemplos e a vida, suas palavras e seus atos.

Entretanto, quem, de quantos o seguiram e o conheceram de perto; qual o discípulo e o beneficiado por Ele, Jesus, esteve, cento por cento, ao seu lado, na hora amaríssima de seu martiriológio?

Ninguém — eis uma verdade duríssima — dos que, como nós ambos, podiam vestir calças.

Afora algumas poucas mulheres...

O exemplo do Cristo é muito grande para o nosso caso. É exemplo de gigante para pigmeus como nós...

Procuremos imitar exemplos menores: dos Francisco de Assis, dos Bezerra, dos Cairbar Schutel...

E, sem esquecermos o *não julgueis...* do Cristo. Não devemos desprezar, julgando nosso irmão, a intenção dele.

Quando a intenção de quem erra é boa e nobre, seu erro será mesmo erro?

Estão neste caso os *errados* do Pacto Áureo...

A *O PODER* E... A QUEM MAIS INTERESSAR...

O *PODER* de 29-6-52 publicou a nosso respeito e glosando nosso artigo a propósito do Pacto Áureo:

"O nosso querido irmão Leopoldo Machado escreveu um artigo publicado nesta folha sobre o Pacto Áureo. Gostamos de algumas coisas e outras não entendemos. Por exemplo: quem é que está dando 10% ao *Pato Aéreo*? Por que seu nome vai ser substituído no Conselho Papal? A pedido — dirá o Leopoldo. Mas, como homenagem ao maior trabalhador do Pacto Áureo, não seria preferível deixá-lo onde está? Que pressa de enxotar o homem?".

Quem está dando 10% ao Pacto Áureo? E aqui desprezamos, mais uma vez, a ironia infeliz do *pato aéreo*.

Todos que estão empenhados nele, a começar pelo próprio *Conselho Federativo* e pela *Federação Espírita Brasileira*.

A desorganização geral era grande e maior o espírito desunificativo que a *Caravana da Fraternidade* encontrou no Norte.

Só muita sugestão pessoal e muita habilidade fraterno-cristã poderia quebrar o ambiente encontrado. E foi, efetivamente, o que sucedeu. E a prova é que, a estas alturas, quase todos os estados estão representados no Conselho.

Ora, para manter o equilíbrio da situação atual, na verdade bem melhor que a anterior, só um Conselho vibrátil e dinâmico, que se reunisse mais vezes no mês e durante mais horas, tratando, quase que exclusivamente, da obra da unificação. Para tanto, seria preciso que todos os representantes conhecessem os meios representados. Fossem até eles, que seriam admiravelmente recebidos. Seria preciso que, uma vez por ano, fosse, no mínimo, uma caravana do Sul ao Norte, influenciando, para que do Norte viessem, também, irmãos de responsabilidades ao Sul. E que esses irmãos encontrassem, como encontramos, nos lares de espíritas de cá, o desdobramento do próprio lar...

A Federação promovendo, como promoveu, o Pacto Áureo, e chamando a si a organização do Conselho Federativo, pela escolha, por seu presidente, dos membros componentes do Conselho, e dando-lhes sede na sua própria sede, claro que não faz pouco. Faz até muito, considerando-se que, até ontem, ela sempre fugia, por esse ou por aquele motivo, a tais empreendimentos. Mas, a esse muito que a FEB está fazendo, e ao trabalho que o Conselho — a despeito de composto de homens dignos e capazes — está realizando, nós só podemos emprestar 10%.

Por que meu nome vai ser substituído no Conselho papal?

Desprezando a ironia do *papal*, ajustamos a explicação pedida.

Sentindo, de um lado, a força dos diagnósticos de médicos da Terra e, do outro lado, os conselhos de amigos da Espiritualidade, que nos diziam precisávamos viver mais, quanto mais não fosse, em benefício das obras e direção do *Lar de Jesus*; sentindo assim, evitássemos canseiras, escadarias e trabalheiras; a par disso, alguns telefonemas que a minha irmã recebeu do presidente do Conselho a respeito de nossas faltas repetidas às sessões, entendemos que só devíamos fazer o que fizemos: pedir, porque não podíamos ainda escrever, ao querido irmão e grande amigo, Carlos Imbassahy, que declarasse no Conselho já não podíamos comparecer. Depois, assim que pudemos escrever, demos disso conhecimento aos irmãos da Bahia.[9]

Homenagem a nós, como o maior trabalhador do Pacto Áureo?

E onde ficaria o LINS DE VASCONCELOS, incontestavelmente o maior obreiro da unificação espírita no Brasil? Ainda haveremos de fazer-lhe, de nossa parte, a justiça merecida.

Nem somos homens de homenagem. Por isso mesmo, não aceitamos a láurea de presidente de honra do Conselho Consultivo de Mocidades Espíritas, que se nos conferiu na reunião de encerramento do Congresso. Nem somos homens para ficar mumificados em qualquer lugar, vivendo de glórias passadas...

---

[9] Parece que foi coisa errada que andamos fazendo, mau grado nosso, renunciar a representação da Bahia no Conselho.
Ainda não se acertou outro representante, até hoje!

Não sabemos se *houve pressa de enxotar-se o homem* do Conselho. Ignoramos se lá existem inimigos e despeitados conosco.

Não vemos, de nossa parte, ninguém lá carregado de tais complexos.

E lembramo-nos, nesse momento, de que, depois de realizado o Congresso de Mocidades Espíritas, por que tanto brigamos com irmãos da FEB, sua diretoria quase que em peso visitou a querida esposa a morrer. E, na vigência do Pacto Áureo e da formação do Conselho Federativo, nosso nome foi escolhido para representar a Bahia, e fomos insistentemente convidados para compor a Caravana da Fraternidade. Tudo isso são provas de que nossa luta foi de ideias e não de pessoas. Ora, isso, se deve desvanecer àqueles confrades, não nos deslustra, felizmente...

Não sabemos se o *O Poder* fica satisfeito com estas explicações.

E se as entende bem...

O Pacto Áureo em xeque

O Arlindo Correia da Silva escreveu em *O Poder* de 19-9-1952:

"Por que não aceitamos o Pacto Áureo?".

E cita, fundamentando sua atitude, Allan Kardec, no *Principiante Espírita*, pp. 44 e 45, para salientar a frase: "vale mais haver numa cidade cem grupos espíritas de dez a vinte adeptos, nenhum dos quais se arrogue a superioridade sobre os outros, do que uma única sociedade que os reunisse todos. Esse fracionamento em nada pode prejudicar a unidade dos princípios, desde que a bandeira é uma só e que todos se dirigem para um mesmo fim".

De plenissimo acordo com Allan Kardec.

E não vemos nele nada, absolutamente, que abone o Arlindo contra o Pacto Áureo; que o leve a atacar, sistematicamente, o primeiro e grande movimento de solidariedade espirítica que já houve no Brasil.

Não voltando o consulente do Arlindo à carga, e como tivemos parte saliente do *Pacto Áureo* — nome que lhe ajustamos, de vez que seria, simplesmente, *Acordo* — achamo-nos com o direito de ajustar aqui algumas razões contra os pontos de vista do Arlindo, e no seu jornal, que é, para nós, repetimos, uma espécie de *Jornal dos Debates* dos espíritas...

Estamos até que, hostilizando o Pacto Áureo, o Arlindo não está com o Kardec, que não negaria seu apoio a ele, não está com os Espíritos esclarecidos que o inspiraram, a julgar por sua comunicação em Maceió e em Pedro Leopoldo; Espíritos que até nos convidaram a assistir a reunião em que fora lavrado e nos levaram a alterar-lhe o nome; não está com o espírito confraternante da Doutrina, nem com este seu irmão e amigo...

Ainda que o Codificador não tivesse lutado, e intensivamente, pelo mesmo objetivo que o Pacto Áureo colima, que é, exatamente, *desfraldar a bandeira una e única a que todos se dirigem para um mesmo fim*; ainda que ele não houvesse quebrado lanças pela união dos espíritas, pouco ou nada conseguindo, valha a verdade, e amargando desilusões tremendas; ainda que ele houvesse dito a última palavra, nas suas obras, sobre o Espiritismo; ainda que ele houvesse proferido, nos quinze anos de sua tenacidade, a última palavra em Espiritismo, que é evolutivo no tempo e no espaço; ainda que ele fosse infalível, dessa infalibilidade papalina, uma cita atribuída a ele contra o Pacto Áureo careceria de melhor análise...

Parece-nos que o fim social do Espiritismo é a união, é a fraternidade. Aliás, é o próprio Kardec quem no-lo diz, no livro menos próprio para dizê-lo, porque em *O Livro dos Médiuns*, elaborado a serviço da parte experimental da Doutrina. Concitando as sociedades espíritas para o Espiritismo Cristão, cuja bandeira desfraldou com garbo, diz o Codificador: "É para o fim providencial que devem tender todas as sociedades sérias, agrupando-se em roda delas todos que assim pensarem. Então, a união, a simpatia, a fraternidade, e não um pueril antagonismo de amor-próprio, se estabelecerá entre elas" etc. etc.

Antes, salienta perfeitamente que pouco adianta ao avarento, ao orgulhoso, ao invejoso se dizerem espíritas, continuando os homens velhos que eram; que pouco adiantaria, se todos os homens acreditassem nas manifestações dos Espíritos, e a Humanidade continuasse estacionária. (*O Livro dos Médiuns*, § 350).

Não teria vindo o Pacto Áureo para a colimação da unidade de princípios e como um empurrão na bandeira, que é uma só, e para aquele mesmo fim? Não será o Pacto Áureo aquele convite providencial às sociedades sérias, para que exista no meio espírita a união, a simpatia, a fraternidade que ainda não existem, infelizmente?

Assim o achamos.

E por assim o acharmos, não descobrimos no Pacto Áureo nenhuma sociedade que se arrogue superioridade sobre as outras?

A Federação Espírita Brasileira, será?

Não o cremos.

Ela convida, apenas, por meio do Pacto Áureo, para a colimação da unidade de princípios, outras sociedades sérias; procura agrupar a seu redor todos que assim pensarem.

E que outra instituição teria tanta autoridade e mais força para o convite?

Foi pensando assim que hipotecamos solidariedade incondicional ao Pacto Áureo e não como talvez pense o Arlindo e muitos inimigos da FEB.

Não fôssemos nós, de resto, convidados pelos Espíritos para atuar no Pacto Áureo! E até induzido por eles a mudar-lhe o nome, naturalmente, por saberem nosso velho propósito de colocar a Doutrina acima das instituições, estas acima dos homens, e estes, quando sentem e pensam melhor do que nós, acima de nossos pontos de vista.

*

Não morremos de amores por dirigentes da FEB. Nem eles, também, por nós, sem que haja — nem para eles, nem para nós — a menor quebra do que somos, do que valemos.

Mas vivemos loucos de amores pela Doutrina, que não é privilégio de instituições e de homens determinados.

E essa nossa *loucura cristã* nos leva a reconhecer que a FEB é a mais alta sociedade espírita do Brasil e do mundo, sem a atuação da qual muitas coisas não se poderia fazer devidamente; leva-nos a nossa *loucura cristã* a reconhecer que seus diretores são homens de bem, integrados também na Doutrina, a que procuram servir a seu modo. Sem confundirmos a Instituição com os dirigentes, e temos até divergido de diretores seus, sem prejuízo para nós e para eles, de vez que nós passamos e a Federação Espírita Brasileira não deve passar e não passará...

Foi por isso, naturalmente, que, vivendo afastado, há tempos, de seu programa e de sua ação, não deixamos de ser seus sócios, nem nunca consentimos que o Centro Espírita que dirigimos por muitos anos lhe deixasse de ser filiado; foi, naturalmente, por isso que os Espíritos nos arrastaram à sessão de que saiu o *Pacto Áureo*, e nos induziram a dar-lhe este nome, em vez do *Acordo* com que fora crismado; e nos puseram à frente da *Caravana da Fraternidade* para pregá-lo até o extremo norte do país...

Não parece tudo isso algo que deve ser meditado?

Deixemos os homens e as instituições à margem e vamos servir à Doutrina, sempre que ela precise de nós. Assim procedendo, o presente pode negar-nos razões. O futuro e a posteridade não no-las negarão. Assistimos quanto Leopoldo Cirne fora negado por irmãos da Federação, de que se afastara. Magoara-se tanto o velho e querido Cirne com a FEB que chegara a desbordar sua mágoa num volume, *O Anticristo, Senhor do Mundo*. Vimos, depois, entretanto, *Reformador* chamando o testemunho de Leopoldo Cirne em assuntos doutrinários de alta relevância...

São lições, estas, que confortam nosso espírito.

Poderíamos fechar estas razões, convidando o Arlindo para o *Obras Póstumas*, de Allan Kardec; para seu capítulo sobre a *Constituição do Espiritismo* na parte concernente à *Comissão Central*, com poder e força para dirigir o Espiritismo no mundo.

Pois, para nós, o PACTO ÁUREO teria vindo para a direção do Espiritismo no Brasil. E, talvez, em função da mesma *Comissão Central*, de vez que a reforma do Espiritismo e, possivelmente, da própria Humanidade, terá que sair do Brasil.

Sobre revisão

"Quem quer que haja experimentado o rever provas, saberá com que facilidade escapam essas diferenças de letras aos olhos mais adestrados, sobretudo aos do próprio autor que, lendo no seu pensamento — cuida amiúde ter visto no impresso o que apenas lhe estava na ideia."

Ruy Barbosa

Valemo-nos desta ressalva do eminente filólogo para atenuar os pecados que a revisão possa ter cometido neste livro.

nas. ou

nasondasdanoticia@gmail.com